인간, 영혼, 조상, 신들이 찾던 자미천!
절대자 하늘이 인류 모두에게 내린 명!

자미천
紫微天

자미천

초판 1쇄 인쇄 2020년 7월 10일
초판 1쇄 발행 2020년 7월 15일

지은이 자미
펴낸이 金泰奉
펴낸곳 한솜미디어
등 록 제5-213호

편 집 박창서, 김수정
마케팅 김명준
홍 보 김태일

주 소 (우 05044) 서울시 광진구 아차산로 413(구의동 243-22)
전 화 (02)454-0492(代)
팩 스 (02)454-0493
이메일 hansom@hansom.co.kr
홈페이지 www.hansom.co.kr

ISBN 978-89-5959-529 7(03150)

*책값은 표지에 표시되어 있습니다.
*잘못 만들어진 책은 구입하신 서점에서 친절하게 바꿔드립니다.

*지은이 연락처_ 자미황궁 02)3401-7400

우주의 중심 자미천

자미 著

수천 년의 세월 동안 종교세계를 믿으며 찾아 헤매던 대우주 천지 창조주이신 절대자 하늘께서 인류에게 드디어 자미천을 통해서 하늘의 문을 열어주시었다. 하늘이 내린 자미천을 찾으려고 그 얼마나 많은 세월 동안 눈물 흘리며 종교를 세운 악과 귀신들에게 속아왔던가?

한솜미디어

| 책을 집필하면서 |

이번 책이 60권째이다. 수많은 인간, 영혼, 조상, 신들에게 살아서도 죽어서도 그리워하며 찾아 헤매던 대우주 천지 창조주이시자 영혼의 부모님이신 천상의 주인을 알현할 수 있는 하늘의 문을 열어주는 자미천을 찾아라. 그것이 살길이다.

우주 천체에는 자미원(紫微垣), 태미원(太微垣), 천시원(天市垣)의 3원이 있고 중심 하늘이 자미원인데 이를 하늘나라 자미국, 자미천, 자미궁, 자미황궁, 자미천궁이라 부른다. 북극성을 기점으로 천체의 모든 별들이 운행하는 작은곰자리 부근을 말하고, 이곳에 천상의 주인이 거처하신다.

저 높고 넓은 대우주에는 주인이 계시고, 천체의 무수한 별(행성)들과 천지만생만물, 인간, 신, 영혼들을 태초로 창조하시고 우리 인류 모두의 생살여탈권을 실시간으로 집행하시는 무소불위의 절대자가 존재하심을 알아내었고, 실시간으로 통신 통령하는 경지까지 이르렀다.

지상에서는 하늘이라 부르기도 하는데 이곳에서는 태초의 하늘, 대우주 창조자, 영혼의 어버이, 인류와 지구의 구원자 겸 심판자, 천상의 주인으로 부르고 천상 관명은 "태상천존 자미 천황태제 폐하"와 실명 존함은 자미 ○ 폐하신데 하늘의 존함을 함부로 불러댈까 봐 여기서는 공개하지 않으나 책을 읽고 선택받아 뽑혀서 인연이 닿으면 자연적으로 알게 된다.

저 멀리 북극성의 성주(城主)이시고 하늘의 외동아들이시며 천자이시자 황태자이신 자미 ○ 폐하께서 대우주 천지 창조주이신 천상의 주인께서 내리신 황명을 집행하시고자 하강 강림하신 곳이 자미황궁이다. 절대자 하늘이신 천상의 주인과 황태자께서는 실명 존함이 모두 외자이시고 성씨는 '자미'이시다.

미래 하늘이신 자미황제 폐하께 내리신 절대자 하늘의 황명은 악과 귀신들이 세운 종교로부터 영혼의 천상고향으로 돌아가고 싶은 인간, 영혼, 조상, 신들을 구해서 악과 귀신들로부터 해방시켜 준 후에 종교를 멸망시키는 것이다.

인간세상의 성공과 출세는 찰나에 지나지 않고, 풀잎 끝에 맺힌 이슬과도 같은 일장춘몽의 신기루이지만 살아생전 천인(天人)으로 명을 받으면 육신의 죽음과 동시에 하늘나라 3천궁에 태어나는 특혜를 누리게 사후세계를 보장해 준다.

그래서 사람으로 태어나 진정한 성공과 출세는 하늘이 내리시는 명을 받아 하늘나라 3천궁에서 살아갈 수 있는 천인(天人)의 신분이 되는 것이다. 인간세상의 성공과 출세인 돈과 재물, 권세와 명예가 죽어서는 아무런 도움이 안 되고 오히려 자만, 거만, 교만, 오만이 커져서 하늘과 멀어진다.

인간세상의 성공과 출세의 목표에서 깨어나 하늘이 내리시는 명을 받아 하늘 사람이 되는 자미천인의 신분이 되어야 한다. 잘 먹고 잘살려고 사람으로 태어난 것이 아니라 영혼의 고향인 천상의 3천궁(자미천, 도솔천, 옥황천)으로 돌아갈 수 있는 천인이 되기 위해서 잠시 잠깐 사람으로 윤회 중이다.

이미 이 땅에 태어났다가 죽어서 세상을 떠난 각 성씨 조상 영가들은 자손들과 후손들을 데리고 종교에 찾아가지 말고 하늘이 내리신 자미황궁을 찾아와야 구원받아 추위와 배고픔이 없는 영생하는 무릉도원 세상인 천상의 3천궁으로 올라가서 영생을 누리며 자랑스러운 하늘의 신하와 백성이 될 수 있으니 악과 귀신들이 세운 종교에서 빨리 벗어나야 한다.

종교를 열심히 다니는 것이 각자의 신과 영혼, 조상들이 끌고 가는 경우가 있고, 자신의 몸 안에 숨어 들어와 있는 종교를 세운 악과 귀신들이 기운을 뿌려서 끌고 가는 경우가 많다. 주로 구원받지 못할 역천자들이 종교에 깊게 빠진다는 진실도 찾아내었다.

종교의 역사와 전통이 오래되었다고 좋은 것이 아니다. 조상 영가들을 보살펴주실 분은 영혼의 부모님이시지 종교를 세운 악과 귀신들이 아니다. 종교를 세운 악과 귀신들은 여러분 조상 영가들을 하늘과 이별하게 만들어 천상으로 오르는 것을 수단 방법을 가리지 않고 방해하고 있다. 악귀잡귀 귀신 소멸 사례를 읽어보면 죽음 이후의 사후세계가 얼마나 비참하고 고통스러운지 간접적으로나마 알게 된다.

하늘이 내리신 명을 받기로 마음먹은 인간, 영혼, 조상, 신들은 미래 하늘이 되실 자미황제 폐하께서 지구에서 사명을 완수하시고 천상으로 올라가시기 전에 서둘러 찾아와서 명을 받아야 한다. 일단 지구에서 임무를 마치시고 천상으로 돌아가시면 인간, 영혼, 조상, 신들에 대한 구원은 영원히 사라져서 끝나고 인류와 지구는 종말을 고하게 되어 있다.

지구 자체가 죄인들이 살아가는 역천자 지옥별 행성이고 종교사상에 너무 깊게 세뇌당해 있어서 교화 자체가 안 되기에 최후에는 지구가 파괴되어 영원히 사라진다. 혜성이나 운석 충돌, 태양풍, 괴질병, 코로나19, 천재지변을 통해서 지구 파괴의 명이 내려지기에 인류는 지구에서 더 이상 살 수가 없다.

지구가 파괴되어 완전히 멸망하기 전에 영혼, 조상, 신들은 인간 육신들을 앞세우고 자미황궁에 들어와서 하늘이 내리시는 천상 입천의 명을 받아야 한다. 모두의 현생과 내생의 운명과 숙명이 달려 있는 곳이기에 안 찾아오면 죽음이다.

종교와 다른 자미황궁 자체가 인간, 영혼, 조상, 신들에게는 왕이나 대통령, 재벌 총수의 신분과 지위를 억만 배로 능가하는 인류 최고의 보물과도 같은 곳이다. 여러분의 전 재산, 권력, 명예, 목숨값보다도 귀한 곳이라고 말할 정도면 알 만하지 않겠는가? 인류 구원의 마지막 천상행 열차가 자미황궁이다.

자미천 하늘을 찾는 것이 살길이다!

책의 제목처럼 인류(인간, 영혼, 조상, 신) 모두가 자미황궁을 찾아와야 하는 이유는 현생과 내생을 하늘이 내리시는 기운으로 보호받아 천상의 자미천, 도솔천, 옥황천으로 무사히 돌아가기 위함이다. 하늘은 형상으로 존재하시는 것이 아니라 천지기운으로 존재하시고 시공간의 거리 개념이 없으시다.

매주 일요일마다 1시~6시까지 하늘의 문이 열리고, 하늘의 무소불위한 천지기운이 내리는 천법회(천상도법주문회)에서 하늘의 무소불위하시고 경이로운 천지기운을 직접 온몸으로 확인할 수 있다. 말이나 글은 상대를 현혹할 수 있지만, 각자들이 느끼는 기운은 아무도 훔쳐갈 수 없고 속일 수도 없다.

인간 육신의 눈에는 보이지 않지만 신들이나 영들은 육신이 없기에 미래의 하늘이 되실 자미황제 폐하께서 인간 육신으로 내려오셨기에 쉽게 알아본다. 이들의 눈에는 황금빛으로 보이고, 수천 마리의 용들(천룡, 청룡, 황룡, 백룡, 적룡, 흑룡)을 데리고 다니시는 것이 이들의 눈에 보이기 때문이다.

영물인 용들은 사람의 눈에 보이지 않으나 영계에 실존하는 영물들이고, 사람의 모습으로도 자유자재로 변신하는 천지조화능력을 갖고 있으며 구름(운사=운룡), 비(우사=우룡), 바람(풍사=풍룡), 화산폭발, 지진, 쓰나미, 뇌성벽력, 천둥, 번개, 벼락, 폭우, 폭설, 홍수, 태풍, 토네이도 등의 풍운조화와 천재지변을 주관하고 심판과 구원의 공무를 집행하고 있다.

용들은 자미황제 폐하께서 내리시는 명을 실시간으로 집행하는 천상신명들이며 아수라, 악신, 악령, 악마, 사탄, 마귀, 요괴, 악귀, 잡귀, 귀신, 조상령, 동물령, 축생령, 만물령들이 우주에 있든, 지구에 있든, 사람 몸 안에 있든, 집 안, 자동차, 회사, 공장, 가게에 있든 몇 초 만에 추포해 잡아오는 천상지상 공무를 집행하는데, 인간의 상상력을 초월하는 영물들이다.

| 목차 |

책을 집필하면서 | 4

제1부 하늘과 함께
미래 하늘과 함께_ 12
영혼의 저주_ 16
고위공직자들과 재벌들의 망신살_ 23
세계 인류에게 닥친 대재앙_ 27
질병 치료를 위한 악귀잡귀 소멸_ 33
악과 귀신을 숨기면 저승길_ 37
일본예언서 일월신시(日月神示)_ 41

제2부 기운으로 소멸
장○혁 악귀잡귀 소멸_ 46
장○홍 악귀잡귀 소멸_ 68
이○규 악귀잡귀 소멸(1)_ 81
김○석 악귀잡귀 소멸_ 91
강○숙 악귀잡귀 소멸_ 100
김○환 악귀잡귀 소멸_ 111
류○덕 악귀잡귀 소멸_ 120
박○형 악귀잡귀 소멸_ 151
이○규 악귀잡귀 소멸(2)_ 181
정○윤 악귀잡귀 소멸_ 193
조○애 악귀잡귀 소멸_ 207

손○희 악귀잡귀 소멸_ 220
미래 하늘의 위대한 천지대공사_ 228

제3부 인류가 찾던 자미황궁

이 세상에 태어난 이유는?_ 240
인류의 구심점 자미황제 폐하_ 243
차기 절대자 하늘 자미황제 폐하_ 248
귀신을 아시나요?_ 254
신 기운 소멸_ 259
하늘이 보내신 天地人의 황제_ 263
신체 부위별로 달라붙은 귀신_ 267
터신과 악귀잡귀 추포_ 288
치매는 치매 귀신의 빙의_ 296
건축 때 터의 귀신부터 소멸시켜야_ 298
하나님(하느님)은 가짜_ 300
자미황궁 군주제 정당 창당_ 305
인도 힌두교 라마신 추포_ 308
하늘의 신하와 백성_ 310

친견상담_ 315
찾아오시는 길_ 316

책을 맺으면서_ 317

【제1부】
하늘과 함께

　하늘 찾아 3만 리!
　하늘이 계신가? 아무리 둘러보아도 보이지도 않고, 들리지도 않는데 하늘이 어디에 계신다고 그럴까? 미신이야, 미신. 무슨 하늘이 있어? 하늘은 허공뿐인데. 많은 사람들이 이구동성으로 하는 말이다. 그러면서도 "하늘도 무심하시지, 하늘이 원망스러워, 하늘이 야속해"라고 말하는 사람들이 주위에 많다.

　사람들 눈에는 보이지 않지만 어딘가에 하늘이 계실 것이라고 믿기 때문에 무심코 하는 말들이다. 정말 하늘이 계실까? 끝없이 자문자답을 해봐도 명쾌한 정답을 종교에서도 찾을 수 없다. 어딘가에 계신다고 생각하며 믿을 수밖에 없다.

　그렇다! 하늘은 인간의 모습처럼 형상으로 존재하시나 영적으로 존재하시기에 당연히 사람의 눈으로 보려 하면 보이지 않고, 사람의 귀로 들으려 하면 들리지 않는다. 마음으로 하늘의 기운이 느껴질 뿐이다. 즉 영적 세계에서는 사람의 형상으로 존재하시는데 인간들은 천지기운으로 느낄 수밖에 없다.

　천지만생만물과 대우주를 천지 창조하신 절대자 하늘은 한 분이신데 기독교와 천주교에서는 여호와(야훼), 도교에서는 상제, 불교에서는 부처, 무속에서는 천지신명이라고 믿으며 숭배하고 있으나 모두 악신들이 사칭한 가짜로 밝혀졌다.

미래 하늘과 함께

인간, 영혼, 조상, 신들의 현생과 내생을 살려주시고 구해 주시는 미래 하늘과 함께해야 살아서나 죽어서나 무탈하고 사후 세상을 보장받을 수 있다. 미래 하늘의 모습은 여러분의 눈에 보이지 않지만 항상 실시간 기운으로 존재하고 계신다는데, 그것을 객관적으로 어떻게 아느냐고 의혹을 제기할 수 있다.

그렇다. 인류가 기다리던 구원의 하늘이신 미래 하늘을 어떻게 현실적으로 알아볼 수 있을까 그것이 궁금할 것인데, 그것은 이곳과 인연이 되면 어렵지 않게 짧은 시간에 객관적으로 여러분의 눈과 귀, 온몸의 기운을 통해서 확인할 수 있다.

인류 모두가 천상에서 역모 반란에 가담한 대역죄를 짓고 지구로 유배당하여 무수히 윤회하면서 천상에서 지은 죄를 빌 수 있는 유일한 사람으로 윤회하여 태어났는데 이런 진실을 몰라보고 잘 먹고 잘사는 현실 생활에만 안주하고 있다.

구원자 겸 심판자로 오신 천자이시자 황태자이시며 미래 하늘이신 자미황제 폐하를 알현하여 천상에서 지은 죄를 빌어 구원받아 영혼의 고향인 천상으로 돌아가려고 사람으로 태어난 것이지 찰나의 삶에 불과한 이 세상을 잘살기 위해서 만물의 영장인 사람으로 태어난 것이 아니다.

지구에 사람으로 태어난 것은 미래 하늘을 알현하기 위함이지 성공 출세하여 찰나의 삶을 잘살기 위한 것이 아니다. 지금 코로나19, 괴질병, 천재지변의 대재앙은 하늘의 분노 표시이고 언제 끝날지 기약이 없다. 인류 모두가 죽음을 예약해 놓고 한 치 앞도 알 수 없는 불확실한 미래를 살아가고 있다.

여러분의 목숨이 오늘 끝날지 내일 끝날지 모르는 예측불허의 세상을 살아가고 있는데 어째서 천하태평으로 살아가는가? 죽음 이후 여러분이 가야 할 사후세상을 마련해 놓았는가? 거기는 어느 세상인가? 종교인들이 말하는 세상은 몽땅 가짜세계인데 살아서는 알 수 없다. 죽어서야 확인할 수 있을 것인데 그때 가서 가짜라고 판명이 되면 어떻게 할 것인가?

여러분이 죽기 전에 살아생전에도 죽어서 어디로 가는지 알 수 있는 곳이 지구상에 유일한 자미황궁이다. 공상 영화 같은 일인데 여러분의 사후세계를 미리 볼 수 있고, 이미 돌아가신 여러분의 가족이나 부모 조상들도 어떤 사후세계에 가 있는지 동영상 보듯이 생라이브로 20~30분 동안 상세히 전해서 확인해 줄 수 있는 대단한 곳이다.

영적 세계에 관해서는 불가능이 없는 곳이기에 하루빨리 인연을 맺어 하늘의 명을 받는 것이 중요하다. 여러분과 영혼, 조상, 신들의 모든 궁금증이 말끔히 풀린다. 죽음을 가장 두려워하는 것이 사람인데 사람보다 더 무서워하는 존재가 여러분의 영혼과 조상, 신들이라는 것을 알아야 한다.

그 이유는 사람은 죽으면 그야말로 다음 세상이 없지만 육체를 벗어난 영혼과 신, 조상들은 또다시 한도 끝도 없는 미지의 사후세상을 추위와 배고픔으로 정처 없이 떠돌거나 지옥도에 끌려가고, 비참하고 말도 안 되는 말 못 하는 만생만물로 윤회할 때 생명체뿐만이 아니라 비생명체로도 정처 없이 윤회하는데 그들의 말을 들어보면 너무나 고통스럽다는 것이다.

모래알, 나무, 돌멩이, 바위, 지렁이, 뱀, 쥐, 구더기, 바퀴벌레, 파리, 모기로도 윤회하고 있었음을 확인하였는데 여러분은 설마 그럴 리가 있겠나 싶을 것인데, 이 책의 악귀잡귀 귀신 소멸 사례들을 읽어보면 간접적으로 확인할 수 있다.

사후세계도 존재하고, 윤회세계도 존재하고, 하늘세계도 존재하고, 지옥세계도 존재한다. 그리고 지구의 현대문명 모두는 천상의 3천궁에서 내려온 것인데, 천상의 3천궁에는 지구인과 같은 모습의 생명체와 동물 형상의 모습 생명체가 살고 있는 행성(별)이 무려 7,500개 정도 되는데, 우주 행성인들은 아이큐가 12,000~25,000이라는 것도 확인하였다.

천상의 삶이 전전 전생을 만들었고, 전전 전생의 삶이 현생을 만들었고, 현생의 삶이 내생을 만든다는 것이 지금까지 밝혀진 우주 법칙의 진리이다. 여러분의 사후세계는 살아서 스스로 판단해야 한다. 종교에 머물 것인지 그곳을 떠나 자미황궁으로 들어올 것인지도 각자들의 몫이고 팔자이다.

죽기 전에 살아서는 종교냐, 자미황궁이냐 선택할 수 있지만 죽어서는 선택권을 아예 박탈당한다. 몰라서 종교를 믿었다고 변명해 봐야 아무 소용이 없고 용서를 받지 못한다. 알고 지었든 모르고 지었든 죄는 죄이기에 죽어서도 심판받는다.

사람들 대다수가 죽으면 끝이라고 생각하는데, 각자들이 지은 죄는 살아서든 죽어서든 끝까지 심판받게 된다는 점을 알아야 한다. 육신은 죽으면 법적인 죄는 끝나는데, 영혼과 신들은 한도 끝도 없이 심판이 이어진다. 그런데 자신들이 지은 죄를 빌려면 살아생전 육신을 통해서 죗값을 바쳐야 한다.

말로만 죄를 빌어봐야 아무 소용이 없고 받아들여지지 않는다. 죄를 지었으면 응당 거기에 합당한 죗값을 바쳐야 한다. 그래서 죗값을 벌어서 하늘께 바치라고 사람으로 윤회시켜서 기회를 주신 것이다. 그 이유는 만생만물 중에 유일하게 사람만이 돈을 벌 수 있고 그것을 죗값으로 바칠 수 있기 때문이다.

고차원적인 진실을 얼마나 이해할지 모르지만 일단 공짜는 일절 없다는 점이다. 영혼의 고향으로 돌아가는 것도 믿습니다, 한다고 그냥 받아주시는 것이 아니라 그에 합당한 대가를 지불해야 하늘의 문을 열어주신다. 이 세상의 모든 물건은 공짜가 없듯이 천상법도 역시 공짜가 없다.

시내버스 타면 시내버스 값을 내야 하고, 시외버스를 타면 시외버스 값을 지불해야 하고, 택시를 타면 택시 값을 지불하고, KTX, SRT 고속열차를 타면 고속열차 값을 지불하고, 여객기를 타면 거리와 좌석(1등석, 이코노미, 비즈니스)에 맞는 항공료를 지불해야 목적지로 가는 것처럼 영혼의 고향으로 돌아가는 것도 각자들에게 등급이 정해져 있다.

영혼의 저주

악들과 귀신 없는 사람이 없다.

영혼, 조상, 신들의 존재를 인정하는 사람도 있고 부정하는 사람들도 많다. 귀신이 어디 있어? 바로 자신의 몸 안에 있다. 귀신의 존재를 부정하는 사람들은 이 책을 읽어보면 기가 막힐 것이다. 악들과 귀신이 하나도 없이 깨끗한 사람들은 이 세상에 단 한 명도 없다는 진실이 매일같이 밝혀지고 있는데, 사람들 눈에 안 보이기 때문에 없는 줄 알고 있을 뿐이다.

그리고 악들과 귀신들은 살아 있는 사람들이 잘되는 꼴을 그냥 바라보고만 있지 않고 저주를 내리면서 망가지고 비명횡사 당하여 죽기만을 바라며 해코지를 하고 있다는 사실이 무수히 밝혀지고 있다. 살아 있는 사람들을 부러워하고 질투하며 어떻게 해서든지 저승길 동무 삼고자 하고, 자신들이 죽었던 것처럼 똑같은 방법으로 죽이려고 끝없이 기운을 뿌리고 있다.

이 세상에 마음씨 좋은 악들과 귀신들은 단 한 명도 없다는 것을 알았다. 그래서 악과 귀신들을 반드시 소멸하고 살아야 비명횡사 당해서 불귀의 객이 되는 단명을 막을 수 있다. 소중한 자신과 가족의 목숨을 지키려면 악들과 귀신들부터 소멸시켜 달라고 미래 하늘이신 자미황제 폐하께 의뢰하여야 한다. 악들과 귀신들은 24시간 지켜보면서 여러분 몸 안에서 목숨을 노리고 있기에 도망갈 수도 없고 숨을 곳도 없다.

　악들과 귀신들은 여러분이 이 세상에 탄생하면서부터 들어오기 시작해서부터 어린 시절, 유치원, 초등, 중등, 고등, 대학, 대학원, 군대, 결혼식, 직장, 상갓집, 제사, 차례, 고사, 잔치, 칠순, 회식, 집회, 등산, 여행, 비행기, 기도, 수행, 향불, 촛불, 찬송가, 찬불가, 산이나 바다에서 정기받는 기도 행위, 불상에 절을 할 때, 시주, 헌금, 정성금 올릴 때, 종교 행사에 참석할 때 헤아릴 수 없이 무수히 들어온다.

　성경, 불경, 도경, 종교 관련 서적을 읽거나 독경, 주문을 외울 때도 무량대수로 들어온다. 즉 종교를 믿는 자체가 악들과 귀신들을 더 많이 불러들이는 것이고, 사람 만나는 자체가 새로운 악들과 귀신들을 만나는 것이었으니 기가 막힐 일이다.

　그렇다고 사람을 전혀 만나지 않고 살 수 없는 노릇이고, 사람을 안 만나고 집 안에만 있어도 수많은 악들과 귀신들이 무수히 침범하기에 정기적으로 소멸시킬 수밖에 없을 것이다. 한 번 소멸시켰다고 끝나는 것이 아니라 일정 시간이 지나면 또다시 새로운 악들과 귀신들이 들어온다.

　악들과 귀신들이 자신의 몸에 들어왔는지 안 들어왔는지 아는 방법은 간단하다. 몸의 컨디션과 건강, 두통, 머리 무거움, 짜증, 신경질, 의욕 상실, 자살 충동, 어깨결림, 가슴 답답, 가슴통증, 허리통증, 무릎 통증, 무기력, 환청, 환영, 술 먹고 싶은 생각, 폭주, 골초, 폭언, 폭력, 사업 부진, 금전 고통, 사기, 배신, 고소 고발, 화재, 자동차 사고, 암, 괴질병, 불치병, 피

자미천　17

부병, 가려움증, 소화불량, 속 쓰림, 우울증, 불면증, 치매, 불안, 초조, 폭식, 가족 단명, 가족 자살, 납치, 실종, 살인, 사업 실패, 부도, 파산, 신용불량, 가난, 부부 싸움, 괴롭힘, 왕따, 언어폭력, 선거 낙선, 입시 낙방, 승진 탈락, 성적 떨어짐, 성추행, 성폭행, 성매수, 해임, 파면, 실직, 부정 비리 폭로, 취직 안 되는 등 이외에도 무수히 많다.

그러니까 늘 고민과 근심 걱정이 떨어지지 않는 것이 인생살이인데 이것이 바로 절대자 하늘의 명을 받지 못하여 천상으로 돌아가지 못할 하늘 앞에 대역죄인 인간, 영혼, 조상, 신들의 우울증이고, 특히 종교를 믿는 사람들은 더 심하다.

지구에서 숨 쉬고 살아가는 자체가 고통이고 지옥이다. 이 세상에 아무런 고민이나 근심 걱정 없이 살아가는 사람들은 단 한 명도 없을 것이다. 종교를 믿어 하늘의 가슴을 후벼 파고 아프게 만든 배신자 대역죄인들이 살아가는 역천자 행성이 지옥별인 지구이다. 이 땅에 태어난 세계 인류 78억 명 모두가 하늘께 죄를 짓고 지구로 쫓겨 내려온 죄인들이기 때문에 하늘을 알현하여 죄를 빌지 않는 자들도 대역죄인들이다.

사람들이 하는 모든 행동들이 90% 정도가 악들과 귀신들이 뿌리는 기운을 받아서 한다는 무서운 진실이 밝혀졌다. 한마디로 이 세상은 인간세상이 아니라 귀신세계란 것이 검증되었다. 인간 육신 하나에 최하 수백억에서 수천억의 악들과 귀신들이 들어와서 동고동락하고 있으니 이것을 인간의 능력으로 어떻게 막아낼 수 있겠는가? 귀신 지옥이라고 해야 할 정도로 악들과 귀신들은 무량대수이다. 2~3일에 한 번 정도 몸으로 숨어 들어온 악들과 귀신들을 추포해서 소멸시키는데 한도 끝도 없이 들어온다는 것을 확인하였다. 그리고 악과 귀신들도 사람 몸으로 들어오는 사연들이 각기 천차만별인데, 살기 위해서, 사람이 되기 위해서, 구원받고자, 저주하고자, 죽이려고, 괴롭히고자, 약 올리고자, 망가뜨리고자, 질투해서 등 여러 가지 원인이 있었다.

그리고 특이한 것은 천상에서 역모 반란에 가담하였던 신들급인 악신, 악령, 악마, 사탄, 마귀, 요괴, 악귀들인 반란 주동자 하누 수하, 표경 수하, 감찰신명(신명님) 수하, 천상천감(하나님) 수하, 천상도감(미륵님) 수하, 천지신명 수하, 열두대신 수하, 영의신감 수하들은 스스로 추포되어 소멸되고자 잡혀오는 경우가 많다.

이들은 자신들의 주군인 하누, 표경, 감찰신명(신명님), 천상천감(하나님), 천상도감(미륵님), 천지신명, 열두대신, 영의신감이 미래 하늘이신 자미황제 폐하께 추포되어 영성과 영체가 완전히 소멸되는 사형이 집행되었기 때문에 주군을 따라서 같이 죽으려고 자살 행위로 추포되어 잡혀온다.

이들은 인간들이 사는 지구에만 있는 것이 아니라 우주 천체 행성(별)들에도 있는데 차례대로 추포되어 오고 있다. 인류 자체가 이들의 피가 흐르고 있기 때문에 죄인 아닌 자들이 없다. 지구에 종교를 세운 자들이 바로 이들이기 때문에 지금 종교 심판을 집행하고 있는 것이다.

그래서 악들이 세운 종교를 믿으면 천국, 천당, 극락, 선경세상은 고사하고 지옥불에 떨어져서 모진 고통을 겪고 살아가거나 말 못 하는 만생만물로 끝도 없이 윤회 과정을 거치게 되기에 죽으면 끝이 아니다. 죽음 이후 내생은 여러분이 살아서 행하고 뿌린 대로 한 치의 오차도 없이 거두게 되어 있다.

현생에 사람으로 태어난 것은 여러분의 조상들이 구원자이시자 심판자이시며 미래 하늘이신 자미황제 폐하께 구원받아 꿈의 세계, 무릉도원의 세상인 영혼의 고향으로 돌아가고자 전전 전생에서 간절하게 빌고 빌어서 여러분이 이번 생에 사람으로 태어난 것이지 단순히 한세상 잘 먹고 잘살기 위해서 사람으로 태어난 것이 아니었다.

여러분은 죽음 이후 사후세상을 알지 못하기 때문에 이미 죽음 이후 사후세상을 뼈저리게 체험한 여러분의 조상들이 자신들을 구해 줄 사명자 자손을 보내달라고 사후세계에서 수십, 수백, 수천, 수만 년을 빌었기에 여러분이 사람으로 윤회하여 태어난 것이다. 사람으로 태어나야만 죗값을 벌어, 미래 하늘께 죗값을 바쳐야 영혼의 천상고향으로 돌아갈 수 있다.

그래서 자신의 조상들을 먼저 구하지 않는 사람들은 자신들 역시도 죽어서 천상으로 돌아가는 하늘의 윤허를 받을 수 없다. 저승길에는 시간의 차이만 있을 뿐 앞뒤 없는 전차와 같이 남녀노소 나이를 가리지 않고 순서가 정해져 있지 않다. 건강하게 돈과 재물, 권세와 명예를 누리며 부자로 오래도록 잘 먹고 잘사는 것이 목적이 아니라 죽음 이후 자신이 돌아가야 할 사후세계를 완벽하게 준비하고 살아가는 사람들이 최후의 승리자이자 성공자들이다.

영혼들의 저주는 끊임없이 실시간으로 매시간 매분, 매초 내리고 있기에 언제 여러분의 목숨이 끝날지 아무도 모른다. 그래서 죽음 이후 사후세계를 남들보다 먼저 준비해 놓고 살아가는 사람들이 현자들이다. 이미 죽음은 태어난 순간부터 인류 모두에게 예약되어 있는데 어째서 천하태평으로 살아가는가?

종교에서 들은 말을 믿고 죽으면 천국, 천당, 극락, 선경세상으로 갈 것이라 믿었던 모두가 죽어서 처절하게 후회하며 살려달라고 아우성들이지만 여러분은 죽음 이후 사후세계를 아직 모르기 때문에 대책 없이 살아가고 있는데 빨리 깨닫고 자신과 가족들의 사후세계를 완벽하게 준비하여야 한다.

악들과 귀신들은 여러분을 하루라도 빨리 죽이려고 여러분 몸 안에서 온갖 나쁜 기운들을 뿌려대고 있기에 악들과 귀신들, 남의 조상령들, 축생령들을 하루바삐 소멸시키는 악귀잡귀 소멸을 행하고 살아가야 한다. 여러분이 비명횡사 당해서 죽으면 그런 나쁜 기운이 살아 있는 가족들에게 그대로 내려가기에 가족과 후손들을 위해서라도 반드시 소멸해야 한다.

여러분의 말과 행동은 악들과 귀신들의 행동들임을 명심하고 유비무환의 자세로 철저히 악과 귀신들을 소멸해야 한다. 가장 무서운 적은 자신이라는 말을 들어보았을 것인데, 그 이유가 자신의 내면에 숨어 있는 수천억 명의 악들과 귀신들이다. 적은 멀리 있는 것이 아니라 자신의 몸 안에 숨어 있기에 여러분이 깨어나지 않으면 일평생 이루어놓은 것이 사라진다.

눈에 보이지 않으니까 악과 귀신들이 자기 몸에는 하나도 없는 줄 알고 천하태평으로 살아가고 있다. 악과 귀신들은 항상 여러분이 잘못된 마음, 생각, 행동을 판단하도록 끊임없이 기운을 뿌려대고 있다는 것을 명심해야 한다.

외국인이나 해외 거주자도 악귀잡귀 소멸이 가능하다.

해외에 거주하고 있는 가족들의 몸에 들어가 있는 악들과 귀신들도 원격으로 추포하여 소멸시키는 것이 가능하다. 그러므로 지방에 거주하는 사람들도 일정상 방문이 어려운 경우, 괴질병, 코로나19에 걸려서 병원이나 자택에 자가격리 중인 음성자, 양성자들도 악들과 귀신 소멸이 얼마든지 가능하다.

괴질병과 코로나19도 소멸 가능

괴질병과 코로나19도 세균이지만 소멸시키는 것이 가능하다. 악과 귀신들도 세포와 같은 존재이기에 하늘의 천자이시자 황태자이시며 미래 하늘이신 자미황제 폐하의 무소불위한 천지대능력으로 소멸시키는 것이 가능하다.

이런 진실을 세계 인류가 어느 날엔가는 알게 될 것이고, 살려고 아우성을 치며 찾아오게 된다. 물론 괴질병, 코로나19 감염 예방 천상도법주문도 준비되어 있다. 만물의 정기는 무소불위의 천지대능력자이신 미래 하늘께서 운행하시기 때문에 가능하다. 모든 천상지상 공무집행을 원격으로 집행하신다. 즉 기운으로 하신다는 뜻이다. 그러기에 전 세계 어디에 살고 있던 그 사람 몸 안에 숨어 들어가 있는 악과 귀신들을 거리에 상관없이 추포해서 소멸시키신다. 요즘은 우주 천체의 수많은 별들에 숨어 있는 역천자 악들까지 추포해서 소멸시키시는데, 이렇게 무소불위한 천지대능력자가 자미황제 폐하이시다.

고위공직자들과 재벌들의 망신살

오늘 천기 20년(2020) 4월 23일. 부산시장이 성추행 파문으로 2년도 못 채우고 부산시장직 사퇴를 발표하였다. 18년 3월에는 충남도지사 성추문 사퇴, 2013년 5월에는 청와대 대변인 성추문 사퇴, 재벌회장의 성추문, 고검장과 법무차관 성추문 사퇴, 연예인들 성추문 사건으로 망신살들이 뻗치고 있다.

그 외에 방송되지 않은 성추문 사건들은 너무나도 많다. 뿐만 아니라 일상사의 모든 문제들이 종교를 세운 악들과 귀신들이 뿌려대는 기운으로 일어난다는 것을 악귀잡귀들 추포하여 심판하는 과정에서 수없이 확인되고 있었다. 즉 산 자들과 죽은 자들의 끝없는 치열한 싸움이라고 해야 할 것이다.

중도하차 하도록 불상사가 일어난 것도 그 몸에 들어간 악들과 귀신들이 고위공직자를 망신 주고 사퇴시키려고 행한 짓이다. 이처럼 악들과 귀신들을 정기적으로 소멸하지 않으면 갑자기 인생의 불행으로 이어져서 인생이 파멸하게 되는 무서운 결과를 가져오게 되니 악과 귀신들의 싸움에서 승리해야 한다.

사업 부진, 사업 실패, 인생 실패, 가문 몰락은 우연이 아니라 사람들이 악들과 귀신들의 무서운 존재를 전혀 몰라본 대가이고, 아무런 대책을 세우지 않은 자신들의 탓이다. 이처럼 악들과 귀신들은 단순히 질병만 유발시키는 것이 아니라 우리 인생 자체를 송두리째 흔들어 무너뜨리고 있음이 확인되었다.

악들과 귀신, 조상들이 사람 몸에 들어오면 그들이 살아생전에 앓았던 질병이 그대로 발생하는 것이 통상적 특징이다. 그래서 이들을 소멸시키지 않으면 그들이 앓던 질병을 똑같이 앓게 되니 얼마나 무서운 일인가?

전국 각지에서 악귀잡귀 소멸을 신청하는 수많은 사람들의 아픈 부위에 들어와 있는 악과 귀신들을 추포해서 심판하면 역시나 그런 질병을 살아생전에 앓았던 귀신들이 한두 명도 아니고 무더기로 들어와 있었음을 무수히 밝혀내었다.

그리고 여러분을 악들이 세운 종교세계로 끊임없이 끌어들이고 있음도 밝혀냈다. 승려 귀신들이 들어오면 부처님 제자 팔자, 중 팔자라며 산으로 들어가 머리 깎으라고 하고, 도를 닦던 귀신들은 도를 닦으러 도교로 가자고 끌어당긴다.

명상수련하던 귀신들은 기수련으로 끌어들이고, 무당, 보살, 법사, 도사 귀신들은 신의 팔자라고 신내림 받으라 하고, 교회와 성당에 다니다 죽은 귀신들은 하나님 제자 팔자라며 여호와 하느님 하나님, 예수, 성모 마리아를 믿으라고 교회와 성당으로 끌고 간다는 엄청난 진실을 밝혀내었다.

신의 팔자는 신내림 안 받으면 자손들에게 대대로 내려간다고 겁을 주어 신내림 받아 신의 길을 가도록 만드는데, 그런 조상들을 구해 주고 악과 종교 귀신들을 추포해서 소멸시켜

주면 세상 사람들로부터 천대받고 따가운 눈초리로 멸시당하는 무당 보살, 박수무당이 되지 않아도 된다.

신부, 수녀, 목사, 승려, 도인, 도사, 법사, 무당, 보살의 팔자는 종교를 세운 악들의 메시지이고 종교를 믿다가 죽은 귀신들이 뿌려대는 기운 때문이니 이들을 소멸시키면 종교를 믿지 않아도 된다. 여러분만 종교를 믿는 것이 아니라 이미 돌아가신 여러분의 조상들이 구원받아 보려고 종교를 열심히 다니고 있는 것이고, 제사와 차례를 지내는 것도 마찬가지이다.

그러니까 종교를 믿는 인류 모두가 종교를 세운 악과 귀신들에게 빙의된 것임을 확인하였다. 여러분 모두는 보이지 않는 가장 무서운 적들인 종교의 악들과 귀신들과 동고동락하며 살아가고 있으니 인생이 멸망하는 것은 시간문제일 뿐이다.

한순간에 일평생 이루어놓은 고위공직과 유명인의 명예를 잃어버리고 만신창이가 되어 종교의 악들과 귀신들의 제물이 될 것인가? 이곳은 종교가 아니라 하늘 그 자체이고, 악들이 세운 기존의 세계 종교를 몽땅 심판하여 멸망시키려고 하늘의 천자이시자 황태자이시며 미래 하늘이신 자미황제 폐하께서 내려오시어 악들과 귀신들에 대하여 심판 천지대공사를 집행하시는 하늘의 대법정이 지상으로 내리신 자미황궁이다.

사회적인 신분과 지위 고하를 막론하고 악들과 귀신들부터 소멸하여야 여러분의 자리를 지킬 수 있다. 이곳은 미래 하늘이 내리신 자미황궁으로 여러분이 살기 위해서 반드시 들어와야 할 유일한 곳이다.

여러분의 사회적인 위상이 높을수록, 가진 재물이 많을수록, 권력이 높을수록, 명예가 높을수록 자리를 지키기 위해서 남들보다 빨리 들어와야 한다. 그 이유는 남들에게 선망의 대상이 되는 사람들은 그만큼 악들과 귀신들이 더 많이 들어가 있기 때문에 이들을 방치하면 하루아침에 모든 것이 물거품이 된다.

악들과 귀신들은 대우받으려고 잘난 사람들인 돈과 권력을 거머쥔 권세가 높은 왕, 왕비, 대통령, 영부인, 총리, 부총리, 장관, 차관, 시도지사, 시군구청장, 국회의원, 정치인, 고위공직자, 돈 많은 부자, 기업인, 재벌, 예쁜 여자, 잘생긴 남자, 유명한 탤런트, 가수, 배우, 프로선수, 판사, 검사, 변호사, 장군, 기자, 교수, 의사, 방송인, 언론인, 사회적으로 이름을 날리는 사람들의 몸에 일반인들보다 수십 수백 배 더 들어가 있다.

특히 결혼식, 칠순 팔순 잔치, 장례식, 각종 모임, 회식, 행사 등에 참석할 때 많이 따라붙는다. 그리고 잘난 사람들은 자신의 자리를 지키기 위해서라도 악들과 귀신 소멸이 가장 시급하다. 자신과 가족의 목숨, 공직자 자리, 기업, 사업장, 공장, 가게, 가정을 지키는 일이다.

여러분이 생활하는 공간인 가정과 직장, 사업장, 자동차에 어마어마한 악들과 귀신들이 생명과 일자리를 빼앗아 인생을 몰락시키려고 한다. 악들과 귀신들이 목숨과 재산을 빼앗아 가려고 혈안인데 아무도 이런 위급함을 알지 못하고 천하태평으로 살아가고 있다. 악과 귀신들을 소멸하여 소멸시키지 않으면 현생만 망하는 것이 아니라 죽음 이후 내생까지도 망하고, 여러분의 영혼, 조상, 신, 가족들까지 몰락한다.

세계 인류에게 닥친 대재앙

지금 전 세계적으로 아비규환의 아수라장이다. 국가 봉쇄로 국가들이 고립 상태이고 여객기, 선박, 열차, 버스, 택시 등 교통수단이 정지되어버렸다. 각 나라 국민들도 외출 통제로 갇혀 살고, 기업들은 인구 이동이 격감되자 모든 일상생활이 정지되어 소비가 실종되고 경영이 어려워지자 회사들은 막대한 적자를 피할 길이 없어 무급휴직, 정리해고, 자진사퇴로 실직자가 무더기로 나오고 있다.

정유사, 항공사, 제조업, 호텔, 관광업들은 직격탄을 맞아서 손해가 막대하여 정부의 지원을 받아야 할 지경이고, 전체 업종으로 일파만파 퍼져 나가고 있다. 항공 여객 수는 전년 동기 대비 98.1% 급감하고 국제화물도 전년 대비 35.2% 감소했다.

대한항공의 경우 전체 125개 노선 중 93개 노선의 운항을 중단했고, 29개 노선을 감편해 국제선 운항률이 14.8%에 불과하다. 이 중 이스타항공은 국내선 운항도 중단해 '셧다운'에 들어갔다. 이로 인해 조종사들과 스튜어디스들, 관련 종사자들도 일시 해직 사태를 맞아 실업자 신세가 되었다.

지구에 인류가 탄생하고 이번처럼 코로나19 괴질병으로 전 세계가 봉쇄되고 고립된 적은 없다. 언제 끝날지는 아무도 모른다. 일시적인 유행병이 아니기 때문이다. 인류의 앞날은 한 치 앞도 모르는 불확실한 상태이다. 공포와 두려움 속에서 자신들의 목숨이 언제 끊어질지 모르고 하루하루 살아갈 뿐이다.

이렇게 세계적인 인류의 대재앙은 각자들이 뿌리고 행한 대가이다. 첫째는 하늘 무서운 줄 몰라보고 하늘을 찾지 않은 죄이고, 둘째는 하늘의 배신자들인 악들이 세운 종교를 믿은 대가라는 점이다. 선뜻 이해하기가 어려운 사람들도 있겠지만 종교를 믿은 것이 절대자 하늘을 분노하시게 만들었다.

종교라는 자체는 악들과 귀신들이 세운 것이었다. 기독교와 천주교에서 전하는 여호와 하느님 하나님도 가짜이고, 부처, 미륵, 상제, 알라신, 라마신, 천지신명, 열두대신도 악들이기 때문에 미래 하늘이신 자미황제 폐하께 추포되어 모두 영성과 영체가 소멸되는 사형집행이 이루어졌고, 지금은 그들의 수하들과 추종자 종교 귀신들을 추포하시어 심판하시는 중이시다.

대우주 천지 창조주이시자 절대자이신 태초 하늘의 분노는 인간들이 감히 상상할 수 없을 정도로 어마어마하시기에 지금과 같은 인류의 대재앙이 발생한 것이다. 인류가 수천 년의 세월 동안 종교를 세운 악들과 귀신들에게 완전히 빙의되어 구제 불능이라고 판단하시어 많은 세월 고심하시다가 최종적으로 종교 멸망, 인류 멸살, 지구 종말의 명을 내리시었기 때문에 인류가 지구에서 살아갈 날도 얼마 남지 않았다.

지금까지는 교회, 성당, 절, 무속, 도교에 다니면서 여호와 하느님, 하나님, 부처, 미륵, 상제, 알라신, 라마신, 천지신명,

열두대신을 믿는 것을 자랑으로 여기며 살아가고 있지만, 이제부터는 처절하게 후회하는 삶이 될 것인데 살아서보다 죽어서 땅을 치고 대성통곡하며 울며불며 후회하게 된다.

살아 있는 인생은 100년 미만 찰나의 순간에 불과하고 사후 세계는 영원하기 때문이다. 아직 죽어보지 않아서 모를 것이고, 깨닫지 못한 각자의 영혼, 조상, 신들도 영적 수준이 낮고, 조상도 하늘 무서운 줄 몰라서 자손들과 똑같이 영적 수준이 낮아 현생만 잘 먹고 잘살려고 악과 귀신들이 세운 종교에 몰려가 있다는 진실이 밝혀졌기에 구제 불능이라 판단하시었다.

절대자 하늘께서 종교 멸망, 인류 멸살, 지구 종말의 명을 내리시었지만, 하늘을 그리워하는 자, 하늘을 찾는 자, 조상들을 구원해 주는 자들에게는 한시적으로 하늘이 내리시는 명을 받는 특별 기회를 주시어 문을 열어주시고 계신다.

미래의 하늘께서 양날의 칼을 갖고 오시었다. 하나는 심판의 칼날이고 하나는 구원의 칼날이다. 어느 칼날을 받을 것인가? 인류가 기다리던 구원자는 어떤 모습으로 오실까? 오색구름 타고 나팔 불며 오실까? 무시무시한 무소불위의 기운을 갖고 하늘의 심판자, 인류의 심판자, 지구의 심판자로 오시었다.

종교 안에서는 천년만년을 기다려도 오매불망 간절하게 기다리던 구원자는 만날 수 없이 허송세월만 보내다가 구원도 못 받고 세상을 떠날 것이다. 종교 자체가 악들이 세운 곳이기에 종교로는 절대로 구원의 하늘이신 미래 하늘께서 가실 일이 없으시다. 구원받아 살고자 하거든 미래 하늘께서 계신 자미황궁으로 찾아와서 알현드려야 한다.

대단하신 대우주 천지 창조주이신 절대자 하늘께서 역천자 행성인 지옥별 지구에 직접 오시어서 죄인들을 구해 주실 하등의 이유도 없으시고 한가하시지도 않으시다. 생명체가 살아가는 대우주를 통치하시느라 공사다망하시기에 지옥별에까지 하강하실 이유가 없으시므로 천자이시자 황태자이시며 미래 하늘이신 자미황제 폐하께서 구원자 겸 심판자로 하늘께서 주신 무소불위의 천지대능력을 모두 받아서 갖고 오시었다.

절대자이신 태초의 하늘께서는 대우주를 기운으로 지배 통치하신다. 즉 마음과 생각 자체만으로도 대우주를 통치하신다는 말이다. 그러므로 지구도 예외는 아니지만 황위 계승 수업 과정을 마치도록 외아들이신 황태자 자미황제 폐하께 인류와 지구의 생살여탈권과 통치권을 위임하신 것이다.

요즘 날씨를 보아도 심상치가 않다. 오늘이 20년 4월 23일이고 12일 후면 여름 절기인 입하로 들어가는데 최근 기온이 영하로 내려간 곳도 있고 서울은 4도까지 내려가 싸라기눈이 내린 곳도 있어 농촌도 냉해로 과실 피해가 이만저만이 아니다.

인생의 어떤 사연으로든 미래 하늘이신 자미황제 폐하와 함께하는 사람, 영혼, 조상, 신들은 대행운아, 대천운아로 천복만복을 받은 자들이다. 자미황궁에 들어와서 악귀잡귀 소멸하는 것도 복받는 일이다. 자신들의 몸 안에 있는 천상의 역모반란 가담자들인 악들과 귀신들을 추포되게 하여 소멸시키는 것은 절대자 하늘께 공덕을 쌓는 일이기도 하다.

앞으로는 정성 들이거나 기도하러 유명한 산이나 절, 교회, 성당, 무속, 도교, 강이나 바다에 가지 말아야 한다. 이런 행위 자체가 하늘과 멀어지는 길이자 죄를 짓는 일이고, 악과 귀신들에게 정성 들이는 것임이 밝혀졌기 때문이다. 그럴 시간에 미래 하늘을 알현드리는 것이 천만번 옳은 일이다.

이제 종교시대는 종쳤다. 또한 악과 귀신들의 시대도 끝나고 새로운 세상이 열린다. 종교가 아닌 미래 하늘께서 주도하시는 자미황궁 시대가 열리는 것이다. 이제라도 미래 하늘께 구원받아 살고자 하는 자들은 종교를 과감히 떠나야 살길이 열린다.

종교를 떠나지 않는 자들은 구원 대상자에서 완전히 제외당하고 종교를 믿는 자들은 살아서나 죽어서나 죄의 대가를 받게 될 것이고, 자신들뿐만이 아니라 자녀들이나 후손들까지 대대로 여러분의 죄업이 내려간다.

종교가 몽땅 가짜라고 주장하는 인류의 영도자

여러분의 현생과 내생을 죽이는 것이 종교사상이다. 절대로 종교를 믿으면 안 된다고 주장하는 자는 인류가 이 세상에 태어나고 처음일 것이다. 인류가 수천 년 동안 받들어 섬기는 종교 숭배자들인 여호와 하느님 하나님, 부처, 미륵, 예수, 마리아, 상제, 알라신, 라마신, 천지신명, 열두대신을 추포하여 소멸시켰다고 말하니 어안이 벙벙할 것이다.

일반 상식으로 날벼락 맞을 일이 아니던가? 어느 누가 바보가 아닌 이상 죽으려고 신앙의 숭배자들을 추포하여 심판하겠는가? 이들을 천상에서부터 잘 알기 때문에 추포해서 영성과 영체를 소멸시키는 것이지 아무것도 모르면 할 수가 없다.

지구에 종교를 세운 악들은 천상에서 역모 반란을 일으키다 실패하여 지구로 도망친 하늘의 도망자 신세들이기에 추포해서 잡아들여 그들의 영성과 영체를 소멸시킨 것이다. 이들은 천상의 황태자궁에서 천자이시자 미래 하늘이신 자미황제 폐하의 신하(신명)들이었다가 반란 괴수 하누와 표경의 회유와 현혹에 넘어가서 황실을 배신하고 역모에 가담하였다가 실패하여 지구로 도망친 대역죄인들이었다.

그래서 이들을 추포하여 심판하면 자신들의 잘못을 너무나 잘 알고 있기 때문에 반항이나 저항 자체를 하지 못하고 순순히 영성과 영체가 소멸되는 사형집행을 순순히 받아들인다. 이들은 지구와 땅속, 바닷속뿐만이 아니라 수천경 거리에 달하는 우주 천체에 있어도 명을 내리면 순간에 추포되어 지상 대법정에서 심판받아 영성과 영체가 소멸되는 사형집행을 당한다.

종교를 세운 주군에 해당하는 여호와 하느님, 하나님, 부처, 미륵, 예수, 성모 마리아, 상제, 알라신, 라마신, 천지신명, 열두대신 같은 우두머리들은 몽땅 추포되어 처단되었고, 무량대수에 이르는 그들의 수하들을 차례대로 추포해서 처단하는 심판을 집행하시고 있다. 그러니 이제라도 빨리 종교를 떠나야 한다. 종교 안에 남아 있으면 그야말로 어느 날 갑자기 날벼락 맞아서 비명횡사 당한 뒤에 지옥도에 떨어지게 된다. 세계적인 코로나19 괴질병 대재앙은 종교 심판이기에 멈추지 않을 것이고, 인류 모두는 스스로가 파놓은 종교 무덤을 자초하였다.

질병 치료를 위한 악귀잡귀 소멸

질병 종류마다 들어온 귀신들이 각기 다르다는 것을 알 수 있다. 수술하든, 약을 먹든 이런 악귀잡귀 귀신들을 추포해서 소멸시켜야 질병에서 벗어날 수 있다. 질병이 언제 발생했는가에 따라서 완치가 빠르고 늦음이 있다. 아래 내용은 병명마다 추포해서 심판하고 소멸시킨 사례들이다.

소화불량 악귀잡귀 귀신 추포-
남자 귀신 590명, 여자 귀신 175명, 아이들 319명, 할아버지 12명, 잡귀들 827명
악들- 하누 수하 77명, 천지신명 수하 110명, 감찰신명 수하 95명, 표경 수하 207명, 영의신감 수하 60명, 도감 수하 142명

척추관협착증 악귀잡귀 귀신 추포-
할머니 690명, 남자 194명, 할아버지 1,060명,
악들- 하누 수하 314명, 표경 수하 171명, 천감 수하 719명

발바닥 무감각 악귀잡귀 귀신 추포-
잡귀신 3,199명,
악들- 표경 수하 2,146명, 도감 수하 30,910명, 열두대신 수하 1,570명

통풍 유발 악귀잡귀 귀신 추포-
　　잡귀신 5,174명
악들- 하누 수하 937명, 표경 수하 713명,
　　열두대신 수하 27,000명

　병원에서 수술을 해야 할 질병이 있고, 약을 먹어야 나을 질병이 있지만, 병원의 수술이나 약으로 해결 안 되는 귀신병들은 이들을 추포해서 소멸시키면 급격한 호전이 일어나서 아픈 통증이 즉시 또는 2~3일 안에 사라지는 무수한 체험을 하였다. 병원과 약을 병행해야 나을 질병들이 있고, 귀신만 빼내면 나을 질병들이 각기 다르다.

　그러니까 병명이 없는 질병들은 대부분 귀신병들이거나 신병, 무병이라고 하는데 이런 경우는 효과를 빨리 볼 수 있다. 질병을 발생시키는 존재가 악과 귀신들인 경우가 있고 자신의 조상들이 살아생전 앓던 가족력의 질병들이 있다. 유전적일 경우도 있지만 조상들이 자손이나 후손들의 몸 안에 들어와서 좋은 곳으로 보내달라고 해서 발생하는 사례도 많다.

　그래서 조상 탓이라면 조상 천상입천 의식을 해드려야 하고, 악과 귀신들 탓이라면 추포해서 소멸시키면 된다. 통상적으로 조상을 좋은 곳으로 보내드리고, 악과 귀신들을 추포해서 소멸시키는 것이 가장 이상적이다.

　부모 조상들에게 효도하는 조상 천상입천식을 행하고, 악과 귀신들은 소멸시키면 일거양득이 된다. 여러분의 몸이 아픈 것은 조상들이 사후세계에서 똑같이 아파서 고통받고 있는 경

우가 대부분이다. 조상들이나 귀신들도 살아생전에 질병으로 사망한 경우에는 죽어서도 치료받으려고 자손의 몸을 통해서 병원이나 약국에 다닌다는 것이 확인되었다.

 그러니까 여러분이 현재 앓고 있는 질병이 조상들이 살아생전 앓던 질병일 수 있다는 말이다. 아니면 조상이 아닌 악이나 귀신들이 그런 질병을 앓다가 죽어서 치료받으려고 여러분 몸으로 들어온 경우라고 봐야 한다. 그리고 여러분이 병원에 다른 질병으로 진료받으러 갔다가 병원에서 따라붙은 질병 귀신들이 어마어마하게 많다. 약 사러 약국에 갔을 때도 엄청 많이 따라붙는다는 사실도 확인하였다.

 병원에 가면 별의별 종류의 환자들이 얼마나 많은가? 그 환자들 몸 안에 있던 수많은 악과 귀신들이 여러분과 주파수가 맞으면 치고 들어오는 경우가 상당히 많다. 동병상련의 같은 처지에 있는 귀신들이 주로 달라붙는다. 그래서 종교, 병원, 예식장, 장례식장에서 상상을 초월하는 악과 귀신들이 무량대수 수준으로 엄청 많이 들어오고 있음이 확인되었다.

 질병을 병마라고 하였듯이 악과 귀신들인 경우가 너무나도 많다. 여러분들이 살아오면서 지금의 나이 먹도록 얼마나 많은 곳에 다니면서 따라붙은 것인지 추포해서 심판하면 놀라 자빠질 정도로 어마어마하고 귀신들의 종류도 다양하고 많다.

 질병은 정신적인 고통을 주는 귀신병이 있고, 육신적인 고통을 수반하는 질병이 있다. 인연이 되면 좋은 결과가 있을 것이고 악귀잡귀 귀신들을 소멸하면 당일 또는 2~3일 안에 좋아진 것을 스스로가 느낄 것이다. 한 번에 소멸되는 경우도 있지만 1~2번 정도 더 해야 소멸되는 경우도 있는데, 한 번 소멸시켜서 차도가 없는 경우는 같은 증상의 질병일 경우 다시 추포해서 소멸시켜 준다.

그리고 악귀잡귀 소멸 후에 또다시 종교, 병원, 장례식, 결혼식, 칠순 잔치에 다녀오면 무량대수의 새로운 악귀잡귀들이 또다시 들어오기에 참을 수 없는 증상이 있을 때마다 악귀잡귀들을 추포해서 소멸시켜야 한다. 유난히 귀신들을 잘 타는 사람들이 있는데 그것은 타고난 기운 때문이다.

특히 영매 체질의 신기가 많은 사람들에게 귀신들이 많이 따라붙고, 종교를 믿는 사람들은 한마디로 귀신들의 국제 공원묘지라고 해야 할 정도로 무량대수로 많이 들어와 있다. 그래서 종교는 백해무익하다고 해야 하고 일절 가지 말아야 한다. 귀신들이 우글거리는데 사람들 눈에만 안 보일 뿐이다.

절에 가면 승려 귀신, 동자 동녀 귀신, 조상귀신들이 많이 들어오고, 교회와 성당에 가면 신부와 수녀 귀신들과 하나님, 예수, 성모 마리아 믿다가 죽은 조상귀신들이 따라붙고, 무속에 가면 보살, 무당, 애기 동자 동녀들과 조상귀신들이 따라붙고, 도교에 가면 도를 닦다가 죽은 귀신들과 남의 조상귀신들이 엄청 많이 따라붙는다.

부처 불상, 예수, 성모 성화, 십자가, 초상화에는 수천조의 악과 귀신들이 달라붙어 있기에 악과 귀신들에게 절하고 예배, 미사 올리는 격이 된다. 그래서 종교가 사람 잡는 곳이다.

악과 귀신을 숨기면 저승길

사람들 몸 안에는 자신들의 신과 영혼이 아닌 수많은 영적 존재들이 숨어 들어와 함께 동고동락하며 살아가고 있는데 보이지도 들리지도 않다 보니 있는지 없는지 육안으로는 확인할 수 없지만 환영과 환청으로 보이고 들리는 사람도 있다.

이런 사람들은 신기가 많은 사람인데, 자신의 조상들이 자손을 신의 제자로 만들려고 들어오는 경우가 참으로 많은 것이 현실이다. 때로는 역천자 악신들이 종교로 끌고 가려고 그러는 경우가 있는데 자신의 조상이 그랬든 악신들이 그랬든 견뎌내기가 힘이 들어서 금전 풍파와 질병 풍파로 인생 막히고 뒤집혀서 결국 신을 받아들이는 사람들이 많다.

이러한 신기를 누르려고 교회, 성당, 절, 무속, 도교를 다니는 사람들이 많은데 종교를 다니는 것이 오히려 역천자가 되고 영혼의 고향으로 돌아갈 수 없는 강을 건너는 악수를 두는 꼴이 되어버렸다. 그리고 이미 돌아가신 여러분 독자 모두의 가족이나 부모 조상들도 아는 것이 종교밖에 없다.

이곳은 하늘의 천자이시자 황태자이시며 미래 하늘이신 자미황제 폐하께서 심판자 겸 구원자로 하강 강림해 계시는 곳이다. 지옥별인 지구에서 천상의 주인이시자 대우주 천지 창조주이신 절대자 하늘께서 내린 인류에 대한 심판과 구원의 사명을 완수하고 천상의 태상 자미천궁으로 돌아가시면 황위를 계승하시어 천상의 주인 자리에 오르실 대단하신 분이시다.

첫째 지옥별인 지구로 하강 강림하신 이유는 천상에서 하늘을 시해하려는 역모 반란을 일으켜 죄를 짓고 지구로 도망쳐서 종교를 세워 인류의 정신과 육신을 지배통치하고 있는 대역죄인들인 아수라, 악신, 악령, 악마, 사탄, 마귀, 악귀, 요괴들인 반란 괴수 하늘의 후궁 하누와 황자 표경(서자)과 추종자들인 감찰신명(신명님), 천상천감(하나님), 천상도감(미륵님), 천지신명, 열두대신, 영의신감 그리고 이들의 수하들인 무량대수에 달하는 악들과 귀신, 잡령의 영성과 영체를 추포하여 소멸시키는 공무집행을 위해서 이 땅에 내려오신 것이다.

둘째 영혼의 어머니와 절대자 하늘을 그리워하며 만나려고 온갖 종교세계를 찾아다니는 78억 인류의 몸 안에 있는 무수히 많은 신과 영혼(생령)들, 천상고향으로 돌아가려는 조상(사령)들을 구해 주시려고 오시었다.

지구와 인류 자체의 정신과 육신을 온통 악과 귀신들이 지배통치하고 있기 때문에 하늘께서 뽑아주시지 않으면 이곳에 들어오기가 매우 어렵다. 여러분이 들어오고 싶다고 마음대로 들어올 수 있는 종교세계가 아니기 때문이다.

하늘께서 여러분에게 자미황궁으로 입궁을 윤허하시면 책을 읽을 때 천비로운 기운이 내려서 온몸이 반응하고 줄 하품이 계속 나오거나 몸이 뜨거워지고, 아~, 바로 이곳이었구나~ 하면서, 드디어 진짜를 찾았다고 감정에 북받쳐 눈물을 흘리거나 대성통곡하기도 하고, 온몸으로 진동의 떨림이 나타난다.

머리 정수리에 지렁이처럼 뭐가 기어 다니는 듯한 기운이 느껴지고, 온몸이 여기저기 찌릿찌릿하거나 따끔거리기도 하고 평소와 전혀 다른 마음과 희망의 환희에 벅차다. 구독하면서 감동과 감탄, 감명으로 가슴이 설레고 알 수 없는 기운에 이끌리고 마음 안에서 빨리 방문하고픈 강렬한 기운이 느껴진다.

하늘을 알아보는 방법은 위의 내용처럼 기운으로 느껴지는 것이기에 귀신 들린 책이라고 무서워하며 버리는 사람도 있었는데 그럴 필요 없다. 평소와 전혀 다른 어떤 기운을 느낀다는 것은 하늘께서 선택해 주신 영광의 징표인 것이다.

그러니 중도 포기하지 말고 끝까지 모두 읽어보면 세상에서 들어보지 못한 새로운 영적 세계 진실을 더 많이 공부하게 되어 천상고향으로 돌아가는 행운아, 천운아가 된다. 역천자의 피가 흐르는 자들은 들어오지 못할 것이고, 맑고 깨끗한 순천자의 피가 흐르는 자들만 이곳 자미황궁으로 들어오게 되어 무릉도원의 세상인 천상의 3천궁으로 오를 수 있다.

대우주 천체에는 천상의 주인이신 태초 하늘의 후궁인 반란 괴수 '하누'의 씨로 이루어진 역천자 행성들이 무량대수인데 황자 표경(서자), 감찰신명, 천상천감, 천상도감, 천지신명, 열두대신, 영의신감과 수하들이 지배통치하고 있는 역천자 신들을 모두 추포해서 심판하여 소멸시키고, 무량대수에 이르는 역천자 행성들을 모두 파괴하는 명을 내리셨다.

지구에 온갖 종교를 세운 자들이 바로 이들 악신들이기 때문에 종교를 믿으면 자연적으로 하늘의 역천자가 되고 영혼의 고향인 3천궁으로 올라갈 수가 없다. 난생처음 들어보는 새로운 내용에 여러분이나 신, 영혼, 조상들도 어리둥절할 것인데 살고자 하는 사람들은 반드시 하늘의 관문을 통과해야 한다.

하늘의 진짜 기운이 내려오는 곳은 지구상에서 단 한 곳 자미황궁뿐이 없다. 악신들도 이적과 기적의 조화를 부리기는 하는데 그걸 믿고 종교인들 앞에 줄을 서면 여러분과 신과 영혼, 조상들까지 현생과 내생이 몽땅 망하게 된다. 죽어서 깨달으면 그때는 아무런 방법이 없기에 살아서 깨달아야 한다.

하늘의 역천자들인 악과 귀신들이 어마어마하게 사람 육신으로 들어와 있는데 이들을 소멸시키지 않고 살아가면 여러분 독자들의 인생이 망하거나 몰락하게 되고, 온몸이 아프며 하늘께 대적하는 죄를 짓는 꼴이 된다.

지구에서 신들이라고 말하는 자들은 모두가 역천자들인 악신들이기 때문에 넘어가면 여러분과 가족들의 신과 영 조상들이 몰락하게 된다. 역천자 악들을 소멸하지 않고 살아가면 여러분 인생도 힘들 것이지만 이들은 심판받아 소멸될 자들이기 때문에 여러분 육신의 목숨도 직접적으로 피해를 보게 된다.

악과 귀신들은 여러분에게 저주의 기운을 뿌려대며 죽여서 파멸시키려고 혈안이 되어 있기에 이들의 제물이 되어 저승길 동반자가 되지 말고 최대한 빨리 악과 귀신들을 소멸해야 죽음의 공포에서 벗어날 수 있다. 자신의 목숨을 지키는 일이다.

일본예언서 일월신시(日月神示)

이번에는 인류의 종말을 예언한 [일월신시(日月神示)]를 소개한다. [일월신시]는 신도 연구가인 오카모토 텐메이(1897~1963)가 고급 신령단에서 신시를 받아, 1944년 6월~1961년까지 약 17년간에 걸쳐 자동서기에 의해 기록한 예언서이다. 일본어, 한자, 숫자, 기호 등을 이용하여 작성되었으며 그대로 읽는 것은 매우 난해하지만, 현재는 연구가 진행되어 대부분의 해독이 이루어져 있다.

[일월신시]에서는, 지금의 세상이 부서지고 이상적인 하나님의 세계, 이른바 [미륵의 세상]으로 재건축된다고 예언한다. 다만, 이 [미륵의 세상]으로 개축을 위해서는 "大峠(대상) 오토케(큰 고비)"라는 "이를 악물고 눈알을 뽑는 것 같은 고통"이 인류에게 차례차례 습격한다. 이유를 모르는 질병이 심해진다.

[일월신시]의 구절에 "이유를 알 수 없는 병이 심해져 간다", "전염병은 사령 집단의 소행이라는 설명이 있다." 이것은 이번 신종 코로나 전염병의 예언이라고 생각된다.

그럼 이 "사령 집단"이라는 것은 누구인가? 얼마 전 현재의 대유행을 극복하기 위해 전 영국 총리 고든 브라운 씨가 "세계정부 수립"을 호소했다. 현명한 시청자 여러분이라면 물론 바로 눈치챘을 것이다.

속삭여지고 있는 음모론에 의하면, 어둠의 지배자층은 신종 코로나 같은 병원균을 뿌려 인구를 줄이기 위해 노력하고 있다고 한다. 이 충격에 의해 경제 시스템이 파괴하고 공포에 의해 인류를 지배하는 소위 새로운 세계질서, 세계 통일정부 수립을 목표로 하고 있다는 것이다.

"이유를 모르는 병"이 신종 코로나 바이러스이며, "사령 집단"이 어둠의 지배자층이라면 현재 바로 [일월신시]가 예언한 대로 일이 진행되고 있는 것으로 보인다. 그러나 [일월신시]의 예언은 신종 코로나가 어둠의 지배자층 기대를 훨씬 초과하는 존재임도 나타내고 있다.

오카모토 텐메이는 원래 대본교(大本教) 신자였다. 대본교 교주는 석가모니 입멸 후 56억 7천만 년 후에 이 세상에 나타나 일체의 중생을 구제한다는 점에서 "567-미륵"이라고 했다. 이 흐름에서 [일월신시]에서도 [567-미륵]이라고 표현하고 있다. 그리고 이 [567]은 [코로나]라고도 읽을 수 있는 것이다.

미륵보살은 태양신이다. 코로나는 그리스어로 [빛의 왕관]을 의미하고, 태양을 감싸는 초고온 가스층이기도 하다. 즉 신종 코로나 바이러스의 대유행은 미륵보살의 강림을 가리키는 것인가? 더욱 주목하고 싶은 것은, 하루에 [10만 명의 사람이 죽기 시작하면 하나님의 세상이 드디어 다가온 것이니까 자리에서 세계를 보고 모두에게 알려라]라는 기술이다.

현재 이 병에 의한 사망자는 나날이 증가하고 있다. 이대로 확산이 방지되지 않으면 하루에 수만 명이 사망하는 비참한 미래가 올 가능성도 있다. [일월신시]는 인류에게 닥친 전대미문의 재앙을 "大峠(대상) 오토케"라고 표현하고 새로운 차원의 세계로 가기까지 "현재의 오염을 제거하는 대량 세탁"이 일어난다고 한다. 그리고 "大峠(대상) 오토케"를 체험한 후, 하나님에게 선출된 인간만이 다음의 높은 차원으로 갈 것이라고 한다.

또한 "567"은 5차원, 6차원, 7차원 등 고차원을 나타내고 있다고도 되어 있다. 이 고난을 살아남은 사람들만이 고차원으로 상승한다는 것인가? 유행성은 2030년까지 계속? 사재기 패닉에 경고! "大峠(대상) 오토케"가 일어날 시기에 대해, [자(子)의 년, 한가운데에 앞뒤로 10년이 고비라]라고 되어 있다. 올해 2020년은 바로 그 자의 년에 해당한다.

즉, 2020년의 전후 10년인, 2010~2030년이 "大峠(대상) 오토케"로 생각하는 것이 가능하다. 그렇다는 것은 인류는 앞으로 2030년까지 닥쳐오는 수많은 재앙을 극복하지 않으면 안 되는 것인가? 지금 이 병의 수렴에 몇 년 걸린다는 비관적인 예상은 이미 과학계에서도 나오고 있어 앞으로 10년 후 2030년까지 걸릴 가능성도 결코 부인할 수 없다.

[일월신시]에 따르면 "大峠(대상) 오토케"에서 살아남는 것은 3분의 1이라고 한다. "하루에 한 줌 쌀에 울 때가 있을 거야, 입는 것에도 울 일이 있을 거야. 아무리 사재기해도 하나님의 용서는 하나도 받을 수 없어, 입어도 입어도, 먹어도 먹어도 아무것도 되지 않는 아귀의 세상. 빨리 하나님 마음에 의

지해라"라는 어려운 기술도 있다.

이와 같이 [일월신시]는 지금의 전염병뿐만이 아니라 사재기에 의한 공황까지도 예언하며 경고하고 있다. 사재기하든지 무엇을 하든지 하나님이 허락하지 않는 자는 살아남을 수 없다.

[일월신시]에서는 이렇게 예언하고 있는데 결국 인류의 십승지는 이곳밖에 없다는 것이 밝혀진 것이다. 세상에 알려진 하나님은 모두가 가짜인지라 미래 하늘을 알현하는 것이 유일한 살길이다. 태양도 빛과 불이신 미래 하늘을 상징한다고 되어 있다.

"예언은 코로나가 어둠의 지배자층 기대를 훨씬 초과하는 존재임도 나타내고 있다". 이 말은 이들 세계 그림자 정부 일루미나티의 기대보다 훨씬 무섭게 진행된다는 것을 예언하고 있다.

어디가 진짜 하늘이 내리신 곳인가 궁금할 것인데, 이곳을 통하여 지구라는 별(행성) 자체가 역천자 행성이고, 영적 수준이 낮은 대역죄인들이 살아가는 미개한 행성이기에 진짜를 몰라보고 종교에서 전하는 숭배자들을 찾아다니고 있는데, 이제 예언서에서 말하는 괴질병으로 인해 공포의 세상으로 바뀌면 자연적으로 어디에 진짜 하늘이 내리신 곳인지 알게 될 것이다.

인류의 십승지에서 미리 준비해야지 아비규환의 아수라장으로 바뀐 뒤에는 대처할 수 있는 아무런 방법이 없다. 넘쳐나는 괴질병 환자들을 모두 살릴 수 없기 때문이다. 이번 괴질병은 10년 동안 이어진다고 하였다. 다른 예언가들은 12월이 되면 악성으로 변종 바이러스가 창궐한다고 예언하고 있다.

【제2부】
기운으로 소멸

지금 전 세계가 공포의 괴질병 코로나19 감염 공포에 휩싸여 불안 초조하고 목숨이 경각에 달려 있어 언제 죽을지 몰라서 좌불안석이다. 외출 자제 권고 문자가 수시로 오고, 자가 격리 지침을 어기면 형사적 책임을 묻겠다고 하면서 집회와 예배를 자제할 것을 촉구하며 2미터 거리 두기를 실천하라고 한다.

죽음이 두렵고 무섭기는 무섭다. 마스크 구입으로 목숨 보전이 문제가 아니라 지구 종말로 인류 전체의 운명이 불원간 끝날 수 있기에 자신의 사후세계 준비가 먼저이다.

사람으로 살아간다는 것은 미래 하늘을 알현할 수 있는 천재일우의 기회인데 육신의 목숨만 부지하려고 혈안이 되어 있다. 여러분이 사람으로 윤회하고 있는 것은 인류 구원의 결정권을 갖고 있는 미래 하늘이신 자미황제 폐하를 알현하기 위함이다.

잘 먹고 잘살기 위해 태어난 것이 아니라 미래 하늘이신 자미황제 폐하를 알현드려서 육신의 죽음 이후 지옥세계 명부전으로 가지 않고, 사후세계를 보장받아 천상으로 오르는 하늘이 내리시는 명을 받아 하늘 사람 천인(天人)이 되는 것이 가장 시급한 일이다. 미래 하늘께서는 종교를 세운 악신과 악령, 귀신들은 엄하게 심판하시지만, 하늘의 명을 받는 사람, 영혼, 조상, 신명들에게는 더없이 자애롭고 자상하시며 따뜻하신 구원자이시다.

장○혁 악귀잡귀 소멸

　독자 여러분은 이 대목부터 악귀잡귀 소멸의 여러 사례 글을 읽으면서 단단히 마음의 준비를 하고 읽어야 한다. 지구에 인간이 태어나고 처음으로 공개되는 악귀잡귀 소멸 사례들인데 종교인들은 감히 흉내조차 낼 수 없는 보도 듣도 못한 사례이다.

　마음의 준비를 단단히 하라는 이유는 여러분 몸 안에 헤아릴 수 없는 악귀잡귀들이 무량대수로 있기 때문에 상당한 거부반응을 일으키며 부정하고 무시하면서 세상에 이런 일이 어디 있느냐고 사이비라고 매도하며 책을 읽지 말라고 방해할 것이다.

　그리고 여러분 몸 안에 있는 악귀잡귀들이 무서워서 벌벌 떨거나 가지 말라고 강하게 부정적인 메시지를 뿌려댈 것인데 이것을 이겨내지 못하면 여러분 인간 육신은 악귀잡귀의 밥이 되고, 죽어서 그들과 똑같은 불행한 신세가 되기 때문에 자신의 내면에 있는 영적 존재들인 악귀잡귀들과 결사적으로 싸워서 이겨내고 자미황궁에 급히 방문해야 한다.

　여러분을 종교의 굴레에서 해방시키고, 악귀잡귀들로부터 지켜주기 위한 것이니 각자의 노력이 필요하다. 몸 안에는 여러분의 영혼, 조상, 신명, 악귀잡귀, 악신, 악마, 악령들이 무수히 들어 있기에 이들이 뿌려대는 부정의 메시지를 이겨내야 한다.

저자 : 장○혁이 일본 소학교 3학년 때 자전거를 타다가 차에 치여 15미터를 나가떨어져 오른쪽 대퇴부 전체 골절당하는 사고를 당해 6개월 입원했는데 이 당시 장○혁 육신이 차에 치어 죽이려고 하던 악귀잡귀 잡령들 추포한다. 잡아들여.

귀신 : 조센징! 조센징! 아하하!

저자 : 너는 쪽바리냐? 누구 보고 조센징이래?
귀신 : 우리는 모두 그때 들어간 귀신 맞습니다. 6,500명입니다. 오~ 그때 죽일 수도 있었는데 아까워. 응~ 그렇게 죽으면 재미없고 더 약 올렸다가 죽여야지. 더 힘들게 하고. 망가지는 꼴을 보고서 죽여야지.

저자 : 악들 추포한다. 나와.
악신 : 예, 도감의 수하들만 51억 8,000명이 들어갔습니다.

저자 : 당시 병원에서 따라붙은 악귀잡귀 잡령들 전원 추포한다. 잡아들여.
귀신 : 아~ 그 병원에 머물던 원혼귀들입니다. 당시 병원에서만 따라붙은 영가들은 9,020명입니다.

저자 : 대기하고 당시 들어온 악들 추포한다. 나와.
악신 : 예. 하누 수하들 3,900명, 표경 수하들 952,000명

저자 : 1986년 리비아 트리폴리 파견 시(당시 6학년) 미국 로널드 레이건 대통령이 트리폴리를 폭격한 사건이 있어서 피난을 떠났을 때 당시에 몸으로 따라붙은 잡령들 잡아들여.

자미천 47

귀신 : 우리는 모두 남자들이고 37명입니다. 그때 이 자의 허리와 머리로 들어갔었습니다. 이렇게 나오니 힘드네요. 왜 이렇게 흰 용들이 많아? 왜 이렇게 많이 보여요? 백룡들이라고? 나 안 죽어! 우리는 안 죽어. 얘가 죽을 거야.

저자 : 너는 어느 나라 귀신이야.
귀신 : 거기 떠돌던 귀신입니다.

저자 : 리비아에 있던 귀신이야?
귀신 : 예, 그 터에 있던 귀신입니다.

저자 : 근데, 37명밖에 안 들어왔어?
귀신 : 숫자가 중요합니까? 귀신이 한이 깊고 너무나 오랫동안 한이 많으면 어느 정도 영적 능력이 있습니다. 엄청 오래전에 죽었습니다. 몇백 년 됐어요! 원과 한이 얼마나 크겠습니까? 우리가 아니라 이 자가 죽을 겁니다.

저자 : 대기하고 당시 들어온 악들 추포한다. 나와.
악신 : 예. 그 당시 들어간 악들은 천지신명 수하 272,000명, 도감의 수하 32,000명, 천감의 수하 30억 6,000명입니다.

저자 : 2001년 부친이 사기꾼에게 당해 누명을 뒤집어쓰고 구치소에 수감이 되었다가 당시 근무하던 회사인 레이크사이드CC에서 10억 구상권을 얻어맞았습니다.

경제활동을 할 수 없게 되었고 가세가 기울었는데, 집안을 일으켜보려고 소신이 무리수를 두는 바람에 지금의 상황에 이르렀다는데, 이 당시 부친이 누명을 쓰고 구치소에 수감되게 만들었던 부친의 몸과 장○혁의 몸에 들어온 악귀잡귀 전원 잡아들여.

귀신 : 어허~ 하하~ 거지. 거지야, 하하하. 거지 집안이야!

저자 : 네가 그렇게 만들었어?
귀신 : 네, 우리 모두 2,936억 명입니다. 거지 집안~ 계속 파면 뭐가 나올까? 안 나와. 안 나와. 하하하! 재밌네. 아주 재밌어!

저자 : 니네들 특기가 남 망가뜨리는 거지?
귀신 : 암튼~ 땅이라도 파보자. 뭐 나오나. 포기하고. 몸도 아프고 의욕 상실하게 만들 거야. 돈 없어! 돈 없어!

저자 : 저런 존재들이 들어 있으니 인생의 꽃이 피겠나?
귀신 : 다 떠나. 가족들도 필요 없어. 다 흩어져 그냥! 하하하! 다~ 끝났어! 하하하! 재밌지? 재밌지?

저자 : 대기하고, 당시 들어온 악들 추포한다.
악신 : 하누 수하들이 5,195억 명, 표경 수하 49,200명

저자 : 집안을 일으켜보려고 무리수를 뒀다는데 그 당시에 어떤 일을 했는데 무리수를 뒀다는 거야?
장○혁 : 사업도 했사옵고, 지금 있는 파트너랑 했었고, 어머니 쪽 친척분과 대구에서 뭐 한다고 했다가 그 후에 소니 다닐 때도 투자도 좀 하고 공매, 경매도 했는데 나중에 되팔아야 하고 했었습니다. 집이 그렇게 되니까 마음이 급해진 것도 있고

조바심이 굉장히 많았습니다.

저자 : 무리수를 둘 때 들어온 악귀잡귀 잡령들 추포한다. 잡아들여.

귀신 : 자살귀들이에요. 우린 20~30대에 죽은 자살귀들. 모두 179명입니다.

저자 : 대기하고 악들 추포한다. 나와.

악신 : 예. 도감 수하들만 42,600명이 들어갔었습니다.

태어날 때 들어온 악귀잡귀 귀신들

저자 : 1974년에 일본 요코하마에서 태어났단 말이지?

장○혁 : 일본은 조상숭배가 원시종교로 신교와 불교가 혼합된 형태이사옵나이다. 일본인은 모든 사물에 영혼이 존재한다는 기본적인 신앙관을 가지고 있습니다.

1년을 계절 따라 마쯔리(축제)를 하여 신의 위력을 갱신하고 인간의 혼도 새롭게 할 수 있다고 생각하고 있습니다. 그런 나라에 태어나 그런 문화 속에서 살며 마쯔리에도 참가하고 유명 신사도 구경 갔었던 적이 있습니다.

저자 : 장○혁이 일본에서 1974년에 태어날 적에 들어온 악귀잡귀 잡령들 추포해서 잡아들여.

귀신 : 으아… 명. 명을 받을 자라… 이 자가 태어났을 때 하늘이 내리시는 명을 받게 될 표식이 보여 귀신들도 많이 들어왔고, 어떤 신이라는 자들도 많이 들어갔었습니다. 하늘의 명이라?

들어간 신들, 귀신들, 영들이 이 자를 못살게 굴려고 들어갔는데 124억 명입니다. 태어날 때 하늘이 내리시는 명을 받는 표식을 보고 들어갔습니다. 여기! (뒤통수 가운데를 가리키며) 여기에 있었습니다.

저자 : 명 받을 자라는 게 거기에 표시가 되어 있었어?

귀신 : 이 자는 여기에 표시가 되었어요. 오멘이라고 아십니까? 666. 물론 이 자에게 666이라고 표시된 건 아니죠. 한 번 보세요. 그 영화가 주는 메시지가 무엇인지. 하늘의 명과 666은 무슨 차이일까요?

(귀신의 언어) %@#$% 데미안? 우린 이미 죽었지만, 우리 귀신들이 이 자의 전전 전생과 연관이 되었기 때문에 이 자가 하늘의 명을 받는다는 것을 미리 알고 방해했던 겁니다. 이 자가 왜 이렇게 힘들게 사는지는.

아주 오래전 전생과 연관이 있다는 겁니다. 방해하고자 들어간 것입니다. 그 끝없는 전생. 상상도 할 수 없을 정도로 굉장히 많은 무량대수의 전생이 있고, 그 전생을 모두 이겨낸 자만이 이 지구에 와서 하늘의 명을 받을 수 있습니다. 이 자는 다 뚫고 왔지만, 그곳에 전전 전생에 우리의 원수였던 이 자가 하늘의 명을 받게 하도록 그냥 둘 수 없었습니다.

저자 : 너희들의 원수였어?

귀신 : 우리들한테는 이 자가 원수였습니다.

저자 : 어떤 것으로 원수가 됐어?

귀신 : 이 자는 무한한 전생 중에 전쟁터의 수장이었던 적이 있었어요. 우리는 적군이었죠. 그렇게 생각하시면 됩니다. 우리는 죽어서 이 자가 사람으로 태어나는 것을 기다리다 복수하려고 했습니다. 이거는 일부분에 불과하고 살면서 비극적인 일은 전 전생과 연관되어 있습니다. 그런데 이 자는 끝까지 살아남아 여기까지 왔지만… 그럼 우리가 다시 패배자가 된 건가? 하하하.

저자 : 그렇지.
귀신 : 그래. 하늘의 명이라는 거 우리도 좀 받아봅시다. 받아볼게요.

저자 : 너희는 받을 수 없어. 너희는 육신이 죽어 없으니까 못 받아. 대기하고 악들 추포한다. 나와.
악신 : 예. 천지신명 수하들 726,000명, 표경 수하들 9,199명이 들어갔었습니다.

저자 : 장○혁이가 일본의 유명 신사를 여러 곳 구경했다는데, 동경에 있는 센소지 신사와 그 외 일본의 신사 다니면서 구경할 때 따라붙은 악귀잡귀 추포해서 잡아들여.
귀신 : 안 나가~! 싫다고! 그래! 그때 이 자의 몸으로 들어가서 계속 괴롭히고 있었습니다. 이 자의 몸으로 들어가 계속 죽으라고 메시지를 뿌렸습니다.

넌 패배자야! 243명입니다! 이 표시를 지워! 왜 너만! 이 표시를 지워! 왜요! 우리 계획이 실패해서 고소하십니까? 으흐흐. 너는 사탄의 아들이야. 너는 사탄의 아들이야! 이 자는 사탄의 아들입니다.

저자 : 어째서 사탄의 아들이라 그래?

귀신 : *@(&#$(귀신의 언어) 오컬트! @#$% 넌 사탄의 아들이야. 너 귀신 좋아하지? 유령 좋아하지? 넌 사탄의 아들이야! 이거, 하늘의 표식을 지워. 여기에 666을 써. 666. &@#$% 데미안! 데미안! ^@#$% 이건 널 위한 거야. 666! %@#$% 사탄의 아들이야 넌! 하늘의 명을 지우고 666을 써라. 사탄의 아들! 아하하! 넌 유령이야. 넌 요괴지? 넌 유령이야. 넌 귀신이야. 그러니 넌 사탄의 아들이야.

저자 : 대기하고 당시 들어온 악들 추포한다. 나와.

악신 : 예. 하누 수하들 1,769억 명, 표경 수하 274,000명, 도감 수하 48억 2,000명이 들어갔었습니다.

저자 : 출생의 비밀이 모든 걸 밝혀주는구나. 전생에서 서로가 지은 업보 때문에 이승에서도 그렇게 되고. 끝도 없는 전전 전생이 있는데 이것을 다들 몰라보고 살고 있네. 그래서 풀어야 될 게 너무나 많은데, 그나마 이곳에서 밝힐 수 있는 게 천만다행이다. 초등학교 1~2학년 시절에 천주교에 갔을 적에 장○혁의 몸으로 들어온 악귀잡귀 잡령들 추포해서 잡아들여.

신부 귀신 : 에… 우리는 그곳에 있다가 여기로 들어간 신부! 거기 머물던 신부 귀신들입니다. 영혼! 왜요? 우리가 영혼으로 머물러 있어서 가짜를 믿은 것 같아요?

저자 : 그래.

신부 귀신 : 아니에요! 그때 들어간 게 560명입니다. 남자 신부만 560명! 우린 죽어서도 계속 수행(윤회)하고 있습니다.

저자 : 이해를 못 하겠다. 신부라며? 신부인데 왜 장○혁이 몸에 들어가? 너희 하나님 따라가야 할 것 아냐? 아니면 성모 마리아 따라가던가!
신부 귀신 : 그게 뭐 어때서요!

저자 : 천당, 천국 안 가? 가야 할 것 아냐?
신부 귀신 : 우리가 그랬잖아요? 우리가 가짜를 믿은 게 아니라고요!

저자 : 진짜를 믿었다? 진짜를 믿었으면 가야지 왜 못 가고 있냐고?
신부 귀신 : 그건 선생님 생각이고, 우리는 죽어서도 지금 수행(윤회)하고 있다고요!

저자 : 수행(윤회)? 기다리는 거야? 하나님 기다려?
신부 귀신 : 네~! 걱정 마세요! 선생님이나 잘하세요!

저자 : 하하하. 환장하네, 진짜. 저러고 있으니 종교 멸망 안 시킬 수가 있어?
신부 귀신 : 어떡하라고요? 왜요! 몸에서 왜 꺼냈는데요!

저자 : 죽이려고 꺼냈지, 왜 꺼내?
신부 귀신 : 우린 수행 중이지만 우리의 몸주는 여기예요.

저자 : 참, 놀라운 일이다. 속은 줄도 모르고 수행 중이라며 사람 몸 안에 들어와서 기다린다? 그러니까 종교 믿는 자들이 다 저러고 있다는 거야 지금. 이미 죽은 귀신들, 조상들 모두

가 이 모양이야. 대기하고 당시 들어온 악들 추포한다. 나와.

악신 : 예, 그때 들어간 악들은 천감의 수하들이 모두 13억 명 들어갔었습니다.

저자 : 아버지가 외교부 주재원 시절 나고야에 있던 소학교 옆에 가톨릭 대학 성당에 들어가서 아무것도 모른 채 기도 흉내 낼 때 들어간 악귀잡귀 잡령들 추포해서 잡아들여.

귀신 : 예. 그 당시에 얼굴을 바라보면서 저희 모두 여자 귀신들 4명이 뒤에 2명, 앞에 2명이 이렇게 보고 있었습니다. 이 자를 결혼 못 하게 하려고 그때부터 들어가 있었습니다. 나머지 귀신들을 말씀드리자면 2,600명. 그건 여자가 아닙니다. 동물과 아이들이 합쳐진 혼령들입니다. 이 자가 결혼 못 하게 방해했었습니다.

저자 : 결혼이라는 게 족쇄도 큰 족쇄야. 내 자유도 다 반납해야 하고.

귀신 : 결혼이라는 게 그래요. 산 사람하고는 결혼 못 했지만, 우리하고는 결혼한 거예요. 우리 여자 귀신들하고. 흐흐흐.

저자 : 너희 거 만들려고? 결혼 못 하게 했다?

귀신 : 마음에 들었습니다.

저자 : 결혼했더라면, 여기에 과연 왔을까? 마누라가 달달 볶아서 참 오기 힘들지. 지금도 참석 못 하는 자들이 여러 명 있어. 가족들이 반대해서. 당시 들어온 악들 추포한다. 나와.

악신 : 예. 그때 들어갔던 악들은 표경 수하들 17억 명이 들어갔었습니다.

저자 : 장○혁이가 아버지 따라 리비아 거주 당시 1985년 말에 바티칸 베드로 대성당에서 로마교황 요한 바오로 2세가 성탄절에 2층 발코니로 나오는 걸 지켜봤다는데 이때 들어온 악귀잡귀 잡령들 전원 추포해서 잡아들여.

악신 : 예, 그때는 먼저 천감 수하들이 47억 4,000명이 들어가고, 터 귀신들이 2,699억 명. 굉장히 많이 들어갔었습니다. 그 터에 머물던 귀신들이지만 다른 사람 몸에 들어가지 않고 장○혁 씨를 타깃 삼아서 들어갔습니다.

저자 : 대성당이니까 얼마나 많겠어? 거기 다닌 사람들 몸에 들어왔던 귀신들도 같이 따라 들어오고.

귀신 : 예예. 다른 사람 몸에서 나와서 터에 머물러 있었습니다. 그러다 장○혁 씨 몸으로 어마어마하게 많이 들어갔습니다.

저자 : 대학시절 원불교 동호회에서 원남교당에서 법회를 볼 때 들어온 악귀잡귀 잡령들 전원 추포해서 잡아들여.

귀신 : 아… 자네는 중 팔자야. 중 팔자! 여긴 중 팔자야! 내가 그때 들어갔었습니다. 이 자를 중으로 꼭 만들겠습니다.

그래야 내 원과 한이 풀어집니다. 내가 거기 머물던 귀신입니다. 나도 살아서 중이었어요. 이 자를 반드시 머리 깎게 만들 것입니다. 우리 그때 들어갔던 중들은 모두 다 합쳐서 720명! 그렇게 들어갔습니다. 깎아 그냥. 깎고 들어가. 산에 가!

저자 : 너희는 대기하고 악들 추포한다. 나와.

악신 : 예. 먼저 표경 수하들 720,000명, 도감 수하들이 4,400명이 들어갔었습니다.

저자 : 무당집은 대표적으로 2군데를 다니고 하나는 대학입시 때, 하나는 소니에 다닐 때 다녔고, 먼저 간 곳은 어머니에게 이끌려간 곳이고 인왕산 산기도, 구리 굿당에서 진오기굿, 북한산의 굿당에서 굿을 했다는데, 무당집에 갔을 적에 따라붙은 악귀잡귀 잡령들 전원 추포한다. 잡아들여.

귀신 : 아… 저희들은 죽어서 눈이 없는 귀신들이고요. 저희들이 죽어서 눈이 없는 귀신이 된 게 다 이유가 있습니다. 그곳에서 이 자 조상들의 원과 한을 풀어주려고 저희가 도와주려고 들어간 거예요.

저자 : 너희들이 무슨 제주로 원과 한을 풀어줘?

귀신 : 그래서 굿을 하는 거예요. 눈 없는 남자 귀신들 모두 다 합쳐서 2,450명입니다. 운수 풀이도 다 해줄게요. 운수 좋게 해줄 테니까 가야 돼요.

저자 : 그렇게 꼬셨어?

귀신 : 조상들도 풀어주어야 되고, 굿이 그렇게 한 가지만 있는 게 아니라 굉장히 다양해요. 어떻게 그렇게 말씀하세요? 건강 운, 재물 운, 운수 풀어주고, 자녀들 학교 입시 하려고 엄마들이 와서 기도하는 것도 있어요. 사업 운도 있고. 남편 바람 피우지 못하게 하는 것 등 엄청 다양하게 있어요! 에이 진짜.

저자 : 대기하고! 당시 들어온 악들 추포한다. 나와.

악신 : 예. 그때 천지신명의 수하들만 들어갔었습니다. 52억 2,000명이 들어갔었습니다.

저자 : 인왕산 산기도 갔을 때 들어온 악귀잡귀 잡령들 추포

해서 잡아들여.

귀신 : 산에 있던 우린 처녀 귀신 290명입니다. 할머니 귀신 510명, 보살 귀신 4,020명이 그렇게 들어갔습니다. 총각이라 다 여자들만 들어갔습니다.

저자 : 너희는 대기하고 악들 추포한다. 나와.
악신 : 예, 당시에 표경 수하 209,000명이 들어가고 열두대신 수하들 3억 4,000명이 들어갔었습니다.

저자 : 구리 굿당에서 진오기굿할 때 들어온 악귀잡귀 잡령들 전원 추포해서 잡아들여.
귀신 : 예, 할머니 77명, 할아버지 198명, 동자승 210명, 박수무당 72명, 꽃보살 45명이 들어갔었습니다.

저자 : 대기하고 악들 추포한다. 나와.
악신 : 예, 감찰신명 수하들 2,240명이 들어갔었습니다.

저자 : 북한산 굿당에서 굿했을 때 들어온 악귀잡귀 잡령들 추포해서 잡아들여.
귀신 : 무당의 몸 안에 들어 있던 조상령들이 317명, 보살 귀신 160명이 들어갔습니다.

저자 : 대기하고 악들 추포한다. 나와.
악신 : 예, 도감 수하 37억 명, 천지신명 수하 22,900명이 들어갔었습니다.

저자 : 어머니가 별도로 굿을 많이 했다는데 그 당시 들어온

잡령들 추포해서 잡아들여!

귀신 : 하하하. 굿! 굿이 굿이에요! GOOD~! 그러니까 얼마나 좋습니까? 엄마가 자식 다 잘되라고 그렇게 하는 거잖아요. 이렇게 잘난 자식 못 되라고 굿을 합니까? 굿~! 우리 그때 들어간 귀신들인데 할머니도 있고 처녀 귀신도 있고, 박수무당 귀신 모두 다 합치면 179억 명입니다.

저자 : 대기하고. 악들 추포한다. 나와.
악신 : 예. 도감 수하 36억 2,000명, 열두대신 수하 436,000명, 천지신명 수하 13억 6,000명이 들어갔었습니다.

저자 : 소니 다니던 시절 회사 근처에서 알게 된 무당에게 수락산에서 개인 돈으로 굿을 했다는데 처음으로 자발적으로 했을 때 들어온 악귀잡귀 잡령들 전원 추포해서 잡아들여.
귀신 : 아… 역시 빌어드려야 돼. 신명님께도 빌고 천지신명님께도 빌어서~ 역시 정성이 들어가야 돼. 잘되게 해준다는데 왜! 내가 잘 보살펴주고 잘해 줄 테니 걱정 마요. 왜요? 내가 못 해줄 것 같아요? 내 거야! 우리 거라고!

저자 : 어째서 네 거냐?
귀신 : 이 자의 눈과 허리로 들어갔었습니다. 모두 5억 7,000명! 우린 신이에요!

저자 : 신은 무슨 악신과 귀신들이지.
귀신 : 신이라고요!

저자 : 신이 어딨냐? 죄다 역천자 주제에.

귀신 : 신을 무시하고 천박하다 생각하면 신벌 받습니다. 신벌! 신벌 받아요!

저자 : 내가 오늘 너에게 벌을 내린다. 천벌!

귀신 : 여기 있는 자가 우리의 존재를 알아보지 못해서 신벌을 내렸습니다. 용왕 산신님의 제자와 신명도 들어 있습니다.

저자 : 그 존재들 다 추포해서 오늘 심판한다. 대기하고 악들 추포한다. 나와.

악신 : 예, 천지신명 수하 739,000명, 열두대신 수하들이 4억 2,000명이 들어갔었습니다.

저자 : 1998년 단학선원에 들어가 수련을 하는데 이○○이 종교집단으로 운영하는 걸 알고 실망해서 도망쳐 나왔는데, 이때 천지신명을 외우라 해서 '천지신명'이라는 이름을 처음으로 알게 되었다는데, 단학선원에 들어갔을 때 들어온 악귀잡귀 잡령들 전원 추포해서 잡아들여.

귀신 : 당신은 누구입니까? 나는 누구입니까? 흐흑…

저자 : 너는 죄인이고 역천자 귀신이지.

귀신 : 나는 내가 누구인지 알고 싶습니다. 가르쳐주세요! 여기 앞에 계신 분이 대단하신 분이라면 나의 존재를 가르쳐주세요! 나는 누구입니까? 흐흑… 나는 누구냐고요! 나는 누구야?

저자 : 네 존재가 귀신이지 뭐야. 대역죄인이지. 뭘 알고 싶은 건데?

귀신 : 그래요! 우린 그 터에 머물던 귀신들이고 이 자의 몸에 들어갔었는데 9,800명입니다. 가르쳐줘요! 난 누구인지! 내가 왜 여기로 와 있는 건지!

저자 : 죄인이기 때문에 잡혀와 있지.
귀신 : 나는 누구인가? 나는 누구냐고요! 흐흐흑… 답답하다고요! 끝까지 이 자의 몸에서 이 자를 망가뜨릴 거야. 그게 우리의 임무니까! 우리의 임무라고요!

저자 : 너흰 임무 없어. 끝났어. 대기하고 당시 들어온 악들 추포한다. 나와.
악신 : 예, 표경 수하들. 42만 2,000명, 열두대신 수하들이 96,500명. 천지신명 수하들 13억 2,000명이 들어갔었습니다.

저자 : 2006년도 잠시 국선도에 2번 나가고 그만두었다는데 당시에 따라붙은 악귀잡귀 잡령들 추포해서 잡아들여.
귀신 : 어유~ 으~ 여기 이 자의 이쪽에서부터 여기까지 붙어 있었습니다. 우리는 거기 다니다가 사고로 죽은 불쌍한 영들입니다. 남자들이고 모두 150명. 이 자도 우리처럼 사고 나서 죽게 할 거야. 거기 다니다 사고 나서 죽었으니 여기 들어온 자도 사고 나서 죽어야겠죠. 하하하…

저자 : 대기하고 악들 추포한다. 나와.
악신 : 예, 도감 수하 7,199명, 천지신명 수하 420,000명이 들어갔었습니다.

저자 : 2000~2002년도 사이에 사업한다고 말아먹게 한 악

귀잡귀들 추포해서 잡아들여.

귀신 : 예~ 이 자의 아주 오래전 전전 전생과 인연이 있던 저 멀리 외계 행성에 있는 영적 존재들입니다. 저희들이 이런 말 한다고 안 믿어도 되지만은 인과응보의 법칙! 그 법칙에 따라서 이 자를 그렇게 말아먹게 했습니다.

그때가 딱 그 시기라서 들어갔었습니다. 하하하! 그때 전전 전생에서는 이 자가 지구에 사람으로 태어났을 때 반드시 복수하기 위해서 그렇게 한 것입니다. 그렇게 해서 들어간 저희 존재가 15억 2,000명입니다! 그 당시에 이 자도 그 외계 행성에서도 윤회했었습니다.

거기서 이 자는 기후, 즉 그곳의 날씨도 연구하고, 지구에 사는 사람들의 인체에 대한 연구, 별, 천체를 연구하는 학문을 했었습니다. 지구에서 말하는 천체물리학자라고 보시면 됩니다. 사업도 했었습니다. 그 행성의 윤회 과정에서 풀어야 하는 과정이 있었기 때문에 그런 것도 했었습니다.

또 다른 행성에서는 외계 문명 발달에 대한 연구하는 연구가이기도 했습니다. 4가지 일들을 연구하고, 사업도 하고, 논문도 쓰는 그런 시절이 있었습니다. 그런데 저희들하고 약간의 충돌이 있었습니다.

저희들이 이 자에게 눌리는 그런 것이 있기 때문에 저희들은 자존심이 엄청 많이 상해서 이 자가 나중에 업보를 다 풀고서 지구에 내려간다면 반드시 우리가 망가뜨리는 일을 할 거다, 라고 해서 저희가 그랬던 것입니다. 이렇게 다 이유가 있습니다. 저희가 복수한 것도 있습니다.

저자 : 대기하고 악들 추포한다. 나와.
악신 : 예, 천지신명 수하 29,000명, 열두대신 수하 95억 4,000명이 들어갔었습니다.

저자 : 능인선원에 갔을 때 들어온 악귀잡귀들 잡아들여.
귀신 : 우리는 승려들이고 9,199명입니다. 비구니 67명, 여자 자살귀 414명. 이 자가 자살하도록 계속 기운 뿌려댔습니다.

저자 : 대기하고 당시 들어온 악들 추포한다. 나와.
악신 : 예, 도감 수하들만 1,299명

저자 : 금강경독송회를 다니면서 들어온 악귀잡귀 잡령들 추포해서 잡아들여.
귀신 : 아… 예… 우리는요. 자살귀들이 210명이고, 암 귀신 44명, 사고로 죽은 귀신 9명, 처녀 귀신 27명, 몽달귀신 64명, 승려 귀신 124명

저자 : 대기하고 악들 추포한다. 나와.
악신 : 예, 하누 수하 123억 명, 도감 수하 279,000명

저자 : 팔공산 갓바위 아래 선본사에 3천 배 하려고 하다 다 못 했다는데 거기서 3천 배 하려고 했을 때 들어온 악귀잡귀 추포해서 잡아들여.
귀신 : 하하하. 여기에 그때 소의 영혼도 들어갔었습니다. 거기에 동물의 영혼도 많습니다. 소의 영혼 103마리, 뱀의 영

혼 56마리, 쥐의 영혼 103마리, 개의 영혼 70마리. 우리는 신이지 귀신이 아닙니다. 우리 신들은 모두 956명입니다. 이 자는 반드시 신 제자가 될 것입니다. 여기는 평범하게 살 수 없습니다.

저자 : 대기하고 악들 추포한다. 나와.

악신 : 예, 하누 수하 21억 명, 천지신명 수하 3억 4,400명이 들어갔었습니다.

저자 : 양평의 금청선원이라는 곳에 갔을 때 따라 들어온 악귀잡귀 잡령들 추포해서 잡아들여.

귀신 : 아~ 아깝다. 죽일 수 있었는데! 우리는 자살귀입니다. 거기에 있던 자살귀들. 다 해서 172명! 어때? 목매달아 죽어볼래? 우리처럼? 어떻게 죽으면 고통 없이 죽는지 가르쳐줄까?

어차피 이 세상 다 갔어. 죽어 지금. 오늘 가서 그냥 매달아! 으어… 또 있어. 사고로 죽은 귀신 하하하 34명! 사람으로 태어나서 무엇을 해야 될까? 그냥 사람으로 태어났으니 다른 사람처럼 나도 내 자손 만들고 가면 되는 것일까? 어떤 것이 정답일까요? 신이 되어야 해! 살아서 신이 되어야 된다!

저자 : 신이라는 게, 죄다 인생 망가뜨리는 악신들이야.

귀신 : 우리 뜻대로 가지 못하고 엉뚱한 곳으로 왔으니 오늘 죽여야겠네. 오늘 목매달아 죽여야겠네. 하하하! 그 모습을 보고서 우리가 손뼉 쳐줄게!

저자 : 대기하고 악들 추포한다. 나와.

악신 : 예, 천지신명 수하들만 5억 2,400명

저자 : 어머니가 갑자기 비염이 심해졌다는데 이 존재 추포해서 잡아들여.
귀신 : 중의 영혼 101명, 비구니는 44명, 동자령들은 219명, 뱀의 영혼은 13마리. 그렇게 있었습니다. 저희는 안 나갑니다. 또 들어갈 거예요.

저자 : 대기하고 어머니 몸에 있는 악들 추포한다. 나와.
악신 : 예, 도감 수하 134억 명

저자 : 아버지 몸에 원인 모를 두드러기를 일으키는 존재 추포해서 잡아들여.
귀신 : 으악~ 나 공부해 공부. 나 학생 때 죽었는데 공부 잘했거든요. 이 남자 몸으로 들어갔어요. 나 공부 잘했는데 이 남자가 나에게 딱 맞아서 들어갔어요. 우리 학생들은 모두 70명

저자 : 너희들이 두드러기 걸리게 했던 거야?
귀신 : 저희들이 몸에 들어갔어요. 다른 귀신들도 보여요.

저자 : 대기하고 악들 추포한다. 나와.
악신 : 예, 도감 수하 44억 4,000명. 아까 말하지 못한 귀신들이 또 있습니다. 학생 귀신 말고 할머니 귀신 290명, 교수로 살다가 죽은 귀신도 보입니다. 나이 많은 노인 귀신 43명, 한자를 하는 서예가 귀신이 27명입니다.

저자 : 집에 악귀잡귀 잡령들 전원 추포해서 잡아들여.

악신 : 흐흐흐… 장○혁 씨의 집에 있던 저희 악들은 도감의 수하들 117억 명, 천지신명 수하 416억 명, 표경 수하 77억 6,000명. 잡귀신들은 집에만 7,146억 명입니다.

저자 : 엄청나네.
악신 : 답답하고 힘들고 억울하고 분통 터지고, 우울하고, 의욕 상실, 마음고생, 고통스러움, 아무것도 하고 싶지 않은 우울증을 일으켰습니다.

저자 : 장○혁 몸에 있는 기타 악귀잡귀 잡령들 전원 추포해서 잡아들여.
귀신 : 와… 저게 뭐야? 저 흰색 옷 백룡포를 입으신 분이 누구십니까? 진짜 저분이 이분의 몸으로 오십니까? 저희들은 9,143억 명이에요.

저자 : 대기하고 악들 나와.
악신 : 예, 장○혁 씨의 몸에 머물던 악들로써 도감 수하 4,299명, 하누 수하 22,000명, 표경 수하 39억 4,000명, 열두 대신 수하 70,200명

저자 : 대기하고 장○혁이 타고 다니는 차에 있는 악귀잡귀 잡령들 추포해서 잡아들여.
악신 : 흐흑… 그래도 장○혁 씨는 천상에서부터 옳고 그른 것은 분별할 수 있고, '이건 아니다. 이렇게 하면 안 된다.' 지킬 것은 지킬 줄 알았습니다. 저흰 차에 있던 악들이고 표경 수하 99억 2,000명입니다.

저자 : 미국 이모 집에 얹혀 살 때 남묘호렌게쿄 주문을 외우라고 했을 때 들어왔던 악귀잡귀 잡령들 추포해서 잡아들여.

귀신 : 예, 저희들은 신입니다. 이 자의 몸에서 어깨 쪽으로 들어갔던 4,196명입니다.

저자 : 대기하고 악들 추포한다. 나와.

악신 : 예, 천지신명 수하 1,695명, 열두대신 수하 30억 9,000명, 하누 수하 44,000명입니다.

저자 : 지금까지 추포된 악귀잡귀, 귀신, 잡령들 전원 영성과 영체를 소멸시키는 사형집행을 명한다.

각자 살아온 사연들이 다르기에 이렇게 세세하게 지목하여 악귀잡귀들을 추포해서 소멸시켜야 한다. 소멸할 때는 사연을 이처럼 상세하게 말해야 그에 해당하는 악귀잡귀, 귀신, 잡령들을 추포해서 소멸할 수 있다.

이처럼 상상을 초월하는 엄청난 숫자의 악귀잡귀, 귀신, 조상령, 축생령, 잡령들이 한 사람 몸 안에 들어와서 수십 년 동안 함께 동고동락하며 살아가고 있지만 아무도 이들의 존재를 밝혀내지 못하고 수박 겉핥기식으로 퇴치를 하고 있다. 신부, 목사, 승려, 도인, 도사, 법사, 보살, 무당, 기치료사, 퇴마사들의 퇴치 능력과는 감히 비교할 수도 없고 상상조차도 못 할 내용들이다.

천자이시자 황태자이시며 미래 하늘이신 자미황제 폐하의 무소불위하신 천지대능력이시기에 가능한 일이다. 황태자궁의 신하들인 천상신명들에게 명을 내려서 추포하고 소멸시키신다.

장○홍 악귀잡귀 소멸

저자 : 장○홍. 허리가 아파 앉지도 눕지도 못하고, 낫지도 않고 앉기도 힘들어? (장○홍 : 많이 좋아졌사옵나이다.) 언제부터 좋아졌어? (장○홍 : 여기 오는 도중에 도법주문을 외우고 악귀잡귀 소멸 윤허해 주신다고 문자로 윤허 말씀을 보내주신 다음부터 급격히 많이 좋아졌사옵나이다.)

장○홍이 어제 갑자기 허리통증이 와서 하루 종일 누워 있었는데 낫지를 않았다고 하여 오늘 오전에 긴급 문자를 보내왔고, 직접 퇴공을 가지고 오겠다고 해서 윤허하겠다고 하니까 많이 좋아졌다고 하는구나. 장○홍이 몸에 허리통증으로 앉지도, 눕지도, 걷지도 못하게 하는 존재들 다 추포해서 잡아들여.

귀신 : 교회 다니다 교통사고 나서 죽은 귀신입니다. 아파요. 저분이 하나님 맞으시죠? 하나님이니까 말씀드릴게요. 69명이에요. 우리한테는 하나님으로 보이시는데? (장○홍 : 여기에 계신 분은 미래의 하늘이셔.) 하나님은 빛이 너무 강해서 똑바로 볼 수 없으니 이분이 바로 하나님이신가 봐요. 여기 교회 맞죠? 하나님~ 드디어 하나님 만났어요.

저자 : 너희가 찾던 여호와 하나님 아니고 난 인류의 심판자이고 미래의 하늘이다. 너는 장○홍이 몸에 어디 있었어?

귀신 : 아까 부르셨잖아요. 아기 예수 탄생하시는 날이야,

저자 : 예수는 악마야, 악마.
귀신 : 으응~ 아니야.

저자 : 넌 죽어서 하나님이나 예수 만나지 못했잖아?
귀신 : 저희들 불러주시려고 그런 거죠?

저자 : 너희들 심판하려고 부른 거야.
귀신 : 장○홍, 넌 몸 안에 십자가가 들어 있어. 넌 하나님의 제자야. 안 보여? 여기 이 자의 몸 안에는 십자가가 있습니다. 하나님의 제자 맞아요.

저자 : 그래, 한때는 그랬지. 그렇게 목사 시절이 있었지.
귀신 : 지금도 맞아요. 하나님 줄입니다, 하나님 제자! (장○홍 : 난 거기 종교 탈출했다니까. 오늘 뿌리 뽑으려 한다.) 무슨 뿌리를 뽑아! 넌 사탄에 빙의된 거야. 뽑아야 돼 그 사탄을!

저자 : 잘 봤네. 박○○ 장로교회 다닌 게 몇 년도야? (장○홍 : 1960-1982년까지 20년 동안 다녔습니다.) 그럼 60~40년 전의 세월이네. 목사 그만둔 지 40년이 흘러도 그대로 있다. 그럼 걷기도 어렵게 그랬어?
귀신 : 거기 할머니 170명 있어요. 하나님께서 고쳐주신대요.

저자 : 앉지도 못하게 했지?
귀신 : 같은 할머니요. 앉은뱅이도 일으키게 하는 기적을 내려주세요. 예수님께서 그런 기적도 일으키게 해주지, 그치? (장○홍 : 예수는 가짜야.) 그런 말 취소해. 어떻게 예수님이 가짜야?

저자 : 죽어서도 저렇게 하나님 타령하고 예수 타령하네.

귀신 : 봐요. 몸 안에 십자가 있어요. 넌 하나님의 제자야.

저자 : 그래서 기독교, 천주교 다닌 자들과 종교인들은 살아서나 죽어서나 구원받기 힘든 거야. 너도 줄 잘못 섰어.

귀신 : 아기 예수님 따라가야지. 눈에도 보여요. 눈과 코에 남자 귀신 교회 다닌 애들 78명, 목에는 할머니들 140명, 남자 성기에 여자들 212명이 보여요. 가슴에 십자가 있어요. 여긴 뭐지? 하나님의 제자 귀신인데 2,109명입니다.

저자 : 머리에도 십자가가 있다고 그랬지?

귀신 : 77명. 귀에도 교회 다닌 아이들이 보여요. 99명. 교회 가야지. 여기 교회 맞지? 새로 생긴 데야? 하나님은 살아 있어. (장○홍 : 난 40년 전에 탈출했어.) 탈출 안 했어! 뭔 탈출이야! 여기 보세요. 여기 사탄에 빙의돼서 이러는 거예요. 정신 차려!

저자 : 저렇게 종교 사상에 세뇌당하면 다 사탄마귀로 매도하기 때문에 교인들은 진짜 구원받기 힘들어. 구원받지 못할 자들은 다 종교로 가는 거야. 저런 자들을 어떻게 구원하겠어?

귀신 : 하나님은 단 한 분이야.(장○홍 : 하나님은 가짜야.)

저자 : 1960~1982년까지 박○○ 장로교회에서 목사로 활동하면서 박○선에게 안찰을 수십 차례를 받았는데, 이 당시 들어간 악귀잡귀 전원 추포해서 잡아들여.

귀신 : 이히히… 그 당시 우리가 여기 이렇게 들어가서… 예수님~ 하나님~ 그거 해준 사람 안에 있던 영들이에요. 여기 몸으로 들어갔어요. 모두 3,900명이에요.

저자 : 그 십자가에 붙어 있는 거야?

귀신 : 예~ 당신은 다시 돌아올 거야. 다시 하나님 곁으로 돌아올 거야. (장○홍 : 진짜 하늘이 여기 계시는데 가짜 하나님한테 왜 돌아가? 난 탈출했어.) 악마야, 악마. 여기가 악마교! 그렇죠? (장○홍 : 여기는 심판하는 곳이야.) 악마를 심판하는 곳? 넌 하나님한테 돌아갈 거야.

저자 : 대기하고 박○○ 장로교에서 목사 활동하면서 들어온 악들 추포해서 잡아들여.

악신 : 천감 수하 9,110명, 열두대신 수하 72명 들어갔습니다.

저자 : 장○홍의 몸에 있는 십자가도 다 뺀다. 7~8살 때 시골의 시제에 가서 떡과 과일을 얻어먹었다는데 이 당시 장○홍 몸에 들어온 악귀잡귀 잡령들 추포해서 잡아들여.

귀신 : 우리 모두 980명이요. 제사음식 먹고 어땠어? 그때 이 남자에게 들어가서 나중에는 자식들한테도 들어갔어요. 으하하.

저자 : 대기하고. 악들 추포한다. 잡아들여.

악신 : 하누 수하들 6,190명이 들어갔었습니다.

저자 : 7~8살 때 시골집에서 무당 굿하는 걸 봤다고 하는데 그 당시 들어온 악귀잡귀 잡령들 추포해서 잡아들여.

귀신 : 너의 할머니가 그쪽으로 데려가려고. 그런데 하나님한테 빠져 교회에 들어가고. 여긴 신의 길로 가야 돼. 신명 제자로 만들려고 했는데 교회로 빠지더라고요. 우리 신들이 모두 들어간 게 1,026명이 들어갔었습니다. 여기는 내가 신이야. 우리랑 가야 돼. 동안신줄이야. 아주 맑은 애라서 얜 동안신줄이야!

저자 : 그래서 제자 만들려고 들어갔다?

귀신 : 아주 깨끗해. 왜 하나님한테 갔어요? 그건 아니야! 우리가 말하는 동안신줄은 우리만 아는 것이고 여기 세상에 알려진 것이 아니에요. 무슨 말인 줄 알겠어요? 세상에 알려지지 않은 거니까 일부러 찾아보지 마세요. 넌 동. 안. 신. 줄!

저자 : 귀신들이 죄다 저런 식으로 세뇌시키고 있어. 교회 악신들이 들어와서 현혹시키고, 굿하면 무당 악신들이 들어와서 이놈 저놈 다 자기 거라고.

귀신 : 아주 큰~ 박수무당 같으신데? 봐봐. 저분은 그렇게 보이시는데? (장ㅇ홍 : 미래 하늘이신데 그런 경멸한 말로 부르다니!) 천지신명님이셔요? 신벌 받아요~ 신벌 받으면 어떻게 되는지 알아요? 가다가 사고나~ 우리가 들어가서 사회활동하고 가정 꾸리고 할 때 하도 화가 나서 뒤집어놓고 그랬어요.

저자 : 대기하고. 굿할 때 들어온 악들 추포한다. 들어와.

악신 : 천지신명 수하 5,680명. 그리고 열두대신 수하 13억 2,000명입니다.

저자 : 중학교 때 친구 따라 처음 교회에 들어갔다는데 그 당시 들어온 악귀잡귀 전원 추포해서 잡아들여.

귀신 : 아주 말 잘 듣는 모범생이야. 우리는 살았을 때 교회 다닌 아줌마들이야. 아주 착한 모범생. 정말 하나님밖에 모르는 애로 보였어. 우린 살아서 모여 다니며 집집마다 돌아다니고 하나님의 뜻을 전하는 일을 했었어요. 우리 몸 안에 있던 조상들까지 같이 들어갔다고요? 조상까지 같이 들어갔는데 8,698명입니다. 어땠어? 여기는 맞아. 우리랑 같이 하나님 뜻을 전하는 게 딱이야.

저자 : 그 당시 들어온 악들 잡아들여.
악신 : 하누 수하 48억 6,000명, 천감 수하 1,129명이 들어 갔었습니다.

저자 : 서울 서안병원에 교통사고로 3개월 치료받을 당시 들어온 악귀잡귀 추포해서 잡아들여.
귀신 : 그 당시 병원에서 똑같이 사고당해서 죽은 귀신들 720명이 들어갔었습니다. 우리처럼 만들려고 그랬는데, 우리랑 같이 다녀야지~ 왜요? 왜 그러는데요?

저자 : 대기하고 악들 추포한다. 나와.
악신 : 표경 수하들만 196,200명이 들어갔습니다.

저자 : 백병원에서 탈장 수술을 받을 때 들어온 자들 추포해서 잡아들여.
귀신 : 살려주세요. 너무너무 힘들어요. 우린 3,200명이 들어갔습니다. 우리 좀 어떻게 해줘 봐요. 너무 힘들어~ 죽고 싶어도 못 죽고! 여긴 나의 집이었는데 나가면 힘들다고! 내 집이야.

저자 : 대기하고 병원에서 들어온 악들 추포한다. 나와.
악신 : 하누 수하 1억 9,000명, 도감 수하 38억 6,000명, 천감 수하 44,000명이 들어갔었습니다.

저자 : 안과병원에서 백내장 수술할 때 들어온 악귀잡귀 추포해서 잡아들여.
귀신 : 그 병원에 있던 동자신입니다. 합쳐서 530명입니다. 저희들 이렇게 나왔습니다. 저희들을 도와주실 분이신가 봐

요. 도와주세요. 같이 말해요. 얼른.

저자 : 대기하고. 안과병원에서 들어온 악들 추포한다.
악신 : 표경 수하 11억 2,000명이 들어갔었습니다.

저자 : 태백산, 속리산, 지리산, 한라산에 갔을 때 들어온 악귀들 추포해서 잡아들여.
귀신 : 배고파. 아사귀예요. 너무 배고파요. 720명이요. 그리고 거기 산의 기운 받으려고 갔다가 죽은 귀신들이 있대요. 모두 1,680명. 치성드리러 간 보살들인데 나중에 병으로 죽은 자들 59명. 이 신사분의 몸으로 들어갔었습니다. 그리고 기치료하는 그런 직업을 가진 사람들이 거기서 기운 받으려 했다가 몇 년 후에 죽었습니다. 몸에 있던 조상령들 다 합쳐서 17억 2,000명이 들어갔었습니다.

저자 : 대기하고 그 당시 들어온 악들 추포한다. 나와.
악신 : 표경 수하 1,498명, 천지신명 수하 27억 명, 감찰신명 수하 13억 4,000명이 들어갔었습니다.

저자 : 해인사, 백담사, 수덕사 등등 각종 유명 절간에 구경 다닐 때 들어온 악들 추포해서 잡아들여.
귀신 : 앞에 계신 높은 선생님~ 아유~ 우리 선생님께서는 덕을 많이 쌓으셨나 봅니다. 전생의 업이 안 보여요. 이런 분은 처음 봐요. 제가 승려였었거든요. 제가 좀 볼 줄 아는데요?

사람들은 모두 빙의되어 있는데, 황금 의자의 저분은 왜 업장이 안 보이지? 희한하네. 나의 전생 업을 소멸시키기 위해서 업장 소멸을 위해서 사람으로 태어나는 거예요. 중생들을 많이 만나봤는데 저분은 업장이 안 보여요. 배하고 머리 쪽으로 우리 승려들이 들어갔었는데 모두 98명. 이분은 뭐 하시는 분이십니까?

저자 : 심판자니라!
귀신 : 예? 하늘에서 내려오신 심판자시라고요?

저자 : 너희들은 들어보지도 못했지?
귀신 : 혹시 고승이십니까?

저자 : 너희들 눈에는 그렇게밖에 안 보이지. 미래의 하늘을 니네들이 알아?
귀신 : 비구니들 44명. 왜 누구는 사람, 누구는 돼지, 소, 벌레로 태어날까요? 사람은 육도윤회를 알아야 돼요. 이걸 모르면 다음 생에도 끝없이 윤회의 수레바퀴에서 벗어날 수 없어요.

우리도 몸에 들어가서 수행(윤회)을 했었어요. 다음 생에는 사람으로 태어나지 않고 또 윤회하겠지. 승려로 산 나 같은 경우 '용화성불'이라는 걸 만들었어요. 이건 아무도 몰라요. 그걸 위해 얼마나 닦았는지 몰라요. 난 수행(윤회)하고 있었습니다.

저자 : 수행이나 윤회나 똑같지.
귀신 : 선생님은 업이 하나도 없으셔요. 혹 미륵천존님이세요?

저자 : 미래의 하늘이다.
귀신 : 미륵천존님이신가 봐요~ 저한텐 그렇게 보여요.

저자 : 그 당시 각종 절간에서 들어온 악들 추포한다.

악신 : 감찰신명 수하 13억 2,900명, 하누 수하 1,398명, 열두대신 수하 43억 9,000명, 표경 수하 144,200명이 들어갔습니다.

저자 : 중국 만리장성에 여행 갔을 때 들어온 악귀잡귀 추포해서 잡아들여.

귀신 : 거기에 있던 별의별 영가들이 들어갔는데 코하고 귀에 들어갔고 모두 5,620명입니다. 저희들만 있었습니다. 다시 가요. 만리장성으로 우리 같이 가자.

저자 : 만리장성 두 번 갔을 때 들어온 악들 추포한다.

악신 : 천상감찰신명 수하 97,000명, 하누 수하 6,198억 명, 도감 수하 134,200명이 들어갔었습니다.

저자 : 집 이사를 15번 정도 다녔는데, 이 당시 들어온 악귀잡귀 전원 추포해서 잡아들여.

귀신 : 저흰 불쌍한 영혼들입니다. 이사 오기 전부터 계속 머물러 있었습니다. 이사할 때마다 들어간 귀신들 모두 합쳐서 128억 명입니다. 그렇죠? 우리 다 같이 들어갔죠? 안 떠날 거야. 이제는 당신이 우리 집이야. 여기 가족들의 몸에도 같이 들어갔었습니다. 가족들 아프게 할 거야.

저자 : 대기하고 악들 추포한다. 나와.

악신 : 모두 다 합쳐서 하누 수하들 329억 명, 천지신명 수하들 1,333억 명이 들어갔었습니다.

저자 : 각종 장례식, 결혼식, 추도예배, 결혼예배를 섰는데

그때 들어온 악귀잡귀 잡령들 추포해서 잡아들여.

귀신 : 배고파. 거기 맛있는 거 많이 있어. 나 또 먹고 싶어. 사람 몸에 들어가 먹는 귀신들이 저희들이에요. 모두 다 해서 346억 명. 또 줄 거야? 결혼식 가자! 거기 맛있는 거 많아. 사람 죽었을 때도 맛있는 거 많잖아. 가자!

저자 : 장례식과 결혼식 때 들어간 악들 추포한다. 나와.
악신 : 표경 수하 2,199억 명, 천감 수하 43억 명, 영의신감 수하 2,198명이 들어갔었습니다.

저자 : 배우자가 2002년도에 척추 수술을 받는데 당시 들어온 악귀잡귀 잡령들 추포해서 잡아들여.
귀신 : 거기 병실에 있던 귀신입니다. 다 여자들인데요. 사고 나서 죽었거든요. 모두 다 840명입니다.

저자 : 대기하고 악들 추포한다. 나와.
악신 : 도감 수하 14,900명, 천지신명 수하 26억 8,000명, 하누 수하 14억 2,000명입니다.

저자 : 백병원에서 두 번째 허리 수술을 받을 때 들어온 악귀잡귀 잡령들 추포해서 잡아들여.
귀신 : 저희들 모두 690명이에요.

저자 : 악들 추포한다. 나와.
귀신 : 표경 수하 5억 7,000명, 천감 수하 21억 4,000명

저자 : 현대병원에서 다리 골절로 입원해 있을 때 들어간 악

귀잡귀들 추포해서 잡아들여.

귀신 : 우리 할머니들이 그 여자 몸에 들어갔어요. 47명입니다. 구세주님이신가 봐요.

저자 : 대기하고 악들 추포한다. 나와.
악신 : 천지신명 수하 2,199명, 천감 수하 3,179명입니다.

저자 : 통증학과와 제생병원에서 들어온 악귀잡귀 잡령들 추포해서 잡아들여.
귀신 : 허리도 아프고 다 아파. 우리는 가족도 없는데 거기는 가족들이 있어. 씨~이, 죽여버리고 싶어. 우리는 11억 명이에요. 왜~! 거기는 가족도 있으니 화나요. 우리 불쌍하지 않나요?

저자 : 대기하고 악들 추포한다. 나와.
악신 : 하누 수하들만 58억 2,400명이었습니다.

저자 : 성모병원에서 백내장 수술할 때 들어온 악귀잡귀 잡령들 추포한다. 나와.
귀신 : 우리는 치료 받다 죽은 영혼들입니다. 우린 사고로 죽어서 배로 들어갔습니다. 조상까지 다 합쳐서 82,000명입니다.

저자 : 대기하고 악들 추포한다. 나와.
악신 : 다 합쳐서 영의신감 수하 47억 9,000명, 천감 수하 11억 2,000명, 도감 수하 314,000명입니다.

저자 : 지금도 부인이 허리협착증으로 인해 아프게 하는 존재 전원 추포해서 잡아들여.

귀신 : 저희들은 오래전에 죽었던 영가들인데요. 그 몸으로 들어갔고 우린 전쟁터에서 죽은 군인들입니다. 죽어서 떠돌다가 그 몸으로 들어갔었고 모두 519명입니다.

저자 : 대기하고 악들 추포한다. 나와.
악신 : 감찰신명 수하들만 27억 2,000명입니다.

저자 : 배우자 몸에 있는 악귀잡귀 잡령들 전원 추포해서 잡아들여.
귀신 : 목도 아프고, 어깨도 아프고, 다리도 아프고. 콜록콜록. 기침이 자꾸 나오고요, 눈도 안 좋고, 머리도 무겁고, 몸도 춥고 힘들어요. 우리 31억 2,900명이요.

저자 : 대기하고 악들 추포한다. 나와.
악신 : 표경 수하 13억 2,000명, 감찰신명 수하 4,146명

저자 : 장○홍 몸에 있는 기타 악귀잡귀 잡령들 전원 추포해서 잡아들여.
귀신 : 먼저 악부터 표경 수하 312,900명, 천감 수하 14,200명, 잡귀신들은 모두 다 9,680명입니다.

저자 : 장○홍 거주하는 집에 있는 악귀잡귀 잡령들 추포해서 잡아들여.
악신 : 악들은 천지신명 수하 58억 2,000억, 잡귀신은 14억 6,800명입니다.

저자 : 장○홍 몸에 있다가 추포된 악들과 잡귀신들 전원 영

성과 영체를 소멸시키는 사형집행을 명한다.

참으로 많고도 많다. 한 시간 동안 소멸했는데 오늘 몸이 너무 아프다 해서 제일 늦게 신청했지만, 제일 먼저 해주는 것이야. 몸은 어때? (장○홍 : 깔끔합니다. 너무 좋습니다.)

사람들이 이동하는 데마다 악들과 귀신을 데리러 다닌 거였어. 병원에서 그렇게 많은 귀신들이 따라붙었네. 무서운 세상에 살고 있어. (장○홍 : 저와 배우자의 몸은 악귀잡귀의 소굴이었습니다. 이들을 모두 소멸시켜 주시어 너무 좋고 감사합니다.)

목사 생활 20년 하면서 더 많은 귀신들이 들어왔다. 세상이 온통 종교 천지인데 기독교, 천주교, 불교, 도교, 무속, 유교, 명상수련, 기수련의 종교 창시자, 교주, 지도자, 종사자, 교인들은 말 그대로 악들과 귀신들의 집이 되어 있지만 아무도 모른다.

종교를 믿는 자체가 악들과 귀신들을 섬기고, 그들을 몸으로 맞이하는 기절초풍할 무서운 일이었음이 장○홍의 악귀잡귀, 잡령, 귀신, 축생령들을 소멸하는 과정에서 낱낱이 밝혀졌다. 그래서 자신의 죽음보다도 더 무서운 곳이 종교세계이다.

악들과 귀신들을 자신의 몸으로 더 많이 받아오느냐 경쟁하는 곳이 종교세계이다. 종교 안에서는 인류가 애타게 오매불망 기다리는 대우주 천지 창조주이시자 영혼의 부모님이신 절대자 하늘의 기운을 받을 수 없다는 것이 매일같이 밝혀지고 있다. 종교에 다니는 사람들은 이제라도 악들과 귀신들의 정체를 알았으니 정신들 차리고 이들을 소멸시킨 후에 새롭게 살아가야 한다.

이○규 악귀잡귀 소멸(1)

저자 : 허리 뻐근하게 한 존재부터 추포해서 잡아들여.

귀신 : 예… 허리 쪽에 들어가 있던 저희들은 940명입니다. 들어온 지 얼마 안 됐습니다.

저자 : 대기하고 가렵게 한 존재 추포해서 잡아들여.

귀신 : 저희들은 2,100명이에요. 죄송합니다. 저희 다른 데로 보내주시는 거예요? 이제는 사람의 몸이 아닌 다른 곳이요. 귀신들이 편안하게 살 수 있는 곳으로 보내주세요. 이제는 사람 몸에 있는 것도 너무 힘듭니다.

저자 : 대기하고 매출을 저조하게 하는 존재 잡아들여.

귀신 : 여기 지금 우리 앞에 악마가 보이는데, 눈알이 검은색과 초록색이고요. 머리 위하고 허리 쪽으로 아주 뾰쪽한 뿔이 달렸어요. 코는 없고요. 양팔에 낫이 박힌 악마 같은 자들이 말하는데요. 악마 93억 명이 사업장에 있으면서 장사를 방해했대요. 열두대신 수하 44억 4,000명이래요.

저자 : 몸에 있는 기타 악귀잡귀 잡령들 전원 추포한다.

귀신 : 거기에 보이는 보살 귀신이 624명, 비구니 귀신 217명, 수녀 귀신 199명, 동자 동녀 귀신 5,444명입니다.

저자 : 대기하고 집에 있는 자들 추포한다.
악신 : 열두대신의 수하 34,000명입니다.

저자 : 대기하고 남편 몸에 있는 자들 추포한다.
악신 : 표경의 수하 33억 명. 잡귀신들은 52,000명입니다.

저자 : 대기하고 차에 있는 자들 추포한다.
귀신 : 남자 귀신만 12명이 있습니다.

저자 : 대기하고 아들 몸에 있는 자들 추포한다.
귀신 : 잡귀신만 6,150명입니다.

저자 : 대기하고 오후 알바 몸에 있는 자들 추포한다.
악신 : 악은 영의신감 수하 45명, 잡귀신 2,116명입니다.

저자 : 대기하고 진열된 마네킹과 옷에 붙은 자들 추포한다.
귀신 : 다 합쳐서 잡귀신 14억 9,000명입니다.

저자 : 2001년도에 묘 이장과 사주를 봐주는 단골 부부가 왔었는데 가까이하다 보니 8,000만 원을 빌려주고 받지도 못하고, 이름 짓고 힘들었다는데 이때 들어온 악귀잡귀 잡령들 추포한다. 잡아들여.

귀신 : 돈 때문에 그러세요? 못 줘요. 우리가 그들을 조종해서 그렇게 했어요. 이 여자 망가지게 하려고요. 6,490명입니다. 뭐가 이렇게 억울해요? 처음부터 빌려주지 말던가?

저자 : 대기하고. 당시 들어온 악들 추포한다. 나와.

악신 : 표경 수하 47억 6,000명이 들어갔었습니다.

저자 : 추포된 악들과 잡령들 잡귀신들 전원 영성과 영체를 소멸시키는 사형집행을 명한다. 돈 빌려가고 죽었다는 자 송○○ 추포한다. 잡아들여.

귀신 : 예… 저는 돌로 윤회하고 있습니다. 전 돌에서 끝나면 다 끝나는 겁니까?

저자 : 무슨 돌로 윤회해?
귀신 : 돌로 윤회하고 끝나는 거냐고요?

저자 : 아니.
귀신 : 그럼 왜 부르신 거예요?

저자 : 너는 오늘 소멸된다. 무슨 돌이야.
귀신 : 그냥 돌이에요. 산에 있는 돌.

저자 : 넌 돈을 8,000만 원 떼어먹었어? 악과 잡귀신들 다 추포해서 잡아들여.
악신 : 표경 수하들 13억 2,900명, 잡귀신은 44,600명입니다.

저자 : 추포된 악들과 잡령들 송○○의 혼령 전원 영성과 영체를 소멸시키는 사형집행을 명한다. 다음 송○○의 부인 생령, 사령 추포해서 잡아들여.
영혼 : 아유… 누구예요? 눈이 안 떠져요. 어떡해요. 깜깜하고 까만 비가 보여요. 빗물이 다 까매요.

자미천 83

저자 : 송○○ 자식들과 며느리, 손자, 손녀들, 일가족 생령들, 심혼, 사혼, 언혼 전원 다 추포해서 잡아들여.

가족 : 으… 다 까맣고 빗물이 까맣게 내려요. 왜요? 우리가 왜 온 거예요?

저자 : 송○○의 조상들. 직계, 외가 조상, 처가, 처외가 조상 몽땅 잡아들여. 함께 심판한다. 그들 몸 안에 있던 악귀잡귀 잡령들도 추포하고 추포된 자들은 대기하고 악들 나와.

악신 : 그 가문의 악들을 한꺼번에 말씀드리자면 하누 수하 2,446억 명, 도감 수하 9,144억 명, 천감 수하 179억, 열두대신 수하 8,446억 명입니다.

저자 : 추포된 악들과 잡령들, 생령, 사령, 심혼, 사혼, 언혼 전원 영성과 영체를 소멸시키는 사형집행을 명한다. 고3 때 등교하다가 강도가 뒤에서 목을 졸라 낭떠러지기로 떨어졌는데 이 당시 들어온 악귀잡귀 잡령들 추포한다. 잡아들여.

귀신 : 저희들은 여자. 그때 들어간 귀신들은 62,000명입니다. 이 안으로 들어가서 저희들은 원과 한이 깊어서, 이 여자 남편 몸으로도 내왕했습니다. 그렇게 못살게 굴었습니다. 그러다 다시 이 여자 몸으로 들어갔습니다.

저자 : 그 당시 들어온 악들 추포한다. 나와.
악신 : 도감 수하 7억 4,600명이 들어갔었습니다.

저자 : 추포된 악들과 잡령들 잡귀신들 전원 영성과 영체를 소멸시키는 사형집행을 명한다. 대순진리 여주도장과 부산 사직동에 사직회관에 다녔을 때 들어온 악귀잡귀 잡령들 전원

추포한다. 잡아들여.

귀신 : 상제님~! 으흐흑. 12억 2,000명. 도인 되게 해주세요.

저자 : 대기하고 악들 들어와. 나와.
악신 : 감찰신명 수하 18억 600명이 들어갔었습니다.

저자 : 추포된 악들과 잡귀신들 전원 영성과 영체를 소멸시키는 사형집행을 명한다. 여주도장에서 들어간 악귀잡귀들 전원 추포한다. 잡아들여.
귀신 : 칠성경을 찾아주세요. 선생님~ 칠성경을 찾아주세요. 저희는 4억 3,200명입니다. 칠성경을 외워보셨나요?

저자 : 네가 외워봐.
귀신 : 저희는 잊어버려서 못 외우니 가르쳐주십시오. 기억이 하나도 안 나요.

저자 : 칠성경을 왜 외우는 거야?
귀신 : 그렇게 지시가 내려오니까 외웠습니다. 도와주세요. 살고 싶어요.

저자 : 대순진리 여주도장에서 들어온 악들 추포한다. 나와.
악신 : 도감 수하 4,293억 명, 열두대신 수하 172,200명이 들어갔었습니다.

저자 : 추포된 악들과 잡귀신들 전원 영성과 영체를 소멸시키는 사형집행을 명한다. 다음 강원도 대순진리 속초 토성도장에서 들어온 악귀잡귀 잡령들 전원 추포한다. 잡아들여.

귀신 : 저희들 모두 589,000명입니다. 이 여자의 몸에 들어갔다가 다시 자식과 남편의 몸에 들어가고 여자 몸에서 뺑뺑 돌고 있습니다. 저희들을 좋은 데로 보내주시려고 불러주셨나요? 감사합니다. 감사합니다.

저자 : 대기하고. 악들 추포한다. 나와.
악신 : 예, 열두대신 수하 184,000명이 들어갔었습니다. 천지신명 수하 52,000명입니다.

저자 : 추포된 악들과 잡귀신들 전원 영성과 영체를 소멸시키는 사형집행을 명한다. 다음은 이○규 탄생할 때 들어온 악귀잡귀 잡령들 추포한다. 잡아들여.
귀신 : 이 여자가 태어날 때 저희가 들어갔습니다. 아이의 영혼도 있고, 동자 동녀입니다. 자살귀도 있고, 교통사고로 죽은 귀신, 싸움하다가 죽은 귀신, 모두 다 이 여자 몸으로 들어갔는데 지금 저희들은 952,000명입니다. 태어날 때 들어간 게 맞습니다. 살려주세요.

저자 : 대기하고. 악들 추포한다. 나와.
악신 : 표경 수하 21억 2,900명, 천지신명 수하 5억 6,200명이 들어갔었습니다.

저자 : 추포된 악들과 잡귀신들 전원 영성과 영체를 소멸시키는 사형집행을 명한다. 다음, 현재 남편과 결혼할 때 따라붙은 악귀잡귀 잡령들 전원 추포한다. 잡아들여.
귀신 : 아이~!!! 그 결혼식! 거기 있던 원귀들입니다! 결혼식 때 이 여자 몸으로 들어갔습니다. 다 합쳐서 우리 원귀들 14억

9,000명입니다. 불행하게 만들 거야! 그 결혼은 죽음의 결혼이었어. 우리가 들어 있기 때문이야.

저자 : 대기하고. 악들 추포한다. 나와.
귀신 : 표경 수하 1,426명이 들어갔었습니다.

저자 : 추포된 자 전원 악들과 잡귀신들 영성과 영체를 소멸시키는 사형집행을 명한다. 아들 결혼식 때 이○규 아들, 며느리 몸으로 들어온 악귀잡귀 전원 추포한다. 잡아들여.
귀신 : 네~ 결혼식이요? 결혼식이 아니라, 쇼야 쇼! 미친 쇼! 우리가 그때 머물러 있던 귀신들이에요. 화가 나서 들어갔어요. 우리 귀신들은 사람들을 불행하게 만드는 게 재밌어요. 아들 죽게 만들어야지. 뭐 하러 살아요? 엄청 많은데 안 보여. 숫자가 안 보여. 몰라. 그냥 엄청 많은 걸로 알고 계세요.

저자 : 무량대수구나. 너희는 형 집행 대기하고. 당시 들어온 악들 추포한다. 나와.
악신 : 천감 수하 6,426억 명만 있었습니다.

저자 : 추포된 자 전원 악들과 잡귀신들 영성과 영체를 소멸시키는 사형집행을 명한다. 딸 시집보낼 적에 결혼식장에서 딸과 이○규, 남편, 사위 몸에 들어온 악귀잡귀 잡령들 추포한다. 잡아들여.
귀신 : 결혼도 못 해보고 죽은 처녀 귀신 920명

저자 : 대기하고. 악들 추포한다. 나와.
악신 : 악들은 표경 수하들 21억 4,000명, 도감 수하 1,337억

명이 들어갔었습니다. 할머니 귀신들이 56,000명이 보입니다.

저자 : 추포된 자 전원 악들과 잡귀신들 영성과 영체를 소멸시키는 사형집행을 명한다. 부친 장례식 때 이○규 몸으로 들어온 악귀잡귀 잡령들 추포한다. 잡아들여.

귀신 : 그때 들어온 귀신들이 71억 2,000명입니다. 왜요? 장례식에서 왜요? 붙으면 안 돼요? 그럼 장례식장 오지 마세요! 아이고…

저자 : 대기하고 악들 추포한다. 나와.
악신 : 하누 수하 21억 2,000명, 표경 수하 3,198억 명, 도감 수하 3,190명입니다.

저자 : 추포된 자 전원 악들과 잡귀신들 영성과 영체를 소멸시키는 사형집행을 명한다. 시부모 장례식 때 이○규와 남편 몸에 들어온 악귀잡귀 전원 추포한다. 잡아들여.
악신 : 잡귀신들만 9,286억 명, 악들은 천감 수하 139,400명, 도감 수하 626억 명, 표경 수하 43억 9,200명이 들어갔습니다.

저자 : 추포된 악들과 잡귀신들 영성과 영체를 소멸시키는 사형집행을 명한다. 대순진리에서 처음 간 곳이 부산 부전동의 부전회관이었는데 그곳에서 따라 들어온 악귀잡귀 잡령들 전원 추포한다. 잡아들여.
귀신 : 아유~ 그때 들어온 저희들은 9,240명입니다.

저자 : 대기하고, 악들 추포한다. 나와.
악신 : 도감 수하 26억 8,200명이 들어갔었습니다.

저자 : 추포된 자 전원 악들과 잡귀신들 영성과 영체를 소멸시키는 사형집행을 명한다.

종교, 장례식, 결혼식에서 들어온 악들과 귀신들이 어마어마하다. 귀신들이 사람 눈에 안 보이니까 살아갈 수 있지 이들이 다 보이면 인간들은 살아갈 수 없다. 정말 이런 악귀잡귀 소멸을 통해서 귀신들이 얼마나 많은지 생라이브로 체험하고 있다.

악귀잡귀들을 소멸하는 데 시간이 많이 걸린다. 살아온 세월이 있기 때문에 엄청 많이 들어온다. 말이나 글이라는 게 바로 행이다. 옛 속담에 말 한마디에 천 냥 빚을 갚는다고 했는데 말 한마디에 살인이 일어나는 것도 다반사이다. 이○규도 매장에 손님 많이 들어오고 장사 잘되라고 비법을 가르쳐줬는데 글 한 줄 잘못 올려서 기운이 확 꺾여버렸다.

실시간으로 바로 조화가 이뤄진다. 빛의 속도보다 빠른 미래 하늘의 명은 초당 몇 경 광년이다. 우주든 지구든 명하는 대로 실시간 기운이 내려간다. 행한 말이나 글, 행동이 실시간으로 다 체크가 되고 있다. 그래서 거기에 따라 행하고 뿌린 대로 거두고 있는 것인데 대단하면서도 무섭지 않은가?

미래 하늘의 말씀 자체가 기운이라 명을 내리시면 용들이 추포한다. 용들이 미래 하늘의 신들이고 신하들이다. 미래 하늘께서 명을 내리시면 지구와 우주 어디에 있든, 그 수가 얼마가 되든 간에 바로 추포해서 잡아들여 심판하신다. 미래 하늘께서 명만 내리시면 순식간에 이뤄진다.

얼마나 대단하신 미래 하늘이신가? 그동안 종교가 왜 잘못됐는지 몰랐잖은가? 산에 가서 기운 받는다 하고 종교에서 예배 미사, 법회 보고, 결혼식, 장례식에서 따라붙은 자들이 상상 초월인데, 이것을 어느 누가 밝히고 어느 누가 소멸시키겠는가?

절대자 하늘께서 '유럽과 미국을 쓸어버려라'라는 진노로 유럽과 미국이 쑥대밭이 되고 있는데 감히 상상이나 했겠는가? 지금 이탈리아가 왜 그렇게 많은 자들이 죽어 나가겠는가? 거긴 로마교황이 있는 천주교의 원천이니 악들의 원산지이다.

우연은 없다. 다 필연으로 일어나는 것이다. 전 세계 인류가 그야말로 지금 공포의 도가니에 있다. 어차피 인류는 모두 죄인들이기에 심판받아야 한다. 무서운 일이 오고 있다. 어느 학자가 얘기했는데 치료하는 약이 없기 때문에 격리하는 게 최선의 방법이다. 치료제가 없고, 치료제가 나온다 한들 또 다른 변종 괴질병 바이러스가 창궐할 것인데 누가 막을 수 있겠는가?

세계 인류는 하늘이 내린 십승지인 여기를 찾아오고 싶어도 몰라서 못 찾아온다. 이 나라에서도 5천 200만 명 중에서 온 자들이 선택받은 자들이다. 하늘의 관문을 통과한 자들은 육신의 목숨이 소중함을 알아야 하지만 육신은 세월 가면 죽는다.

각자의 생령(영혼)은 죽어서 끝없는 윤회와 지옥도를 거쳐야 하는데 거기서 꺼내주시는 분이 미래 하늘뿐이시다. 미래 하늘과 함께하는 자체가 그런 불행으로부터 벗어나는 길이다. 인류의 생살여탈권을 미래 하늘께서 갖고 계시기에 구원받아 살고자 하는 사람들은 이 책이 길잡이가 되어줄 것이다.

김○석 악귀잡귀 소멸

저자 : 1989년 6월에 점심 먹고 회사 들어가는 길에 허리통증을 일으킨 악귀잡귀 잡령들 전원 추포해서 잡아들여.

귀신 : (몸을 배배 꼰다.) 아유 힘들어. 우리가 들어간 거 맞습니다. 신의 풍파. 신의 길로 가야 하기 때문에 우리가 들어갔었습니다. 우리도 살았을 때 신 제자였습니다. 조상령까지 합쳐서 177억 명입니다.

네, 신 제자 만들려고 풍파를 주었습니다. 이 자를 통해서 우리의 못다 한 신의 뜻을 펼치려고 들어갔었습니다. 살았을 때 천지신명님을 모셨는데도, 풍에 걸리고 병에 걸려서 죽기도 하고 몸도 많이 틀어지고 했었습니다.

우리가 들어가서 '하늘의 명을 받으라는' 표식을 보고 거기에 못 가게 방해했습니다. 몸을 망가뜨리고 우울증에 걸리게 하면 못할 것 아닙니까? 하늘의 명을 받들라고요?

저자 : 김○석이 처음에 왔을 때 저렇게 풍 맞은 귀신들이 그 당시에 들어와 있었다.

귀신 : 참, 끈질긴 목숨이네요. 끈질겨. 그냥 죽어! 참으로 끈질겨. 아고~! 다 돈 날리게 할 거야. 다 날려. 다 날려!

저자 : 대기하고. 악들 추포한다. 나와.

악신 : 그 당시에 들어간 악들은 천지신명 수하 65억 4,000명. 열두대신 수하 213억 명이 들어갔었습니다.

저자 : 추포된 자 전원 악들과 잡귀신들 영성과 영체를 소멸시키는 사형집행을 명한다. 다음 날 오후에 택시 타고 간 곳이 성모병원인데 일주일간 진찰해도 병명이 나오지 않는다고 한 달치 약을 줬는데 먹으면 더 아팠다. 침을 잘 놓는 곳에 갔더니 얼굴만 보고 당신에겐 침을 놓지 않겠다 하고 진통제를 줬다. 이 당시 강남 성모병원에 갔을 때 따라붙은 악귀잡귀 잡령들 추포한다. 잡아들여.

귀신 : 이 자는 신기가 있어요. 무병은 병명이 안 나와요. 우리가 들어갔었습니다. 우리는 박수무당이었습니다. 아무리 병원에 가도 병명이 안 나와. 무병을 어디서 고치려고요?

옥황상제님~ 천지신명님~ 여긴 옥황상제님의 제자이고 천지신명님의 제자이건만~ 신의 길로 가야 할 운명이야. 그래서 우리가 아무것도 못 하게 들어갔습니다. 한마디로 이 자의 기운으로 들어갔습니다. 박수무당 귀신들이 581명이 들어갔어요. 할머니 보살 귀신들은 1,300명! 그리고 아까 법사 귀신들은 3,400명! 옥황상제님이세요?

저자 : 왜? 그러느냐?

귀신 : 이분의 머리 위로 글씨가 보입니다. '강창천도만천휘염천지천 휘상도천도래 백조일손휘명도만천사염천휘상도천도만도래' 뭐가 이렇게 길어요? 또 띄우고. '휘도만경사지도래치합지사도래 천조일손휘염천상칠성도만천도래 휘황상염천도휘

사진도상휘인멸사지합지천 도만상용치곤사천칠성현곤상휘 인사지멸도합상천도만천존' 하… 이렇게… 글자가 보이네요.

'도만천존'이라는 글자 끝을 말할 때 하늘에서 흰 용들이 어마어마하게 내려오는 게 보였습니다. 아… 옥황상제님이신지, 왜 이렇게 용들이 많아요? 뭐 하시는 분이세요?

저자 : 하늘의 심판자다. 도만천존이 도솔천황 폐하이시다.
귀신 : 그게 누구신데요?

저자 : 도솔천의 주인.
귀신 : 도솔천의 주인? 부처님?

저자 : 부처는 아니시다. 긴 글자 읽고 지쳤어?
귀신 : 난 입에서 나오는 대로 읽었을 뿐이에요. 추워요. 여긴 지옥도야 뭐야. 추워~

저자 : 말하는 중에 '백조일손, 천조일손'이라는 말은 알겠지? 결국 심판이야. 말세에 백 명, 천 명의 조상 중 하나의 자손이 구원받는다는 그런 얘기야. 여기 들어오기가 그렇게 어려워. 대기하고, 당시 성모병원에서 들어온 악들 추포한다. 나와.
악신 : 천지신명 수하 729,000명, 열두대신 수하 24,500명이 들어갔었습니다.

저자 : 추포된 악들과 잡귀신들 영성과 영체를 소멸시키는 사형집행을 명한다. 침 맞는 곳에 갔을 때 들어온 악귀잡귀 잡령들 추포한다. 잡아들여.

귀신 : 그때 그곳 한의원에서 따라온 저희들은 우울증 귀신과 자살귀입니다. 101명이 붙었습니다. 저희들만 들어갔었습니다.

저자 : 대기하고. 악들 추포한다. 나와.
악신 : 표경 수하 159,000명이 들어갔었습니다.

저자 : 추포된 악들과 잡귀신들 영성과 영체를 소멸시키는 사형집행을 명한다. 회사에 더 이상 일을 할 수 없어서 열차 안에서 눕다시피 고통을 참으며 내려갔을 때 어머니가 김 보살 집으로 데려갔는데, 조상 때문이라 하여 굿을 하라 했다.

어머니가 빚을 내어 처음으로 굿을 했다고 말하며 김 보살이 식물인간을 3일 만에 살려냈다고 자랑했었는데 김○석이가 왜 그런지 원인을 밝히지 못하고, 5개월 누워 있다가 보니 걸을 수도 없고, 박 보살도 원인을 밝히지 못하였다.

김 보살과 박 보살 등 보살 6명이 이 남자에게 들어온 신을 밝혀보자 하여 자기들이 돈을 모아 3번째 굿을 했는데 아무런 효과를 보지 못했다. 이 당시 보살들을 만나 굿하면서 따라 들어온 악귀잡귀 잡령들 추포해서 잡아들여.

귀신 : 그때… 그곳에서 먼저 굿했던 자들의 몸 안에 있었던 다른 조상령들, 잡귀신들이 그날도 이 남자 주위에서 보면서 들어갔습니다. 동자들도 많이 들어갔습니다. 모두 다 합쳐서 676억 명입니다. 무당들이 해줬는데도 못 가고 남아 있다가 이 자가 하는 말을 듣고 구경하다가 몸이 우리랑 딱 맞겠더라고요. 그래서 들어갔다가 지금까지 있었습니다.

저자 : 여태까지 몸에서 수십 년 동안 살았구나.

귀신 : 네. 우리는 도인이지? 우리 성공했다! 이 자의 몸 안으로 이렇게 들어와서 여기 주로 다리 쪽이랑 코 쪽에 있었습니다. 이 자가 도인이니 우리는 성공했습니다.

그 당시 머물 때는 한 많은 영가에 불과했지만, 이 자를 통해 도인의 경지에 올랐습니다. 네~ 한 많은 박수무당, 동자 귀신은 거기 갔다가 남았는데 이 자 몸이 딱이었거든요. 우린 이제 한 많은 귀신이 아니라 도인이에요.

저자 : 대기하고 악들 전원 추포한다. 나와.

악신 : 감찰신명 수하 519억 명. 천지신명 수하들 1,299명이 들어갔었습니다.

저자 : 추포된 악들과 잡귀신들 영성과 영체를 소멸시키는 사형집행을 명한다. 11년간 식물인간이었던 사람이 문래봉 산신령에게 가자고 해서 쌀 반 가마, 양초 1박스, 김치 한 통과 한겨울에 길도 없는 산에 올라가니 작은 산신당과 허름한 집이 있었는데 아주 오래된 아궁이에 불을 지피는 중이었다.

20일간 산에 있다가 제가 삶을 포기한 상태였는데 산신당 주인은 산신이 허락하지 않으면 내려갈 수 없다고 말하여 주문으로 산신을 불렀다. 그 산에 수년 동안 수백 명의 사람들이 올라왔었다고 한다. 산신당에서 몸으로 들어온 자들 악귀잡귀 잡령들 추포해서 잡아들여.

귀신 : 저희들은 모두 합쳐서 653,000명입니다. 들어간 장군 신명도 있고, 박수무당, 동자들, 빡빡이 승려도 엄청 많네.

골고루 합쳐서 여자무당도 들어갔고, 많이도 골고루 들어갔습니다. 비구니도 들어갔네요.

다 거기서 머물다 들어갔습니다. 여기 이 남자를 끝까지 절대로 사람답게 살지 못하게 할 거라고 작정했습니다. 그래서 신의 길로 가게 하려고요. 사람답게 살면 신의 길로 안 들어오려고 하잖아요. 여기는 이 자체로 신명이에요. 신인합일!

저자 : 대기하고 악들 추포한다. 나와.
악신 : 열두대신 수하 7,500명, 하누 수하 82,000명이 들어갔었습니다. 감찰신명 수하 14억 8,000명이 들어갔었습니다.

저자 : 추포된 악들과 잡귀신들 영성과 영체를 소멸시키는 사형집행을 명한다. 순복음교회에 갔을 적에 따라온 존재들 전부 추포해서 잡아들여.
귀신 : 아… 신의! 신명의 기운은 계속 내려오는데 왜 교회에 갔어요? 이 자의 몸에 남아 있던 자들은 앞에 높으신 분의 기운으로 말이 나오는데, 무속 신명이 계속 머물러 있었습니다.

교회에 가서 무속 신이 더 들어갔어요. 그 교회에 있는 귀신들이 들어간 게 아니라 무속신의 신명들이 화가 나서 더 들어갔어요. 원래 자리 잡고 있던 신들이! 여기가 교회 가는 순간에 몸에 있던 신들이 더 화가 났어요!

어딜 교회를 다녀요! 모두 다 합쳐서 429억 명입니다. 옥황상제님께 가야지! 옥황상제님한테 널 바칠 것이다. 우리가 살아 못 이룬 뜻을 너를 통해 이룰 것이다.

저자 : 대기하고. 악들 추포한다. 나와.

악신 : 예, 교회에서 들어간 악들은 천감 수하 424,000명입니다. 영의신감 수하 1억 8,000명이 들어갔었습니다.

저자 : 추포된 악들과 잡귀신들 영성과 영체를 소멸시키는 사형집행을 명한다. 원주 기독병원에 갔을 때 들어온 악귀잡귀 잡령들 전원 추포한다 잡아들여.

귀신 : 저도 애동제자입니다. 많이 부족하지만 잘 봐주세요. 그 당시 들어간 애동이고요. 모두 112,000명이 들어갔었습니다. 천지암사,라고 불러달랍니다. 천지암사 승려라고 불러달라네요. 919명입니다.

박수무당도 많이 들어갔었습니다. 무려 8,088명입니다. 박수무당의 조상령까지 다 합쳐진 숫자입니다. 아~ 배고파~ 이 자의 몸에 들어가 허기를 채우려 했습니다. 내가 널 굶게 만들어서 차라리 약 먹고 자살하게 만들려고 했어. 자살해! 아하하!

저자 : 대기하고 악들 추포한다. 나와.

악신 : 열두대신 수하 68명, 천지신명 수하들 42,300명이 들어갔었습니다. 도감 수하 626,000명입니다.

저자 : 추포된 악들과 잡귀신들 영성과 영체를 소멸시키는 사형집행을 명한다. 논산훈련소에서 들어온 악귀잡귀 잡령들 추포한다. 잡아들여.

귀신 : 아… 아유… 비나이다. 비나이다. 천지신명님. 천지신명님께 비나이다. 저희가 그때 이 자의 몸에서 기운을 느껴서 들어갔었습니다. 천지신명 섬기던 신 제자였습니다. 신 제

자로 살았을 때 태어나기 전 삼태성에서 왔고, 천지신명님께 메시지를 받아서 제자로 수행하다가 그만 교통사고로 죽게 되었습니다. 원과 한을 품고서 떠돌다가 이 자의 몸에 들어갔습니다. 제가 신 제자로 있을 때 메시지를 받았습니다.

천지신명님, 저를 다시 삼태성으로 데려가십시오. 저의 고향으로 데려가주십시오! 913,000명! 우리를 다 데려다주실 겁니까? 우리가 왔던 삼태성으로 보내주십시오. 인간 몸에서 수행(윤회)을 다 했습니다. 때가 돼서 돌아가야 합니다.

저자 : 대기하고 악들 추포한다. 나와.
악신 : 하누 수하 5,495명이 들어갔었습니다.

저자 : 추포된 악들과 잡귀신들 영성과 영체를 소멸시키는 사형집행을 명한다. 간호사 만났을 때 들어온 악귀잡귀 잡령들 잡아들여.
귀신 : 그 몸에 있었던 조상령들입니다. 모두 다 합쳐서 68명입니다. 그 간호사 몸에 있던 조상령이라 보면 되고요. 다른 영가들은 다 합쳐서 518명이 들어갔었습니다. 거기 있다가 이 몸으로 들어갔었는데요. 머리랑 다리 쪽으로 들어갔었습니다. 죄송합니다.

저자 : 대기하고. 악들 추포한다. 나와.
악신 : 표경 수하 2,300명이 들어갔었습니다.

저자 : 추포된 악들과 잡귀신들 영성과 영체를 소멸시키는 사형집행을 명한다. 춘천지방 병무청에 진단서를 발급받을 때

들어온 악귀잡귀 잡령들 전원 추포해서 잡아들여.

귀신 : 다 포기하고 싶어. 살기 싫어. 더 이상 살 힘이 없어. 자살귀들입니다. 살았을 때 모든 걸 실패하고 아무것도 할 수 없는 폐인이 돼서 자살한 414명인데 살 가치도 없었어요.

저자 : 대기하고 당시 들어온 악들 추포한다. 나와.
악신 : 천지신명 수하 2,900명, 도감 수하 250,000명이 들어갔었습니다.

저자 : 추포된 악들과 잡귀신들 영성과 영체를 소멸시키는 사형집행을 명한다.

사람들의 몸 안에 이렇게 악과 귀신들이 수없이 들어가 있는데 무당들도 어쩌지 못하고, 교회에 가보아도 대책이 없다. 가는 곳마다 너무 많은 악과 귀신들이 들어오는 것을 알 수 있지만 사람들은 죽으면 그만이지 귀신이 어디에 있느냐고 한다.

자칭 신이라고 하는 자들은 하늘을 배신한 악신들이고, 우주 천체의 모든 별에 흩어져 있고. 모든 별에서 인간 육신의 몸으로 들어와서 신의 제자로 만들려고 온갖 기운을 뿌려대고 몸을 아프게 만드는 조화를 부려서 무속세계로 끌어들인다.

몸이 아파서 무속인들 찾아가서 상담하면 모두가 신의 팔자라고 말해 주며 신을 받아들이라고 말하는데, 신을 받으면 현생과 내생이 모두 망하여 몰락한다. 이곳 자미황궁을 모르니까 신을 받아들이는 것이지 이곳을 찾아와 하늘의 명을 받으면 신내림 안 받고 살아도 인생의 풍파가 일어나지 않는다.

강○숙 악귀잡귀 소멸

저자 : 부산인데 참석을 못 했다. 어렸을 때 큰 굿을 여러 번 했는데 이때 따라붙은 악귀잡귀 잡령들 추포한다. 잡아들여.

귀신 : 그 여자의 몸에 있었는데 왜 빼셨나요? 끝까지 머물다 데려가려 했는데 왜 빼셨어요?

예~ 그때 굿할 때 신나서 들어갔죠. 35억 2,000명입니다. 그 여자는 이런 거 좋아하지. 신나서 손 들고 춤추지. 우리가 신나게 놀았다. 같이 놀았다. 어떤 주문 같은 것도 외웠어요? 우리가 그 여자 몸에서 신나게 놀았어.

왔다 갔다 춤도 추고. 와~ 하하~ 내가 이렇게 했다 왜? 뭐가 문젠데? 와~ 신난다~! 우리가 놀았어. 이렇게. 우리의 무대였어. 왜? 문제 있어요? 신나게 놀았는데. 같이 놀까요? 우리 같이 놉시다! 우~ 같이 이렇게 돌아. 안 신나요?

그렇게 했습니다. 어쩔래요? 안 신났어요? 우리 하는 거 봤어요? 우리 여기 오면 신나서 같이 했어요. 우리도 살았을 때는 신 제자였단 말입니다. 평생 같이 있었는데 문제 있어요? 여기 와서도 신나게 놀았어요.

저자 : 대기하고 악들 추포한다. 나와.

귀신 : 감찰신명 수하 17억 2,000명, 천지신명 수하 6억 2,000명이 들어갔었습니다.

저자 : 추포된 악들과 잡귀신들 영성과 영체를 소멸시키는 사형집행을 명한다. 할머니가 굿을 했을 때 들어온 악귀잡귀 추포한다. 잡아들여.
귀신 : 그때 우리가 들어갔어요. 배를 곯아서 죽은 귀신들이거든요. 153,000명이에요.(바닥을 훑어 먹는다.) 냠냠냠~

저자 : 대기하고. 악들 추포한다. 나와.
악신 : 열두대신 수하 280,000명, 표경 수하 149,000명이 들어갔었습니다.

저자 : 추포된 악들과 잡귀신들 영성과 영체를 소멸시키는 사형집행을 명한다. 대학 다닐 때 불교연합회에 들어갔는데 이 당시에 들어온 악귀잡귀들 추포한다. 잡아들여.
귀신 : 우린 승려들입니다. 승려와 비구니가 합쳐진 그런 귀신들입니다. 딱 맞는다 싶어서 들어갔습니다. 2,190명입니다. 부처님~ 선생님은 공덕을 많이 쌓으셨어요? 부처님께서 앉아 계실 황금의자인가? 저게 뭐야?

저자 : 공덕을 쌓아야 여기 앉는 거야?
귀신 : 예, 제가 볼 때 그렇습니다. 아유~ 그 여자 몸에 있는데 왜요? 안 돼요? 그럼 좋은 데로 보내주세요.

저자 : 안 보내. 대기하고 악들 추포한다.
귀신 : 도감 수하 21명, 하누 수하 5억 8,000명, 천지신명

수하 42,000명이 들어갔었습니다.

저자 : 추포된 악들과 잡귀신들 영성과 영체를 소멸시키는 사형집행을 명한다. 교직 생활할 때 관음전에 앉아서 좌선 기도를 했는데 당시 들어온 악귀잡귀 전원 추포한다. 잡아들여.

귀신 : 저희가 그 당시에 그 여자 몸에 들어갔었고, 비슷한 나이대에 죽은 귀신들입니다. 우리 몸에 있던 조상령들까지 합쳐서 5,240명입니다. 우리도 살아서는 불교 믿었었습니다. 그 나이대에 사고로도 죽고 병으로도 죽어서 한이 많아요.

저자 : 부처 믿었는데 왜 극락세계 못 갔어?

귀신 : 공덕을 못 쌓아서 그런지, 조상들이 못 해서 그런 건지. 그래서 지금도 수행(윤회) 중입니다.

저자 : 대기해. 악들 추포한다. 나와.

악신 : 감찰신명 수하 32,000명이 들어갔었습니다.

저자 : 추포된 악들과 잡귀신들 영성과 영체를 소멸시키는 사형집행을 명한다. 길거리에서 점을 볼 때 들어온 악귀잡귀 추포한다 잡아들여.

귀신 : 그 여자의 몸으로 들어갔는데 낙태 영가, 할머니 귀신, 처녀 귀신 다 합쳐서 930명입니다. 그 여자가 눈 동그랗게 뜰 때 마음에 들어서 들어갔습니다.

저자 : 대기하고 악들 추포한다. 나와.

악신 : 열두대신 수하 174,000명, 도감 수하 67,000명이 들어갔었습니다.

저자 : 추포된 악들과 잡귀신들 영성과 영체를 소멸시키는 사형집행을 명한다. 그 당시 성당에 나갈 적에 따라온 악귀잡귀 잡령들 추포해서 잡아들여.

귀신 : 수녀들입니다. 죽어서 소원을 이루지 못하고 아직도 죄가… 그 여자 몸으로 들어갔는데 117명이 들어갔었습니다. 흑흑흑… 그 외에 아이들 영혼들은 68명입니다. 구해 주세요.

저자 : 대기하고 악들 추포한다. 나와.

악신 : 하누 수하 71억 명이 들어갔었습니다.

저자 : 추포된 악들과 잡귀신들 영성과 영체를 소멸시키는 사형집행을 명한다. 부친 몸으로 들어온 악귀잡귀 잡령들 추포한다. 잡아들여.

귀신 : 다른 자의 몸에 있던 조상령들이 붙었습니다. 그 여자 몸에 어떤 문양 같은 게 보여서 거기 들어갔습니다. 모두 다 합쳐서 47억 명입니다. 그 여자 여기 오게 도와주세요. 여자 몸에서 같이 왔을 때가 더 편합니다. 그 여자 몸 타고 여기 오는 게 편하다는 말입니다. 언제 옵니까? 그 여자 언제 와요?

아~ 이거 뭐야! 이 빛은 뭐야? 죽음의 빛이야! 그 여자 어딨어요? 그 여자 몸에 있어야 편하지. 우리끼리 있으면 편하지 않아요! 악~! (온몸을 비틀며 괴로워한다.) 아파~! 저 앞에 계신 분의 기운으로 이렇게 된 거라고 합니다. 그 여자 몸에서 같이 하고 싶어요~ 우리끼리는 힘들어요~ 저 구슬은 뭐야? 여의주예요? 죽음의 빛이 보여요. 무서워…

저자 : 대기하고. 당시에 들어온 악들 추포한다.

악신 : 감찰신명 수하 54,300명이 들어갔었습니다.

저자 : 추포된 악들과 잡귀신들 영성과 영체를 소멸시키는 사형집행을 명한다. 1995년 시어머니 49재를 하면서 성당과 멀어지고 점집을 다녔다. 49재를 절에서 지낼 적에 들어온 악귀잡귀 잡령들 전원 추포해서 잡아들여.

귀신 : 아이고. 머리도 아프고, 몸도 아프고, 우울하고. 그때 들어온 저희들과 비슷한 사연을 가진 그런 영가들입니다. 죄송합니다. 모두 2,400명이 들어갔었습니다.

저자 : 대기하고. 당시 들어온 악들 추포한다.
악신 : 천지신명 수하 3,290명. 열두대신 수하 27명이 들어갔었습니다.

저자 : 추포된 악들과 잡귀신들 영성과 영체를 소멸시키는 사형집행을 명한다. 점집을 가끔 찾아갔을 때 들어온 악귀잡귀 추포한다. 잡아들여.
귀신 : 하하하! 그 점집에서 머물던 원귀들입니다. 그 여자랑 이곳에 같이 올 때 참 좋았어요. 앞에 계신 이 높으신 분이 참 좋았어요. 모두 다 합쳐서 8,700명입니다.

그 여자도 이분 뵈면 기분이 좋아졌었고 우리도 같이 그랬어요. 우리는 신의 말씀도 좋아해요. 점집 가서도 신났어요. 신의 말씀 들을래요. 이분도 좋아요. 다 좋아요.

저자 : 대기하고 악들 추포한다. 나와.
악신 : 도감 수하 274,000명, 하누 수하 111억 명입니다.

저자 : 추포된 악들과 잡귀신들 영성과 영체를 소멸시키는 사형집행을 명한다. 조상님 걱정에 2,000년도부터는 조그만 보살 집을 찾았다. 여러 굿을 보살이 시키는 대로 했다는데, 굿할 적에 몸에 들어온 악귀잡귀 잡령들과 딸 몸으로도 들어간 자들 다 추포한다. 잡아들여.

귀신 : 예~ 저희들입니다. 꽃보살입니다. 동자 도령들이 많이 왔습니다. 모두 다 합쳐서 494,000명입니다. 천지신명님 오셨습니까? 앞에 계신 분은 천지신명님이십니다.

저자 : 대기하고 악들 추포한다. 나와.
악신 : 열두대신 수하 4,293명이 들어갔었습니다.

저자 : 추포된 악들과 잡귀신들 영성과 영체를 소멸시키는 사형집행을 명한다. 부적 쓸 적에 강○숙과 딸 몸에 들어온 악귀잡귀 추포한다. 잡아들여.
귀신 : 부적을 써준 자의 한 많은 조상령들이 그 몸 안으로 들어갔었습니다. 으흐흑… 한이 많습니다. 한이 깊어요. 7,285명입니다. 몽달귀신들은 920명

저자 : 부적에도 귀신들이 많이 붙는다. 악들 추포한다. 나와.
악신 : 하누 수하 136,000명입니다.

저자 : 추포된 악들과 잡귀신들 영성과 영체를 소멸시키는 사형집행을 명한다. 운명과 숫자를 써주는 자에게 개명했을 때 따라붙은 악귀잡귀 잡령들 전원 추포한다. 잡아들여.
귀신 : 행운의 숫자, 이름 개명해 준 자의 몸에 들어 있던 귀신들입니다. 그 자를 통해서 이름 작명하고, 행운의 숫자를 받

을 때마다 그자의 몸에 있던 귀신들이 상대를 보다가 들어갔고, 모두 다 합쳐서 4,200명이 들어갔습니다. 우린 하나님 믿었는데 천국으로 갈 수가 없어요.

저자 : 다 속았어. 왜 종교를 믿어. 대기하고. 당시에 들어온 악들 추포한다. 나와.
악신 : 천지신명 수하 13억 2,000명, 감찰신명 수하 5억 8,000명이 들어갔었습니다.

저자 : 추포된 악들과 잡귀신들 영성과 영체를 소멸시키는 사형집행을 명한다. 욕심 많은 남편이 교육감하고 싶다고 하여 칠성부를 하여 부적을 붙였다. 20개가 더 넘었고, 780만 원 들었는데 부적 붙였을 때 들어온 악귀잡귀 추포한다. 잡아들여.
귀신 : 합쳐서 226,000명의 영가들입니다. 그 집안을 다 부숴버릴 거예요. 이별하게 만들 거예요. 자식이나 남편하고 다 이별하게 만들 거예요. 그 여자 자살하게 만들 거예요.

저자 : 대기하고 악들 추포한다. 나와.
악신 : 감찰신명 수하 2,105억 명이 들어갔었습니다.

저자 : 추포된 악들과 잡귀신들 영성과 영체를 소멸시키는 사형집행을 명한다. 2007년도 철학관 갔을 때 들어온 악귀잡귀 추포한다. 잡아들여.
귀신 : 배 아파. 속도 안 좋아. 그곳에 머물며 천장에 붙어 있던 귀신들입니다. 한 많은 귀신들인데 604명이 들어갔었습니다. 그 여자 울보로 만들 거야. 평생 울 일만 만들 거야. 울보로 만들고 말 거야. 내가 그 여자 조상들 다 돌봐줄게. 하하하. 그

조상들 내가 봐줄 수 있어. 하하하. 그 여자 울게 만들 거야.

저자 : 네가 무슨 재주로 조상을 돌봐줘?
귀신 : 우리 억울해서 못 가! 그래! 때가 되면 가지만 그 여자도 끝까지 데려갈 거야. 저승길의 동무로 만들 거야. 우리 동무나 마찬가지야. 반드시 그렇게 데려갈 거야. 눈에서 눈물이 안 마를 거야. 맨날 울게 할 거야. 자식 때문에 남편 때문에 눈물 흘리게 할 거야.

저자 : 대기하고 악들 추포한다. 나와.
악신 : 표경 수하 11억 3,000명. 도감 수하 3,195명이 들어갔었습니다.

저자 : 추포된 악들과 잡귀신들 영성과 영체를 소멸시키는 사형집행을 명한다. 기관지 천식, 비염, 역류성 식도염을 겪고 눈이 흐릿하고 허리통증, 왼쪽 발목이 아프고, 오른쪽 귀에는 이명, 딸아이는 소화가 안 되고 위장에 문제가 있고, 중3 때 치질 수술을 했다. 이 철학관 가서 이름 지을 때 강○숙과 딸아이 몸에 따라붙은 귀신들 추포한다. 잡아들여.
귀신 : 우린 결혼도 못 하고 사고 나서 비명횡사하고, 자살한 귀신들이고, 몸도 아프게 해서 약 올리고 싶었어요. 힘들게 하고 싶어서 들어갔어요. 197명이에요. 왜 우리를 빼주셨어요? 어디로 데려가려고요?

저자 : 대기하고 악들 추포한다. 나와.
악신 : 하누 수하 51억 6,000명이 들어갔었습니다.

저자 : 추포된 악들과 잡귀신들 영성과 영체를 소멸시키는 사형집행을 명한다. 기관지 문제 일으킨 자들 추포한다.
귀신 : 할머니들입니다. 1,448명입니다.

저자 : 대기하고 딸의 비염 일으킨 자들 추포한다.
귀신 : 195명이 있었습니다.

저자 : 대기하고 빈혈을 일으킨 자 추포한다.
귀신 : 여자들이고 460명입니다.

저자 : 대기하고 역류성 식도염 일으킨 자 추포한다.
귀신 : 아까 먼저 말했던 귀신들 중에 한 명이라고… 배가 안 좋고… 그런 귀신들이 그런 거라네요.

저자 : 대기하고 강ㅇ숙과 딸을 어지럽게 한 자들 추포한다.
귀신 : 할아버지 904명, 아이들 귀신 12명, 낙태 영가 3명

저자 : 대기하고 눈이 흐릿하게 하는 존재 잡아들여.
귀신 : 할머니들만 4,000명입니다.

저자 : 대기하고 어깨통증 유발하는 자 잡아들여.
귀신 : 여자 귀신들하고 남자 귀신이 합쳐진 귀신들입니다. 모두 2,540명입니다.

저자 : 대기하고. 허리통증 유발한 자 추포한다.
귀신 : 할아버지들 640명이 보입니다.

저자 : 대기하고 왼쪽 발목 아프게 하는 자 추포한다.

귀신 : 물에 흠뻑 젖은 여자 귀신입니다. 조상령까지 합쳐서 213명입니다.

저자 : 대기하고 오른쪽 눈앞에 뭔가 날아다니는 증상 일으키는 자 추포한다.

귀신 : 보살 할머니 5명입니다.

저자 : 오른쪽 귀에 이명 들리게 하는 존재 추포한다.

귀신 : 할머니하고 아이들, 할아버지가 합쳐진 귀신들이 610명이 보입니다.

저자 : 대기하고 딸아이가 소화가 안 되고 위장에 문제가 있다는데 이 존재 추포하고 잡아들여.

귀신 : 아저씨하고 아이들 귀신이 720명입니다.

저자 : 대기하고 강○숙의 딸이 중3 때 치질 수술할 때 들어간 귀신들 잡아들여.

귀신 : 아이고, 아이고. 저희 할머니들입니다. 거기서 따라붙은 귀신들인데요, 98명입니다. 선생님~ 도와주세요.

저자 : 대기하고 병마를 일으켰던 악들 추포한다. 잡아들여.

악신 : 하누 수하 12,900명, 표경 수하 276,000명입니다.

저자 : 추포된 악들과 잡귀신들 영성과 영체를 소멸시키는 사형집행을 명한다. 남편이 지금도 밤새 자다가 수시로 바깥으로 뛰쳐나가게 하는 존재 추포한다 잡아들여.

귀신 : 그 남자의 머리와 가슴 속에 들어 있던 아이들, 할아버지. 답답해요. 답답해서 그랬어요. 760명이에요. 우리가 그랬어요. 우리가 답답해요. 우리 좀 풀어주세요. 다 짜증나고 답답해요. 좋은 데로 보내주세요.

저자 : 대기하고 남편 몸에 있는 악들 추포한다. 나와.
악신 : 표경 수하 175억 명이 있었습니다.

저자 : 추포된 악들과 잡귀신들 영성과 영체를 소멸시키는 사형집행을 명한다.

성당도 다니고, 무당한테 굿도 하고, 철학관에도 다녔는데 가는 곳에서 온갖 종류의 귀신들이 엄청나게 따라붙었다. 당사자도 안 왔는데 이 많은 숫자의 악과 귀신들을 종교인들의 능력으로는 추포할 수도 없고 소멸시킬 수도 없다. 이처럼 몸이 아픈 부위마다 온갖 악과 귀신들이 들어가 있음이 확인되었다.

세상 사람들은 결국 성당, 교회, 절, 도교, 무속, 철학관을 다니면서 비싼 돈을 주고 악과 귀신들을 무수히 사들인 것임이 밝혀진 셈인데, 악과 귀신들을 받아들이기는 쉽지만 한 번 들어온 이들을 추포해서 소멸시키는 일은 아무나 할 수 없다.

그러니 이제는 귀신이 어디 있어?라는 무지한 말은 하지 않을 줄 안다. 이제는 여러분 독자들 스스로가 악과 귀신들 그 자체임을 알았을 것이다. 온갖 종류의 귀신들은 사람들을 죽이려 하고, 각자들의 몸 안에서 온갖 질병을 일으켜 몸을 아프게 하고 인생을 몰락시켜 힘들게 만들고 있다.

김ㅇ환 악귀잡귀 소멸

저자 : 대순진리회를 나와서 화엄 불교대학 다닐 적에 들어온 악귀잡귀 잡령들 전원 추포해서 잡아들여.

귀신 : 그때 들어간 자살귀들이고, 교통사고로 죽은 귀신들인데 약 먹고 죽은 귀신들도 있고요. 모두 다 합쳐서 840명이에요. 선생님, 힘들어서 이 남자의 허리, 배 안으로도 붙고 머리에도 붙었었어요. 들어가긴 했는데 우리 외로워요. 왜 외로운 거예요? 살아서도 외롭고 죽어서도 외롭고 쓸쓸해요.

저자 : 하늘을 만나야 외롭고 쓸쓸하지 않은데, 너희들은 기회 박탈됐어.

귀신 : 하늘을 만나면 안 그래요? 선생님이 하늘이에요?

저자 : 그래. 미래의 하늘.

귀신 : 미래의 하늘?

저자 : 대기하고 악들 나와.

악신 : 하누 수하들 2억 2,400명이 들어갔었습니다.

저자 : 대기하고 동방 불교대학에 다닐 때 들어온 악귀잡귀 잡령들 전원 추포한다. 잡아들여.

귀신 : 이 남자 몸 안에 머물면서 우리가 교리를 공부했는데요.

여기가 진짜 맞아요? 진짜인가 봐요. 선생님이 말하는 게 현실로 일어나는 걸 봤어요. 우리는 살아서 진짜 하늘을 찾기 위해서 계속 돌아다닌 귀신들인데요. 죽어서는 갈 수 없었고 여기 와서 폐하라는 분의 말씀을 듣고 현실로 일어나는 걸 봤어요.

저자 : 그동안에 다른 데도 많이 다녀봤지?
귀신 : 예, 그런데 진짜를 못 만났어요.

저자 : 이런 곳은 처음 보지?
귀신 : 네. 진인 맞으시죠? 그럼 저희들 이제 살았네요?

저자 : 너희들은 육신이 없어서 기회 박탈이야.
귀신 : 이 남자 몸에서 공부했다니까요! 여기 남자가 돈 가져와서 진인분께서 다 해주실 거예요. 그렇죠?

저자 : 육신 살아서 찾아와야지 다른 사람 몸을 통해서 와봐야 구원 못 받아. 인간 육신이 살아 있을 때만 구원받는다.
귀신 : 이 남자 몸에 들어 있었다니까요!

저자 : 대기하고 악들 나와.
악신 : 도감의 수하들 2,637명이 들어갔었습니다.

저자 : 추포된 자들 전원 영성과 영체를 소멸시키는 사형집행을 명한다. 전주에서 종무원장에게 수계를 받을 때 들어온 자들 추포한다. 잡아들여.
귀신 : 그때 들어간 귀신들은요 476명입니다. 이 양반 몸의 심장, 간, 폐, 머리 위쪽, 발, 팔에도 들어갔었어요. 잘했죠?

저자 : 그렇게 사람 몸에 들어오면 좋았어?

귀신 : 같이 공부하는 거예요. 우리는 사람 몸 안에서 수행(윤회)하는 거였어요. 죽고 나서도 그 공부를 계속하고 있지만요. 그런데 사람은 왜 태어나는 겁니까?

저자 : 왜 태어나느냐고? 하늘의 명을 받고, 업보를 끊기 위해서 태어나는 거다. 그리고 영혼의 고향으로 돌아가기 위해서인데, 넌 육신이 없으니 어떻게 구원을 받냐?

귀신 : 그러면 앞에 계신 선생님을 통해서만 영혼의 고향으로 돌아갈 수 있나요?

저자 : 그래. 이곳에서만 가능하다.

귀신 : 그럼 선생님을 통하지 않고서는 갈 수가 없나요?

저자 : 당연하지. 갈 수가 없어. 악들이 세운 이 세상 모든 종교를 통해서는 절대 영혼의 고향으로 돌아갈 수가 없다.

귀신 : 개의 영혼이 보여요. 82마리. 닭은 59마리, 소도 74마리. 왜 이렇게 동물이 많아요? 뱀도 202마리 보이는데요?

저자 : 그들도 윤회 중이란다. 대기하고 악들 나와.

악신 : 감찰신명 수하들 5,266명입니다.

저자 : 대기하고 서울에서 모 종단 총무원장에게 수계받을 때 들어온 자들 추포한다. 잡아들여.

귀신 : 그때 들어갔던 영들입니다. 귀신이라고 하지 말아주세요. 영들이라고 해주세요. 4,438명. 소도 140마리 보여요. 우리하고 소하고 같이 들어갔어요.

자미천

저자 : 귀신이라고 하니까 기분 나쁘다?
귀신 : 저는 그래요.

저자 : 육신이 있어야 영이라고 불러주지.
귀신 : 저 소들이 이 자를 아프게 했다는데요. 몸을 아프게 하고 인생을 꼬이게 하고, 자기는 동물로 태어났는데 이 자는 사람으로 태어나서 이 자가 죽으면 소로 만들려 했대요.

저자 : 대기하고 악들 나와.
악신 : 표경 수하 16,400명이 들어갔었습니다.

저자 : 추포된 자들 전원 영성과 영체를 소멸시키는 사형집행을 명한다. 또다시 교회를 3년 다니면서 들어온 악귀잡귀 잡령들 추포한다. 잡아들여.
귀신 : 저도 사람일 때 열심히 찾았었는데요. 살아서도 죽어서도 하나님을 못 만났어요! 교회를 다니면서도 답답하면서 힘들었어요. 몸도 아프고 돈도 안 벌리고, 하나님 찾으면서도 믿음이 안 생기고 답답하고, 죽고 나서는 저와 기운이 비슷한 사람 몸에 들어가 있었어요. 이 남자 몸으로 86명. 여기서 말하는 하나님의 나라는 어딘가요?

저자 : 이곳이다. 자미황궁.
귀신 : 하나님의 나라? 하나님이 어디 계신대요? 선생님이 하나님이에요?

저자 : 너희들이 말하는 하나님은 가짜야. 너희는 여호와 하나님을 찾지?

귀신 : 네. 선생님이 세계 인류에게 저주를 내리셨어요? 선생님의 기운으로 세상이 멈춰 있는 게 보여요.

저자 : 절대자 하늘께서 심판하시는 거야!
귀신 : 그런 말이 입에서 나오네요. 세상이 멈춰 있으면 죽어요? 저주를 내릴 정도로 화가 많이 나셨었어요? 선생님의 빛이 세상으로 나가는데요, 색깔이 검은색이에요. 죽음의 빛인가? 저렇게 사람들을 죽이시는… 저주의 기운을 내리셨나 봐요?

선생님의 불은 뭐예요? 검은색 불. 훨훨 타오르네요. 선생님만이 저주의 불을 내리시고 사람을 죽이시고. 사람이 다 죽으면 진짜 이제 끝나는 거예요? 멸망이에요? 아유 추워라. 선생님. 사람의 심장에도 저주를 내리세요? 몸을 마비시키는 것도 보이네요. 저주로 마비되고 심장이 멈춰 있는 게 보이네요.

저자 : 그래, 대기하고 악들 추포한다. 나와.
악신 : 도감 수하 6억 2,600명이 들어갔었습니다.

저자 : 대기하고 교회 다니면서 서리 집사 안수기도 받을 때 들어온 악귀잡귀 잡령들 추포한다. 잡아들여.
귀신 : 이 남자가 좋아요. 내 거야. 내 남편이에요. 건들지 마세요. 아저씨 이 남자 만지지 마세요. 우리 여자들이거든요. 74명. 나머지 남자 귀신들은 1,424명. 우리 거야. 건들지 마세요.

저자 : 너도 건들지 마라.
귀신 : 여기 싫어! 엉엉엉! 가자 그냥! 물에 빠져 죽을까? 같이 물에 빠져 죽을까? 가자. 있기 싫어. 여기 너무 답답해 싫어.

가~ 여기 싫어! 뱀하고 돼지가 보여요. 뱀은 44마리, 돼지는 68마리. 그때 들어갔대요. 왜 이렇게 동물들이 들어간 거야? 우리만 들어간 줄 알았더니? 그때는 다른 자의 몸 안에 있던 귀신들이 들어간 거라고요? 다른 사람의 몸 안에 있던 동물령들이 들어간 거래요. 사람과 사람이 만나면 귀신이 서로 들어가요? 사람과 사람이 만나면 귀신이 들어가니까 조심하라고? 그러셨어요? 안 나간다고!

저자 : 그래, 대기하고 악들 나와.
악신 : 천감 수하 13억 2,900명이 들어갔었습니다.

저자 : 대기하고 단학을 1년 다니면서 그 당시 들어온 악귀잡귀 잡령들 전원 추포해서 잡아들여.
귀신 : 아유~ 피곤해! 왜 끄집어냈어요? 여기 나오니까 피곤하잖아요. 우측 허리 쪽, 엉덩이 쪽에 붙어 있던 귀신들입니다. 516명이에요. 귀도 안 좋고요. 귀에도 들어갔었고요. 이 남자는 우리의 밥이에요. 우리 마음대로 할 수 있으니까.

마음도 조정하니까 우리 밥이에요. 우리가 조정할 거니까. 왜 이리 졸려? 나오니까 졸려! 자고 싶어… 와~ 흰색 용들이 진짜 많네. 진짜 용인가 봐. 뭐라고요? 도솔천궁에서 내려온 흰 용들이라는데요? 도솔천궁이 뭔데요? 도의 하늘께서 계신 곳? 조상님들의 하늘이시기도 하다고요? 그런 하늘도 있어요?

엄청 무서우신 분이시라고요? 몰라 나는! 그렇게 무서워요? 그분이? 여기 앞에 계신 폐하라는 분께서 도의 하늘 기운을 실시간으로 받으신다고요? 계속 받으시고 폐하라는 분이 그런 분이신가 봐. 아이고~ 도의 하늘 기운을 받으시니, 그럼 도를 어떻게 닦는데요? 여기서도 수행법이 있습니까?

도법주문이 뭐야? 도법주문? 저는 죄인이라 알 수가 없다는데요? 도법주문에도 폐하의 기운이 있다고? 몰라. 무슨 말인지. 난 죄인 아니야! 이분께서 도의 하늘 기운을 받으셔서 도법주문을 만드셨다고! 도의 하늘 기운을 이분께서만 받으신다고? 도법주문 외우면 귀신이 사람이 됩니까? 그런 주문이 있어요?

저자 : 네 자손과 함께 들어오기 전에는 없어.
귀신 : 그럼 어떤 게 있어요? 귀신도 사람 될 수 있는 도법주문 좀 줘보세요.

저자 : 너희는 자손과 함께 들어오지 않아서 기회 박탈.
귀신 : 기회는 단 한 번뿐이라고? 우린 이미 죽어서 귀신이라 기회가 없다고? 도법주문? 저렇게… 하… 도통의 주인? 도통의 주인이시라고요? 도의 종주국.

저자 : 그래, 너희는 대기하고 악들 추포한다. 나와.
악신 : 표경 수하 1억 2,900명이 들어갔었습니다.

저자 : 대기하고 단학선원을 다니면서 1박 2일 심성 수련을 받을 때 따라붙은 악귀잡귀 잡령들 전원 추포한다. 잡아들여.
귀신 : 우리는 어린아이 귀신도 있습니다. 6,136명입니다.

저자 : 대기하고 악들 추포한다. 나와.
악신 : 천지신명 수하들로서 2억 2,900명이 들어갔었습니다.

저자 : 추포된 자들 전원 영성과 영체를 소멸시키는 사형집행을 명한다. 다음, 집에 있는 악귀잡귀 잡령들 전원 추포해서 잡아들여.

악신 : 천지신명 수하 17억 9,000명, 열두대신 수하 382,900명, 천감 수하 12억 4,200명이 들어갔었습니다. 잡귀신들은 모두 다 합쳐서 9,230명입니다.

저자 : 대기하고. 차 안에 붙은 자들 전원 추포한다.

귀신 : 아이고 나 배고파. 야, 밥 좀 가져와라. 얼른 밥 가져와! 내 머리에 갓이 안 보여요? 내가 갓 쓰고 다닌 할아버지야. 우릴 무시해도 되는 거야? 나 배고파 죽겠어. 어여 밥 가져와. 거기 우리 갓 쓴 귀신들이 있어. 지금 어떤 시대인지 모르겠어. 다 몇 명이냐면 68명. 우리만 있었어. 이 남자를 다 먹어버릴 거야.

저자 : 대기하고 악들 나와.

악신 : 천지신명 수하들 926명이 들어갔었습니다.

저자 : 대기하고. 새로운 직장 나가는데, 근무처의 악귀잡귀 잡령들 추포한다. 잡아들여.

귀신 : 근무처에 무량대수로 있지만, 악들은 하누 수하 98억 6,900명, 천지신명 수하 4,144억 명, 잡귀신들은 185억 명입니다. 이들도 김○환 씨 몸의 빛을 보고 들어온 잡령들입니다.

저자 : 추포된 자들 전원 영성과 영체를 소멸시키는 사형집행을 명한다. 그 외에 김○환이 몸에 들어와 있는 악귀잡귀 잡령들 전원 추포한다.

귀신 : 아~ 답답해! 왜 꺼냈어요? 난 몸 아파서 죽은 귀신이

고, 할머니, 법사들도 있고요. 우리는 눈, 목, 입안, 귀에도 붙었었습니다. 갑자기 밖으로 끌려 나오니까 더 아파요. 죽어서도 아픈데 그냥 죽여주세요. 죽어서 육신이 없는데도 너무 아파요.

왜 아픈 거예요? 차라리 죽었으면 좋겠어요. 예? 죽어도 끝이 아닌 거라고요? 죽음이 끝이 아니라는데, 빨리 죽으면 나을 거라 하잖아요. 죽는 게 더 나을 거라고 하는데 그게 아니라고요? 죽으면 고통이 끝난 거라고, 생각하는데 그게 아니래요.

저자 : 그런 자들이 많지. 또다시 죽으면 더 고통스러워.
귀신 : 죽어도 끝이 아니래요.

저자 : 죽으면 더 고통스럽다. 대기하고 악들 나와.
악신 : 나머지 악들은 표경 수하 13억 2,600명입니다.

저자 : 추포된 자들 전원 영성과 영체를 소멸시키는 사형집행을 명한다.

그동안 악과 귀신, 축생령들 맞이하느라 종교세계 여기저기 엄청 많이 다녔는데 결국 귀신 데리러 다닌 것이 되었다. 종교 역사가 오래되고, 종교 건물이 웅장하고 거대한 곳, 신도들이 많은 곳에는 우리가 상상하지 못할 정도로 어마어마한 악과 귀신, 축생령들이 여러분 독자들을 기다리고 있다가 마음에 드는 사람들 몸으로 무수히 들어가는데 예민한 사람들은 기운을 느낀다. 시주, 헌금, 정성금 내고 그 대가로 악과 귀신들을 엄청나게 많이 받아다가 가족까지 전염시킨다. 그래서 공짜는 없다. 정성금으로 돈 내고 귀신들을 무더기로 받아왔으니까.

류○덕 악귀잡귀 소멸

저자 : 충북 제천 사는 류○덕. 오늘 악귀잡귀 소멸을 신청했고, 가정이 정리되면 참석한다고 하는데 식구들이 알면 이렇게 참석도 못 한다. 장구한 사연을 메일로 보내왔다.

2018년 12월 3~4일 당시 보이스 피싱에 걸려 돈뿐만 아니라 집안을 풍비박산 내고 지금까지 자미황궁에 방문하지 못하고 있다 하는데 이 당시 보이스 피싱 당하게 한 악귀잡귀 잡령들 추포해서 잡아들여.

귀신 : 류○덕이 더 이상 폐하를 알현드리지 못하도록 우리가 따라다닌 것입니다. 우리가 그랬습니다. 우리는 뭐라고 말할까요? 우주 귀신? 우주 귀신이라고 합니다. 7,199명

저자 : 류○덕과 전생에서 어떤 원한을 맺은 일이 있어?
귀신 : 류○덕이 전전 전생의 어느 윤회 때 왕이었던 시절도 있었어요. 우리는 그를 그 시절에 시해하려고 했었습니다. 아주 오래전의 이야기죠. 류○덕 아주 오랜만이네. %@#$%(귀신언어) '소니마라야사까'라는 행성에서 우리가 왔습니다.

류○덕이 전전 전생에서 윤회하던 시절이죠. 류○덕도 천상에서 반란군이었죠? 맞죠? 그래서 지구로 쫓겨 내려와서 폐하를 알현드리기 전에 전전 전생의 끝없는 윤회를 거친 후에 왔어야

했죠. 우리가 그의 윤회 시절에 그걸 알고 있었거든요? 그래도 끝내 지구에서 태어나더라고요. 우리가 시해하려고 했었습니다.

저자 : 왜 시해하려고 했어?
귀신 : 시해를 하고 우리가 왕으로 올라가려고 했거든요.

저자 : 왕을 죽이고 왕이 되려고?
귀신 : 네네. 여기 와서 천인합체 의식해서 천상으로 올라가려고 하더라고요. 안 되겠다 싶었죠. 류ㅇ덕은 그 윤회 시절에 잘못이 없죠. 그런데 우리한테 벌을 내려서 우리가 많이 당한 게 있기 때문에 그렇게 한 거예요.

우리가 그랬다, 류ㅇ덕 씨. 기억나지 않겠지만요. 여기 악귀라는 남자가 말을 하는데요. 이 말들이 진실인지 아닌지는 폐하께서만이 아시니까. 전전 전생을 믿지 말고 폐하의 말씀만을 들으래요. 우주 귀신은 폐하의 기운으로 말이 나오는 것뿐이니, 전 전생에 대해 그렇게 깊이 생각하지 말라고 하네요.

그렇게 말하고 악귀가 빨간 거미가 돼서 저기로 갔네요. 우리는 여기에 폐하의 기운으로 추포돼서 말이 나오는 겁니다. 여기도 반란이 일어났었어요? 지상에서? 아니, 근데. 오늘 뭐 불의 날이에요? 산불이 난 것도 폐하의 기운으로 일어나는 거라고요? 산에 불내셨어요? 불의 화신?

영화에 나오는 그런 것들이 다 천상에서 내려온 거래요. 미스터리한 것도 이분의 기운으로 만들어지고 그런 거라네요. 정말 불의 화신이신가 봐. 폐하께서 어떤 기운이 있으시다고요? 아~

자미천 121

하하하. 폐하! 폐하의 기운으로 뭐가 막 나오려고 합니다.

'어젯밤에도 불었네~ 휘파람, 휘파람~ 벌써 몇 달째 불었네. 휘파람, 휘파람~ 휘휘휘 호호호 휘휘 호호호 휘휘휘 호호호 휘휘 호호호~'

와우~ ○ 폐하! @#$%@(천상언어) 죽음의 휘파람이 들립니다. 폐하께서 천상에 계실 때 휘파람을 부시며 명을 내리시는 신호가 있으셨다네요. 황태자이신 ○ 폐하가 천상의 주인께서 가르쳐주시는 대로 어떤 영적인 능력을 공부하시는 단계에서 기운으로 휘파람을 부시면 천상에서 업무를 보던 대신들, 용들이 황태자님의 명을 받으러 갔다고 합니다.

황태자이신 ○ 폐하의 휘파람 소리를 듣고, 폐하 곁으로 즉시 가게 되는 "명"과 같은 휘파람이었대요. 여기서는 미래 하늘이신 자미황제 폐하, 도법천존 3천황 폐하께서 부르시는 죽음의 휘파람이군요.

이제 지구에서는 자미황제 폐하, 도법천존 3천황 폐하의 죽음의 휘파람! '휘휘휘 호호호 휘휘 호호호 휘휘휘 호호호 휘휘 호호호' 대단하시네요, 폐하! 폐하의 휘파람, 폐하의 어성으로 나오시는 모든 소리가 곧 명이시죠! 저도 죽이시려나 봐요?

네 그렇습니다. 거기서 류○덕은 잘못한 것이 없고 정직했습니다. 우리가 류○덕한테 못되게 한 것이지만 아무튼 윤회의 차원에서 그런 일이 있었던 겁니다. 우리가 류○덕이가 폐하를 알현드리지 못하게 방해했습니다.

류○덕이 지구로 태어났을 때 신내림 받게 하려고 무지 노력 했는데 안 되더라고요. 죽이려고도 하고 죽을 고비도 많이 만들게 해서 신 제자가 되게끔 하려고 해서 폐하를 알현드리지 못하게 하려 했는데 우리가 실패했어요. 어떡해요? 우리는 이제 어떻게 되는 겁니까?

저자 : 너희들은 심판받아야지. 대기하고 당시 들어온 악들 추포한다. 나와.

악신 : 폐와 심장에 들어갔었습니다. 하누 수하 195억 명

저자 : 추포된 자들 전원 영성과 영체를 소멸시키는 사형집행을 명한다. 류○덕이 세상에 처음 태어났을 때 들어온 악귀 잡귀 잡령들 전원 추포해서 잡아들여.

귀신 : 류○덕은 신명의 길을 갔어야 합니다. 신명 제자! 우리가 그랬어요! 류○덕의 얼굴을 보세요! 류○덕 얼굴. 관상을 보란 말입니다. 저 귀신이지만, 전 신입니다. 류○덕이 관상은 무엇인가? 저 눈은 그냥 눈이 아니야.

나 귀신의 눈으로 볼 때 류○덕의 눈은 뱁새와 봉황의 눈이 합쳐진 눈으로 보입니다. 얼굴상은 전체에 거북이와 용과 사자가 합쳐진 상으로 보이네요. 그러니 어쩔 수 없이 신의 선택을 받은 몸이야. 신의 제자의 길로 들어가면 떼부자로 만들 수 있는데 어디로 간 거야? 신명 제자 하면 안 돼요? 왜요? 왜 꼭 여기로 와야 합니까? 억울해서 그래요! 왜 우리는 안 돼요?

저자 : 역천자들은 하늘의 명을 못 받지.

귀신 : 몸도 아프게 할 거예요. 더 아프게 할 거예요. 우리는

몇 명인지 안 보이는데? 저기 악령 같은 사람한테 물어보세요!

저자 : 자, 너희들은 대기하고. 악들 추포한다, 나와.

악신 : 표경 수하 25억 9,000명, 천지신명 수하 3억 4,000명, 도감 수하 176억 명. 하늘의 명을 못 받게 방해한 잡귀신들 1,648억 명. 네! 아주 그들이 끈질기게 류ㅇ덕 씨 인생을 방해하고 죽이려고 그랬습니다.

저자 : 어머니 뱃속에 있을 때 낙태약을 먹었으나 죽지 않고 살아서 나왔다는데 이 당시 들어온 악귀잡귀 잡령들 추포해서 잡아들여.

귀신 : 할머니! 우리가 못 태어나게 했다. 아주 윗대의 조상하고 우리랑 무슨 원한 맺힌 일이 있어서 우리가 류ㅇ덕을 못 태어나게 했어. 우린 다른 조상신이라고요.

저자 : 조상신끼리 싸움이 났다?
귀신 : 예! 낙태약 먹게 한 우리들은 177명입니다.

저자 : 너희들이 졌네? 졌으니까 류ㅇ덕이 태어났지.
귀신 : 그 대신 돈을 못 벌게 하는 귀신들도 많이 달라붙었어요. 우리가 억울해서요.

저자 : 돈을 못 벌게 하는 귀신?
귀신 : 네. 류ㅇ덕의 조상들은 구원받아서 좋겠네? 우리는 이러고. 그러니 우리가 억울해서 살겠습니까? 못 오게 할 거예요. 부인이랑도 싸우게 만들고.

저자 : 조상들끼리 서로 싸움 난 게 언제 적 얘기야?

귀신 : 아주 오래됐죠. 아주 오래전 윗대에서의 일입니다. 그래도 폐하 덕분으로 산 거라고요? 그때도 기운이 갔습니까?

저자 : 그래, 너희는 대기하고. 악들 나와.

악신 : 하누 수하 196억 명입니다.

저자 : 초등학교 2학년 때 단양 중선암으로 소풍 가서 강에 빠져 죽을 뻔한 걸 살아났는데 이 당시 물에 빠지게 만든 악귀 잡귀 잡령들 전원 추포해서 잡아들여.

귀신 : 우리가 물에 있던 귀신들이에요. 물귀신들 58명. 잡았는데 살아났고 그때 보고 있다가 들어갔지. 죽이려고 한 자들은 아까 처음에 태어날 때 들어갔던 귀신들하고, 보이스 피싱한 귀신들이 그 당시 죽이려고 했던 귀신들이었다는데요? 폐하를 못 만나게 하려고?

저자 : 영들은 미리 다 알고 있었구나?

귀신 : 류○덕과 다른 차원의 영들 중에서 아는 영들도 있고, 모르는 영들도 있대요. 지구에 태어나서 미래의 하늘께 명을 받는다는 걸 아는 존재들도 있고 모르는 존재들도 있고, 아는 자들은 못 만나게 하려고 방해한대요. 그게 뭔데요? 나도 좀 받고 싶다. 우리는 기회가 박탈됐다고?

저자 : 육신이 있어야 받지.

귀신 : 귀신이면 뭘 받는 걸 못 한다는 거라고요? 류○덕 씨가 그런 사람이었어요?

저자 : 그래. 너희들은 대기하고 악들 추포한다. 나와.
악신 : 도감 수하 170명, 천지신명 수하 18억 6,000명입니다.

저자 : 중학교 입학 셋째 날 자전거 통학을 하던 중에 넘어져 죽었다가 살아났다는데 이 당시 넘어지게 한 자들 악귀잡귀 잡령들 전원 추포해서 잡아들여.
귀신 : 그렇게 한 자들은 저희가 아니라 보이스 피싱 당하게 한 귀신들이 했다는데요? 우리는 교통사고로 죽은 귀신들이거든요. 37명. 허리 쪽으로 들어갔었어요. 허리하고 이마.

저자 : 너희들 대기하고. 악들 추포한다. 나와.
악신 : 표경 수하 123억 명입니다.

저자 : 1994년경 일을 하던 중, 기어 변속하다 반대 차선으로 차가 넘어가 죽었구나 했다는데, 이 당시 미끄러지게 한 악귀잡귀 잡령들 전원 추포해서 잡아들여.
악신 : 태어날 때 들어왔었다고 한 귀신들입니다. 그때 저희 악들은 열두대신 수하 79억 명이 들어갔었습니다.

저자 : 추포된 자들 전원 영성과 영체를 소멸시키는 사형집행을 명한다. 중학교 2학년 때, 높이 5미터 다리에서 거꾸로 떨어져 죽을 뻔했는데 이 당시 떨어지게 만든 악귀잡귀 잡령들 전원 추포해서 잡아들여.
악신 : 태어날 때 들어온 귀신들이 그랬습니다. 저희 악들은 도감 수하 32억 4,000명입니다.

저자 : 고혈압과 당뇨 약을 먹고 있는데 질병 일으킨 존재 추

포해서 잡아들여.

귀신 : 나 술 먹을래, 술 줘. 선생님, 술 있어요? 소주, 막걸리, 맥주도 줘봐. 고기도 줘봐. 술안주 할래요. 빨리 줘! 먹게! 먹고 그냥 죽게! 먹고 죽을게요!

저자 : 고혈압과 당뇨병 귀신인데 무슨 술타령을 해?
귀신 : 귀신이 다 달라요. 우린 그런 귀신이었어요. 우린 술 먹고 싶으니까 술 주세요. 뭔 빨간 불이 피어올라? 나보고 돼지래요! 저거 용이야, 난 살아서 암 걸려 죽었었어.

저자 : 무슨 암에 걸렸어?
귀신 : 대장암!(앞에 용을 보고) 용, 네가 더 돼지야!

저자 : 자, 대기하고. 악들 추포한다. 나와.
악신 : 표경 수하 17억 2,000명입니다.

저자 : 오른쪽 귀에서 삐~ 이 소리 나게 하는 존재 추포해서 잡아들여.
귀신 : 아~ 네. 우리는 아이들입니다. 667명이 그렇게 삐~ 소리 나게 했습니다.

저자 : 왜 그런 소리가 나게 한 거야?
귀신 : 우리가 들어가서 그런 소리가 나는 거예요.

저자 : 대기하고. 악들 추포한다, 나와.
악신 : 감찰신명 수하 1,026명, 표경 수하 72억 명입니다.

저자 : 잠잘 때 목젖 옆이 떨려 코골이가 심하다는데 이 존재 추포해서 잡아들여.

귀신 : 59세에 죽은 남자예요. 그 남자 몸으로 74명이 들어갔었습니다.

저자 : 대기하고, 악들 추포한다. 나와.

악신 : 도감 수하 2,470명입니다.

저자 : 간 초음파 검사 결과 간에 물혹이 있다는데 이 존재 추포해서 잡아들여.

악신 : 잡귀신 245명. 천지신명 수하 720,000명입니다.

저자 : 역류성 식도염 일으킨 존재 추포한다. 잡아들여.

귀신 : 나 피곤해. 나 싫어. 아이 겸 어른 중간의 귀신들이래요. 귀신의 세계에서 너무나 오랫동안 고통받았어요. 828명이에요. 선생님! 불사조예요? 그런 게 날아다녀요.

불사조 같은 분이세요? 이런 거 본 적이 없는데? 우리를 어디로 데려가려는 거예요? 이분이 불사조? 하늘의 능력이시라고? 이분의 천지기운과 천지대능력이 하늘의 능력이시라고요. 예? 이분이 제일 싫어하시는 것이 배신하는 것이라고요?

또다시 배신하는 자는 다시는 안 받아주신다고? 배신을 싫어하시나요? 또? 천상에서도 간신배들을 하늘께서는 다 아시고서 이미 처단하셨다고요? 신하들의 마음도 하늘께서는 다 알고 계신대요. 천옥도라는 게 있어요? 저기서 벌 받는 모습… 아… 그럼 우리도 배신자인가요?

류○덕 씨가 여기 폐하를 알현드리도록 류○덕 씨의 조상들도 빌고 빌었다네요. 육신의 조상들이 빌고 빌었대요. 천상에서부터 떨어져서 윤회하는 과정에서도 굉장히 힘들었고, 폐하를 알현드린다는 보장도 없이 그 수없이 많은 윤회를 거치고 거쳐서 이겨내었고 합격해서 지구에 태어나서 미래의 하늘을 알현드리었다고 하네요.

조상들도 공부가 되어야 하고, 조상과 자손도 서로 잘 만나야 한다고요? 서로가 맞아야 폐하를 알현드릴 수 있는 기회를 누릴 수 있고, 공부가 안 된 조상을 만나면 못 만난다고요? 나도 그렇다고요? 나는 조상을 잘못 만나서 귀신이 됐다고요?

다 맞아떨어져야 한대요. 윤회 시절에 고통을 다 이겨내야 지구로 태어날 수 있고, 포기하면 거기서 다른 차원으로 태어난대요. 그렇게 되면 다시는 지구로 태어나지 못한대요. 지구라는 곳은 미래의 하늘께서 탄생하신 행성이기 때문에 그렇게 끝없는 윤회를 거친 후에 왔다고 합니다. 윤회 시절엔 폐하를 알현드린다는 보장도 없는데, 그렇게 무수한 고난을 겪어서 지구로 왔다고 합니다. 그럼 저희 영가들은 이제 어디로 가나요?

저자 : 오늘 소멸돼.
귀신 : 소멸되면 어떻게 돼요?

저자 : 사형 집행된다는데 뭐가 어떻게 돼?
귀신 : 귀신이 또 죽어요?

저자 : 또 죽는다. 너희는 대기하고 악들 추포한다. 나와.

악신 : 천지신명 수하 18억 6,000명입니다.

저자 : 2019년 1월경부터 허리에 통증이 생겼는데 5개월 동안 침을 맞아도 낫지 않고, 요즘엔 왼쪽 무릎과 복숭아뼈가 찌르듯 아프고 양쪽 어깨가 뻐근하게 아파서 고생하고 있다. 일단 허리통증 유발시킨 자들 추포한다. 잡아들여.
귀신 : 여자 귀신 178명. 우리만 있었습니다. 여기 무서운 곳이니까 우린 거짓말 안 해요. 아으~ 뜨거워~!

저자 : 대기하고 악들 추포한다. 나와.
악신 : 표경 수하 34,000명, 하누 수하 17억 2,000명입니다.

저자 : 대기하라. 왼쪽 무릎 아프게 한 존재들 추포하라.
귀신 : 우리는 할머니하고 할아버지가 혼합된 귀신들이고 318명입니다.

저자 : 대기하고 악들 추포한다. 나와.
악신 : 도감 수하 29억 7,000명입니다.

저자 : 대기하고 복숭아뼈가 갑자기 찌른 듯 아프다는데 이 존재들 추포해서 잡아들여.
악신 : 할머니 58명, 감찰신명 수하 320명입니다.

저자 : 대기하고 양쪽 어깨가 뻐근하게 아파서 고생하는데 그 존재들 추포해서 잡아들여.
귀신 : 퇴마사, 법사예요! 우리랑 딱이야. 98명. 위에서부터 신기가 내려와요. 신 제자 만들려고요.

저자 : 제자 만들면 어깨가 안 아파?
귀신 : 네! 신의 조화입니다!

저자 : 대기하고 악들 추포한다. 나와.
악신 : 천지신명 수하 8,198명입니다.

저자 : 비만인데 비만 귀신 추포해서 잡아들여.
귀신 : 저요! 나예요! 나! 우리가 배고파서 먹었어! 내가 제일 많이 먹었고 살찌게 했어요! 여자도 있고 나도 그랬고. 여기 여자 귀신은 살았을 때 몇 킬로였어? 여자 귀신은 94킬로였대. 배고파서?

저자 : 넌 몇 킬로였어?
귀신 : 난 기억이 안 나. 이 여자는 기억한대.

저자 : 몇 명?
귀신 : 하나, 둘… 몇 명이야? 170명! 내가 제일 많이 먹었어. 내 거야. 선생님은 그 몸으로 들어가서 먹지 마세요.

저자 : 그럴 일 없다.
귀신 : 아~ 나 배고프다고! 앙~ 배고파!

저자 : 배고파서 죽었냐?
귀신 : 빵 먹고 싶다. 고기도 먹고 싶다. 빵! 고기! 줘! 배고파! 라면! 국수! 밥! 비빔밥도 먹고 싶어! 콩나물 비빔밥도 먹고 싶다. 콩나물 비빔밥 먹고 싶은 사람 손 들어봐요. 그냥 비빔밥도 있고 삼겹살이랑 술도 먹고 싶어! 다 먹고 싶어!

왜요? 이분 앞에서 그러면 큰일 난다고? 불이 안 보이냐고? 보여~ 빨간 불이 보여. 불화살 같은 것도 보이네. 그걸로 쏘려고요? 와~ 진짜 여기 빨간 용들이 어마어마하게 많네. 옥황천궁에서 내려온 용들이라고? 촌스럽게 빨간 용이라고 말하는 것이 아니라 '적룡'이라고 말하라고요? 여기 잔칫날 아니야? 배고파. 영가들 좋은데 보내준다고 차려놓는데 왜 여긴 그런 게 없어요?

저자 : 여긴 종교가 아니라 하늘의 심판 대법정이니까.
귀신 : 배고파…

저자 : 대기하고 악들 추포한다. 나와.
악신 : 하누 수하 729명, 도감 수하 1,400명입니다.

저자 : 전립선 비대로 인해서 소변이 시원하게 나오지 않는다고 하는데 이 존재들 추포해서 잡아들여.
귀신 : 여자들이고요. 좀 젊은 여자들 48명, 할머니들은 70명이 있었습니다. 아유~ 뜨거워. 불의 심판이라는 게 보이네요. 불의 주인이세요? 불도 다스리세요?

산불도 이분의 기운으로 일어나는 거라고요? 나는 못 봤어. 그럼, 지구는 죄인들이 사는 곳이라고요? 죄인들의 행성이라네요? 죄인들을 가둬놓은 지옥이나 마찬가지라고. 그럼, 아무나 동정하면 안 되겠네요? 그런가 봐…

저자 : 동정할 바에는 이곳에 죗값을 갖다 바쳐야지. 대기하고 악들 추포한다. 나와.
악신 : 도감 수하 7,700명, 열두대신 수하 132억 명입니다.

저자 : 오늘 갑자기 왼쪽 머리가 아프다는데 이 존재 추포해서 잡아들여.

귀신 : 예… 우리 남자아이들입니다. 99명하고요. 남자 어른. 1,070명이 있었습니다. 그 몸에서 안 나갈 거예요!

저자 : 안 나가려고 그렇게 했어? 거기서 영원히 살려고?
귀신 : 네!

저자 : 너흰 대기하고 악들 추포한다. 나와.
악신 : 하누 수하 76명입니다.

저자 : 대기하고 두 눈이 따끔거리고 흐리며 선명하게 보이지 않게 한 존재들 추포해서 잡아들여.
귀신 : 아유, 예… 우리… 사고로 죽은 귀신들이에요. 한 맺힌 억울한 귀신들인데요. 남자들이고 177명입니다.

저자 : 대기하고 악들 추포한다. 나와.
악신 : 도감 수하 70억 명, 열두대신 수하 1,020명입니다.

저자 : 며칠 전부터 오른쪽 종아리 당기며 통증이 있어서 걸음을 제대로 걷지 못하고 절룩거리는데 추포해서 잡아들여.
귀신 : 선생님… 동물령과 사람의 영이 있어요. 할머니들 47명, 고양이의 영혼 28마리가 있었습니다.

저자 : 절룩거리게 한 자 누구야?
귀신 : 우리가 그랬어요. 우리의 집이에요.

저자 : 대기하고 악들 추포한다. 나와.

악신 : 하누 수하 72억 명, 도감 수하 3,800명입니다.

저자 : 초등학교 6학년~ 중학교 1학년 무렵 아버지가 신이 들렸다면서 1주일 동안 무당 불러 신내림 굿을 한 적이 있는데 이 당시 들어온 악귀잡귀 잡령들 전원 추포해서 잡아들여!

귀신 : 하하하! 류○덕은 신의 제자로 가야 한다고! 신의 제자!

저자 : 아비가 신내림을 했는데, 새끼도 신내림 받게 하려고?

귀신 : 나 보살이야, 보살 귀신! 신의 제자로 가야 한다고! 왜 신의 길을 무시하고 평범한 삶을 살려고 하는 거야? 저주를 내리겠다. 신의 제자가 안 되면 자손들에게 계속 내려가!

저자 : 안 내려가. 이곳에 오면 신 제자로 갈 필요 없어.

귀신 : 그런 건 없어요! 신명 거부해서 자살한 자들도 있어요.

저자 : 여기 있는 자들 다 안 받았어.

귀신 : 예? 여기 있는 수많은 사람들은 신이 내린 자들인데 안 받았어요? 그런 이치는 없어요!

저자 : 하늘의 명을 받으면 신 안 받아도 돼.

귀신 : 네? 이분은 하늘의 황태자이시고, 하늘의 명 대행자 이시고, 미래의 하늘이시라고요?

저자 : 이곳에서 하늘이 내리는 명을 받아 하늘 사람 자미천인이 되면 신내림 안 받아도 돼.

귀신 : 류○덕을 계속 아프게 할 거예요!

저자 : 너희들은 오늘 죽어. 너희 몇 명이야?

귀신 : 천도재 지내셨어요? 굿한 적 있죠? 여기 선생님도 기운이 계속 내려오는데~ 신의 길로 가셔야 하는데? 예? 그런 말 하면 큰일 난다고요? 이분에게는 하늘의 기운이 내리신다고요? 하늘의 기운? 하늘이 내린 심판자? 하늘이 내린 대법정. 그런 말이 나옵니다. 그래서요? 류○덕이랑 같이 갈 겁니다.

저자 : 너희도 심판받으려고 그 몸에 들어가 있던 거야.

귀신 : 흥! 안 믿어요!

저자 : 잡혀왔잖아?

귀신 : 가자. 제자들아. 어디로 가야 하냐? 빨간 연기가 자욱하네. 우린 128명! 내 제자랑 같이.

저자 : 대기하고 악들 추포한다. 나와.

악신 : 도감 수하 29명, 표경 수하 32,900명입니다.

저자 : 1999~2000년에 기수련 하는 곳에서 천도선법 천존회를 1년 정도 다니다 가짜 같아 그만두고 홍천 대라천에 4번 정도 갔고, 조상님을 좋은 곳으로 모셔준다는 말에 속았다는데, 그때 들어온 악귀잡귀 잡령들 전원 추포해서 잡아들여.

귀신 : 흑흑흑… 몸이 아파 죽은 귀신들이고요. 그곳에 머물다가 그 남자 몸으로 들어갔었거든요.

저랑 같이 다니던 영가들이 머리 쪽 하고 허리, 가슴 쪽에 많이 들어갔었습니다. 3,080명 정도 돼요. 나 싫어… 여기… 에? 너희들은 죄인들이라 이제 곧 죽게 된다고요? 이분께서 미래 하늘이신 ○ 폐하시고 ○ 폐하의 분노가 세상을 뒤엎고 있다고요?

나는 귀신인데, 무슨 분노인데요? 배신자? 역천자들? 웬 불화살들이 저렇게 많아? 뭐야…? 예? 이분께서 천상에서 신하들과 똑같이 군사훈련을 받으셨다고요? 화살을 당겨서 뽕~! 날아가는 게 보이네요. 활을 엄청 잘 쏘셨다네요? ○ 폐하께서 활을 쏘시는 그런 명칭이 있으시다고요?

아~ '휘형청기도만수황체'라는 활 쏘시는 훈련도 많이 하셨다고요? 폐하께서 활을 쏘실 때의 활의 용어 중의 하나래요. 폐하의 훈련 중에 굉장히 세세한 게 많나 봐요? '휘소불위'라는 것도 보이고요. '휘소불위자미휘황상천기도래 휘솔천열기상호염천휘자미수상용도래' 이런 글씨도 보이네요.

폐하께서는 멋지게 군사훈련도 똑같이 다 받으셨대요. 천상에서도 단계별로 훈련을 받으시는데 황태자이시라고 특혜를 받는 것이 아니었고 일반 병사와 똑같이 받으셨대요.

산악훈련 같은 것 받으실 때도 뒤에서 낙오되는 병사들을 이끌어주시며 보듬어주시고 그런 면도 있으셨다고요? 태상(자미)천궁, 도솔천궁, 옥황천궁이 있는데, 3천궁마다 다니시며 받으시는 고강도의 훈련이 단계별로 있고 다 받으셨다고요?

정말 아주 멋진 분이시네요. 황태자라고 으스대고 하는 것 없이 똑같이 훈련받으시고 병사들을 이끌어주셨다니 진짜 사나이 중의 사나이셨네요! 그리고 폐하께서는 역모 반란이 일어나기 전에 지구로 내려오신 거라고요? 그렇습니까? 그래서 이분께서는 지구에 인간의 육신으로 태어나셨지만 군사 쪽의 기운이 강하셨다네요. 군인, 장군. 그것도 하늘의 기운이셨다고 하네요. 그런 게 강하셨기에 육사에 가시려고도 하셨답니다.

저자 : 천상에서 했던 거 이 땅에서도 똑같이 했어.
귀신 : 이분은 한 마디로 지옥의 화신이랄까요? 와~ 정말 엄청 무섭게 심판하시겠네요. 육사를 생각하시고도 가지 못하신 것이 이 길로 가셔야 하기 때문이고 천상에서 기억이 무의식에 남아 있었기 때문에 그러셨다고 합니다. 10대 시절부터 이상과 포부가 굉장히 크셨다고! 육사 가시려고 했던 길을 하늘께서 막으셨고, 하늘의 길로 가셔야 했기 때문이라는 말이 나옵니다.

저자 : 그게 맞을 거야. 육사 가서 별 달고 장군 됐으면 이 길 들어오기가 쉽지가 않지. 다 정해진 길이었어.
귀신 : 그런데 내가 왜 여기서 이러고 있어야 하지?

저자 : 넌 대기하고 당시 들어온 악들 추포한다. 나와.
악신 : 천지신명 수하 38억 6,000명, 열두대신 수하 1,120억

저자 : 대기하고 홍천 대라천에 갔을 때 들어온 악귀잡귀 잡령들 추포한다. 잡아들여.
악신 : 잡귀신들이 몸을 아프게 하였고 5,120명입니다. 하누 수하 1,700명입니다.

저자 : 중국 장가계에 갔을 때 들어온 악귀잡귀 잡령들 전원 추포해서 잡아들여.
귀신 : 싫어… 싫다고… '어젯밤에도 불었네~ 휘파람 휘파람~'

왜 갑자기 이 노래가 나오는 거죠? 나 몰라요. 이 노래 누구 노래예요? 휘파람 소리가 들려요! 하지 마! 안 들려요? 이 휘파람 소리 나만 들리는 거야? 폐하의 죽음의 휘파람 소리라고요? 누구를 죽이시려고? 우리가 몇 명이냐고요? 2,800명입니다.

저자 : 너희는 중국 귀신이야?

귀신 : 아니요. 다른 차원에 있던 귀신이 땅에 머물러 있던 겁니다. 중국에서 살다 죽은 귀신이 아니라는 겁니다.

저자 : 중국 여행 갔을 때 어디서 달라붙은 거야?

귀신 : 다른 차원에서 왔다니까요. 귀신의 세계가 다양해서. 다 틀리답니다. 중국 황제세요? 용들도 보이고. 뭐야 이거. 그 남자랑 무슨 관계인데요? 류○덕하고. 귀신들이 못 오게 방해했다고요? 태어날 때부터 전생에 인연이 있던 자들도.

이분 덕분으로 살고 있다고요 지금? 자미천인? 하늘의 천인이라네요? 하늘의 천인이 되었고 이분의 기운으로 살고 있다고? 폐하 주변에 검은 불바다가 보이네요. 죽음의 검은 불바다가 이분의 기운으로 나오는 거라고요? 코로나19로 사망한 자들도 저 검은 불바다에서 고통스럽게 벌 받는 거 안 보이냐고? 그것도 다 죄인들이라서? 빨간 불바다도 있고요, 검은 불바다도 있어요. 우리 귀신은 몰라요. 코로나가 뭔지…

저자 : 정보가 뒤떨어지는구나?

귀신 : 귀신이라고 다 아는 거 아니에요! 아는 귀신도 있겠지만, 모르는 귀신도 많습니다.

저자 : 너희는 대기하고 악들 추포한다. 나와.

악신 : 도감 수하 38억 2,000명, 천지신명 수하 11억 명

저자 : 대기하고 국내 사찰인 단양의 구인사에 갔을 때 들어온 악귀잡귀 잡령들 전원 추포해서 잡아들여.

귀신 : 죽어서 제 업을 닦기 위해 거기서 계속 닦고 있다가 그 남자의 몸의 표시를 보고 들어갔었어요.

저자 : 어떤 표시인데?

귀신 : 하늘의 표시요. 그 남자 몸으로 들어갔어요. 940명이에요. 우리는 죽었을 때 동자승의 모습이었어요. 그런 모습으로 업을 닦고 있었대요.

저자 : 대기하고 악들 추포한다. 나와.

악신 : 도감 수하 82억 2,000명

저자 : 대기하고. 월정사 갔을 때 들어온 악귀잡귀 잡령들 추포해서 잡아들여.

귀신 : 우리는 살아서 독립운동했었거든요. 죽어보니까 우리가 가야 할 길이 멀더라고요. 좋은 일을 한 게 아니라 진짜 하늘을 만나지 못했다고 들었어요. 우리끼리 귀신의 몸으로 만세를 외치고 있었어요. 그곳에서 계속 떠돌다가, 거기서 업보를 닦으려면 먼 차원으로 가야 한다는데 거기에 머물러야 할 시기가 있었대요. 170명. 너무 힘들어. 여기 왜 이렇게 뜨거워요?

저자 : 대기하고 악들 추포한다. 나와.

악신 : 하누 수하 4,620명, 도감 수하 19,000명

저자 : 대기하고. 공주 마곡사 갔을 적에 들어온 악귀잡귀 잡령들 전원 추포해서 잡아들여.

귀신 : 내가 그 남자 허리에 들어갔었거든요. 아이고, 허리야. 89세에 죽은 할머니야. 그 남자 왔을 때 나 할머니랑 애들이랑 아줌마 귀신 합해서 67명이 들어갔었습니다. 허리로 들어갔어. 힘들어. 허리 아파.

저자 : 대기하고 악들 추포한다. 나와.
악신 : 도감 수하 728명

저자 : 대기하고 화암사 갔을 때 들어온 악귀잡귀 잡령들 전원 추포한다. 잡아들여.
악신 : 승려의 영혼들 210명, 비구니 영혼 52명, 도감의 수하 14,400명

저자 : 대기하고 여수 향일암에 갔을 때 들어온 악귀잡귀 잡령들 전원 추포한다. 잡아들여.
악신 : 여자 귀신들만 670명, 하누 수하 1,720명

저자 : 대기하고 속초 휴휴암에 갔을 때 들어온 악귀잡귀 잡령들 추포한다. 잡아들여.
귀신 : 차 사고로 죽었거든요. 앞에서 오던 차에 빵 부딪혀 죽었어요. 나는 불교 믿었는데 부처님 못 만났어요. 여행 가는 중에 차 사고로 죽었어요. 진짜 죽으니까요, 내가 내 죽은 몸을 보고 있더라고요.

앰뷸런스에서 옆 사람한테 '아저씨 나야 나' 해도 못 듣더라니

까요. 내가 벙거지 모자를 썼었는데, 내 머리가 엄청 박살났더라고요. 나 죽으니까 옷을 그대로 입고 모자를 쓰고 있더라니까. 몸과 모자는 바닥에 떨어져 있고, 부처 못 만났다니까요.

저자 : 대기하고 악들 추포한다. 나와.
악신 : 표경 수하 1,720명, 도감 수하 14,200명

저자 : 쌍계사에 갔을 때 들어온 존재들 추포한다. 잡아들여.
악신 : 천도재 올려주는 법사 귀신들 27명, 승려들 98명, 동자승 110명, 악들은 표경 수하 2,020명, 도감 수하 16,200명

저자 : 대기하고 삼천사 갔을 때 들어온 악귀잡귀 잡령들 추포한다. 잡아들여.
귀신 : 그 아저씨 풍 맞아 죽게 할 거야. 나 완전 입이 돌아갔는데! 나 풍 맞아 죽은 귀신이거든! 풍 맞아 죽어봐라! 나 걷지도 못해. 지팡이 짚고 억울하게 죽었어.

저자 : 죄가 많구나.
귀신 : 여기 고지혈증 귀신이 있다. 풍 한번 맞아볼래요?

저자 : 너나 한 번 더 풍 맞아라.
귀신 : 누구야? 누가 웃어? 어쩔래. 나 풍 맞은 귀신! 40명. 고지혈증, 위염, 풍 맞은 귀신도 있고! 죄가 많아서 그렇다고?

저자 : 죄가 많으니까 그렇게 풍을 맞았지.
귀신 : 선생님, 내가 풍 맞기 전에 마누라랑 딸이 있었는데 애를 못 낳았어. 내가 죄가 큰가 봐. 애비 탓인가 봐. 에구에구.

저자 : 죄 많은 네 죄 탓이지. 악들 추포한다, 나와.

악신 : 열두대신 수하 920명

저자 : 이 외에도 여러 군데 사찰을 구경 다녔다는데, 총 20곳을 다녔구만. 나머지 절 12군데 구경 갔을 때 들어온 존재들 추포한다. 잡아들여.

악신 : 823억 명의 잡귀신. 류○덕 씨가 하늘의 명 받을 표시를 보는 존재도 있기에 많이 들어갔습니다. 도감 수하 76억 명, 하누 수하 17억 2,000명

저자 : 아내에게 붙어서 미쳐 날뛰는 악귀잡귀 전원 추포해서 잡아들여.

귀신 : 예. 나 할머니입니다. 내가 죽을 때 어떻게 죽었는지 아세요? 기억이 사라지는 병. 그러다 죽었어요. 그 여자 몸에 있고요. 그 여자 몸에 또 여기 같이 있는 귀신들, 허리에 붙은 귀신도 있고요. 어깨, 손에 굉장히 많아요. 왜요? 3,320명

저자 : 왜 그 몸에서 날뛰고 있었어?

귀신 : 그게 이유가 있습니까? 영가들이 들어가는데, 어떤 이유가 있습니까? 류○덕 씨는 하늘의 명을 받은 자미천인이라고요? 부인이지만 자기 남편이 하늘의 명을 받는 천인이기에 그렇게 하면 안 된다고? 그렇게 함부로 대하면 부인이 더 벌을 받는다고? 뭔 소린지 모르겠어요.

저자 : 하늘의 명을 받은 자인데 함부로 하면 벌 받지.

귀신 : 부인의 삶도 더 힘들어진다고요? 그렇게 하고 있었어요.

저자 : 대기하고 악들 추포한다. 나와.
악신 : 부인 몸에 있던 도감 수하 1,720명

저자 : 2019년 4월에 아내에게 강제로 끌려 제천에 있는 철학관에 갔을 때 들어온 악귀잡귀 잡령들 전원 추포한다. 잡아들여.
귀신 : 우린 거기 있던 신들이야. 뭐? 신이 아니라 귀신이라고? 귀신은 저급한 거고 우린 고차원적인 신들이에요! 595명

저자 : 신하고 귀신하고 뭐가 달라? 대우가 달라?
귀신 : 신은 영적인 공부가 높은 것이고요. 귀신은 업보를 풀어야 하는 저급한 영이잖아요. 왜 우릴 무시해요?

저자 : 하늘의 명을 받아야 신이 되지. 네가 다 알아?
귀신 : 아니에요! 여기 뭐 하는 데예요? 살풀이? 부적은요?

저자 : 안 해! 여긴 하늘의 명 받는 곳이야.
귀신 : 부적해서 붙여줘.

저자 : 너흰 대기하고 악들 추포한다. 나와.
악신 : 천지신명 수하 690명, 열두대신 수하 2억 2,000명

저자 : 경매로 빌라와 아파트를 낙찰받고 입주자 빨리 받으려고 제를 올려서 귀신 부르는 행위를 했는데 이 당시 들어온 악귀잡귀 잡령들 전원 추포해서 잡아들여.

귀신 : 우리는요. 그곳 터에 머물던 영들이에요. 여기 오니까 너무 뜨겁네. 우리 그 몸에 있다 왔는데요. 2,948명. 아! 뜨거워.

저자 : 대기하고 악들 추포한다. 나와.
악신 : 표경 수하 9,162명

저자 : 제천 주위에 고수동굴 구경 갔을 때 들어온 악귀잡귀 잡령들 전원 추포한다. 잡아들여.
귀신 : 사람의 영, 개미의 영혼 728마리, 짐승의 영혼 117마리. 살려주세요. 죽어서 이렇게 혹독한 세계가 있는 줄 몰랐습니다. 죽어서야 알게 되었습니다. 제가 믿고 있던 종교세계에 알려진 천국 세계로 가는 줄 알았는데, 너무 괴롭고 죽어서 끝도 없는 윤회를 하며 고통을 겪으면서 아이고… 너무 힘들어요.

저자 : 잘못한 것도 육신이 살아 있을 때 빌어야 하는 거지, 죽어서는 빌 수가 없어.
귀신 : 어떤 영혼들은요. 어떤 죽음의 세계를 말하는 자들에게는 죽어봐야 안다고 하였는데 죽어서 후회한다고 합니다.

저자 : 죽어서 알면 어떡하냐고? 방법이 없는데.
귀신 : 그래서 이렇게 살려달라고 하지 않습니까?

저자 : 죽어서는 방법 없어. 너희는 기회 박탈됐어. 죗값을 갖고 와야 살려주던가 하지. 대기하고 악들 추포한다. 나와.
악신 : 표경 수하 2,133명

저자 : 천동굴에 갔을 때 들어온 자들 추포해서 잡아들여.
귀신 : 허리 아파 죽겠다. 아이고. 허리하고 다리 쪽으로 들어갔었습니다. 나이 좀 먹은 노인들인데요. 132명이에요. 잘못했습니다. 이제 우린 어디로 가야 해요?

저자 : 대기하고 다음 악들 추포한다. 나와.
악신 : 도감 수하 3억 7,200명

저자 : 대기하고 다음은 노동동굴에 갔을 때 들어온 악귀잡귀 잡령들 전원 추포해서 잡아들여.
귀신 : 전 살아서 술을 좋아했어요. 술 먹고 고스톱 치고 그랬거든요. 그렇게 살다가 죽었는데요. 그 남자 몸으로 들어갔거든요. 자살귀도 있는데 92명

저자 : 대기하고 악들 추포한다. 나와.
악신 : 표경 수하 7,165명, 하누 수하 936명

저자 : 온달동굴 갔을 때 들어온 자들 추포한다.
귀신 : 여자들이고 눈 쪽 하고 성기 쪽에 들어갔습니다. 125명

저자 : 대기하고 악들 추포한다, 나와.
악신 : 감찰신명 수하 526명, 도감 수하 600명

저자 : 대기하고 영월의 고씨굴에 갔을 때 들어온 악귀잡귀 잡령들 전원 추포한다.
귀신 : 그 남자 어깨랑 허리, 배 쪽으로 들어갔거든요. 남자, 여자 다 합쳐서 110명입니다.

저자 : 대기하고 악들 추포한다. 나와.
악신 : 도감 수하 176명

저자 : 대금굴에 갔을 때 들어온 자들 추포한다. 잡아들여.

귀신 : 우리는 아이들 귀신이랑 할머니, 남자 귀신 다 섞여서 지내고 있었는데요. 가슴, 허리 쪽으로 붙었었습니다. 다 해서 414명입니다.

저자 : 대기하고 악들 추포한다. 나와.
악신 : 천지신명 수하 12,900명

저자 : 대기하고. 환선굴에 갔을 때 들어온 악귀잡귀 잡령들 전원 추포해서 잡아들여.
악신 : 50대에 죽은 남자 귀신들 17명, 하누 수하 56억 명, 표경 수하 176억 명

저자 : 백룡굴에서 들어온 자들 추포해서 잡아들여.
귀신 : 여자 귀신 125명

저자 : 대기하고 악들 추포한다. 나와.
악신 : 표경 수하 27만 명, 도감 수하 197,000명

저자 : 화암굴에서 들어온 자들 추포한다, 잡아들여.
악신 : 도감 수하 8,166명, 천지신명 수하 13억 2,000명, 잡귀신 9,600명

저자 : 류○덕 집에 있는 악귀잡귀 잡령들 전원 추포한다. 잡아들여.
귀신 : 우리가 거기서 돌아다니면 남자 몸에 들어가거든요. 애들 840명, 어른들은 1,490명. 먹고 싶어. 쩝쩝, 먹을 거 밥.

저자 : 육신도 없는데 무슨 밥을 먹어?

귀신 : 사람 몸이 있잖아요. 냄새로도 먹을 수 있어요, 우리는. 귀신들마다 다 다르지만.

저자 : 대기하고. 악들 추포한다. 나와.

악신 : 하누 수하 15억 9,000명, 도감 수하 3억 7,000명, 천지신명 수하 126억 명

저자 : 대기하고, 류○덕 배우자 몸에 있는 악귀잡귀 잡령들 전원 추포해서 잡아들여.

악신 : 잡귀들 5,677명, 하누 수하 72억 명, 도감 수하 117,000명

저자 : 다음 류○덕 타고 다니는 자동차에 있는 악귀잡귀 잡령들 추포한다. 잡아들여.

악신 : 도감 수하 6,140명, 잡귀신 1,500명

저자 : 금일 추포된 악들과 잡귀신, 잡령들 전원 영성과 영체를 소멸시키는 사형집행을 명한다. -이상-

이것은 종교의 신부, 목사, 승려, 보살, 무당, 퇴마사, 도인, 법사들이 할 수 없는 영역 밖의 일이다. 종교의 악과 귀신들이 같은 악과 귀신들을 소멸한다는 것은 말이 안 된다. 종교인들 자체가 같은 악들이잖은가?

류○덕이 악귀잡귀 소멸 후에 바로 보내온 내용이다.
악과 귀신들 소멸 후 오늘 일어난 몸의 변화를 올려드립니다.

1. 몸이 너무 가벼워졌습니다.

항상 찌뿌둥하고 묵직한 게 누르고 있는 것 같았는데 너무 가볍습니다.

2. 머리가 맑아졌습니다.

뒷골이 따끔거리고 뻐근하고 무거웠는데 증상이 사라졌사옵나이다.

3. 무릎이 아파서 잘 구부러지지 않았는데 쪼그리고 앉아도 통증이 없습니다.

4. 허리도 아픈 증상이 많이 줄어들었습니다.

태생의 비밀과 전전 전생의 은원의 진실과 평생 궁금하였던 탄생 비밀이 상상 초월이고 경천동지이며 놀라움 그 자체입니다. 탄생에 이렇게 기막힌 내용이 담겨 있을 거라고는 상상도 하지 못하였습니다. 보이스 피싱 당하게 한 귀신들이 태어나기 전부터 소신을 태어나지 못하게 하고 여러 번 죽을 고비를 맞게 하였다 하니 가슴이 먹먹합니다.

어제 폐하를 알현하여 부복하여 있었으면 대성통곡했을 것입니다. 홈페이지를 보라 하시어 소멸 내용 총 6편 중에서 1편의 글 첫머리를 읽는 순간부터 눈물이 앞을 가려 울고 또 울었습니다. 폐하께옵서 아니 계셨사오면 어찌 이런 기막힌 전전 전생의 업보로 인하여 고통과 어려움 겪은 것을 알았겠습니까!

미래 하늘이신 자미황제 폐하께옵서 천상의 전생록을 내리실 때에도 너무도 큰 충격을 받았습니다. 마음속으로는 반란자만 아니길 간절하게 바라며 폐하를 알현했는데 반란자 중에도 대역죄인인 반란군 15부대장이란 황언에 너무도 송구하여 몸 둘 곳을 찾지 못하였습니다.

대역죄인을 살려주시고 몸에 태어나기 전부터 붙어서 죽이려고 온갖 방법을 다 쓰는 악귀잡귀, 귀신들을 소멸하여 주시니 백골이 되고 천만번을 죽었다 다시 태어나도 폐하께옵서 내려주신 은혜를 갚을 길이 없습니다. 살아서도 죽어서도 세세영영토록 폐하를 받들어 섬기겠습니다.

온 세상의 빛과 불이시며 미래 하늘이신 자미황궁의 자미황제 폐하!!! 엎드려 무한하신 사랑에 감사 또 감사 올려드립니다. 황은이 망극하사옵나이다. -류○덕 올려드리사옵나이다-

빛과 불이시며 미래 하늘이신 자미황궁의 자미황제 폐하를 믿고 따르는 전국 각지의 사람들은 감동과 감격, 환희 그 자체이다. 이들도 산전수전 겪으면서 최후의 승리를 거둔 자들이다.

인류의 심판자 겸 구원자로 오신 하늘의 명 대행자께서 하늘의 외동아들이신 천자이시자 황태자로 밝혀지시고, 자미황제 폐하로 관명을 하사받으시기까지 신하 백성들 모두가 마음 졸이며 역천자들의 반란 행위를 지켜보았는데 마지막에 엄청난 선물을 하사받았다.

말 그대로 이 세상 그 어디에서도 찾을 수 없는 대천력, 대도력, 대신력을 갖고 오신 무소불위하신 천지대능력자이셨다.

명을 내리시어 악늘과 귀신들을 추포하시는 인류의 구심점인 자미황궁의 미래 하늘이신 자미황제 폐하를 알현드리는 것은 사람으로 윤회하면서 최고의 행운아가 되는 길이다.

단순히 종교 창시자나 종교 교주, 종교 지도자를 만나는 것이 아니라 미래의 하늘을 알현드리는 경사스러운 일이다. 살아서만 알현드릴 수 있는데 모두에게 기회가 주어지는 것이 아니라 미래 하늘이신 자미황제 폐하께 기운으로 뽑힌 사람들만이 행운의 기회를 얻게 되고, 죽어서는 알현 자체가 절대로 불가하다.

인간 육신의 몸 안에 숨어 있는 하늘의 역천자들인 악들과 귀신들을 심판하시고, 순천자들은 구해 주시기 위하여 인간 육신을 잠시 빌리시어 하강 강림하신 것이니 기회가 항상 있는 것이 아니라 육신이 살아서만 알현의 기회가 주어진다는 점을 명심해야 하고 불확실한 미래를 살아가는 여러분은 서둘러 알현해야 새로운 희망의 길이 열린다.

자신의 운명을 바꾸려면 먼저 조상의 운명을 바꾸어야 하고, 다음은 자기 신과 영혼의 운명을 바꾸어야 인간 육신도 운명이 바뀐다. 그리고 자신의 몸과 가정, 가게, 사업장, 자동차에서 윤회 중인 귀신들과 악귀잡귀들을 소멸해야 한다.

산 사람들의 인생을 무너뜨리고 몰락시키려는 자들이 귀신들이었음이 밝혀졌다. 살아 있는 사람들을 가장 많이 시기 질투하고 망가져서 고통스러워하는 모습을 박수 치고 즐거워하기에 자신의 성공과 출세를 지키려면 악귀잡귀 소멸이 필수적이고 누구든지 우선적으로 이들을 척결하고 세상을 살아가야 한다.

박○형 악귀잡귀 소멸

저자 : 오늘 이 시간은 전남 강진에 사는 박○형이가 왔어야 하는데, 예약이 있다고 해서 못 왔다. 박○형이를 꼬셔서 지난번 카드 도박에서 2천만 원 잃게 한 정○○ 생령, 3혼(심혼, 사혼, 언혼), 부인, 자식새끼들, 선대 직계조상 몽땅, 외가 조상 몽땅, 처가 직계 몽땅, 처외가 몽땅 전원 추포해서 잡아들여. 산 자들은 생령과 심혼, 사혼, 언혼 전원 추포해서 잡아들여.

생령 : 나한테 무슨 볼일이 있어요?

저자 : 너 사기 도박했어?

생령 : 나 안 했어요. 여기 경찰서예요?

저자 : 하늘의 대법정이야. 안 했는데 왜 잡혀왔어? 도박범으로 체포한다. 박○형이 알지?

생령 : 그런데요?

저자 : 왜 사기 도박해서 2천만 원이나 땄어? 어느 놈이 장난친 거야? 네가 그런 거야? 네 조상이 그런 거야? 네 몸에 귀신들이 그런 거야?

생령 : 난 모르죠.

저자 : 그럼 네가 대표로 책임져야지.

생령 : 도박해 보셨어요?

저자 : 아니, 왜?
생령 : 왜요. 스릴 있잖아요.

저자 : 스릴 있으니까 도박하겠지. 도박하는 놈들 잘된 놈 있어? 사람 인생을 다 망치지. 패가망신시키지. 너는 현행범이기 때문에 사형집행한다.
생령 : 박○형이한테 같이하자고 한 것 때문에 그런 겁니까? 같이 놀자고 한 건데 왜요?

저자 : 같이 논 거야? 사기 친 거지? 술 먹이고 고의로 사기 친 거지.
생령 : 남들도 그렇게 노는 거 아니에요? 왜요? 왜 나를 그렇고 그런 부류로 보는 거예요? 무슨 부류요! 그렇게 노는 부류? 선생님은 뭐 하시는 분인데요!

저자 : 하늘의 심판자이다. 너희들 잡아서 심판하려고 왔어.
생령 : 왜, 그런데 도박에 대해서 못 하게 막으면 안 할 것 같아요? 다 해요.

저자 : 오죽하면 박○형이한테 도박꾼들과 술친구들 휴대폰 번호 수신 차단하라고 했을까.
생령 : 그럼 왕따 당해요! 남자들끼리 그렇게 노는 거지 뭘 그렇게 참견해요. 선생님이!

저자 : 인생이 망가지니까 참견하지. 박○형이 내가 아는 것만

해도 1억을 날렸어. 그것도 다 빌려서. 본전 생각나서 또 하고. 그래서 사기도박으로 다 잃고 속상해서 분노 치밀고. 사업하는 자가 사업이나 해야지. 술 먹고 도박하지 말라고 명을 내렸어. 어느 날 전화했지. 천법회도 참석을 잘 안 하고 해서 너 도박했지? 하니까 했다고 이실직고하더라고. 난 기운으로 알지.

생령 : 어떻게 아셨는데요? 도박했는지 안 했는지 기운으로 아셨다고요? 초능력자이신가?

저자 : 기운으로 너도 잡아왔잖아. 너는 전남 강진에 있는데 네 놈을 어떻게 잡아오겠냐?

생령 : 아니. 그걸 본 것도 아니시고, 먼저 박ㅇ형이한테 연락이 온 것도 아니고, 도박한 것 같아서 전화하셨다고요? 와~ 선생님 초능력자시네.

저자 : 초능력 그 이상이다.

생령 : 그럼, 박ㅇ형이 엄청 많이 놀랐겠어요. 선생님 기운으로 다 하시니까 도박 잘하시겠다.

저자 : 난 그런 거 안 해. 너희들을 심판하러 하늘에서 내려왔는데 도박하겠냐?

생령 : 웬 이빨이 뾰족한 자들이 많아? 물고기 인간이에요?

저자 : 네 인간 육신에 있던 악마들이지.

생령 : 죄가 너무 커서 구원받지 못할 존재라고요? 조상도 그렇고 너도 그렇고? 나보고 도박 귀신이래요! 내 몸에 귀신들이 그렇게 많대요. 참… 도박하다가 망해서 자살한 귀신이 내 몸에 달라붙었다고요?

저자 : 정○○ 몸에 있는 도박 귀신들 전원 추포해라.

생령 : (쿨럭) 이런 귀신이 나한테 있었다고요? 술고래에 줄담배에다가… 아니야. 난 나예요! 박○형을 건들지 말라고요? 자미천인? 천인을 건들지 말라고 그러네, 나보고. 자꾸 꼬시지 마? 좋다고 할 땐 언제고 왜 그래요!

저자 : 넌 의도적으로 접근했잖아?

생령 : 그렇게 하고 노는 거라니까요.

저자 : 그래서 박○형이 인생을 다 망쳐놓으려고. 사업하는 친구를 꼬셔서 도박하게 하고.

생령 : 선생님 번쩍번쩍하는 황금의자 얼마나 하려나? 그거 값 좀 나가겠는데요? 그거 팔면 어떨까요?

저자 : 너흰 가지지도 못해.

생령 : 선생님은 사람이 아니시라고? 하늘? 미래 하늘이시라고요? 아니, 하늘이 왜 여기 와 있어요?

저자 : 인간, 조상, 신, 영들 다 심판하고 구원하러 왔지.

생령 : 선생님 머리 위로요 아주 황금색 글씨가 '휘황찬란'이라고 보이네요. 휘황찬란하게 빛난다는 뜻이에요? 휘황찬란하네. 금빛으로 의자도 그렇고 선생님도 그렇고.

저자 : '휘황찬란'이라는 것은 짐을 위해 탄생한 글자다.

생령 : 와- 금색 글씨로 정말 휘황찬란하네요. 번쩍번쩍 빛납니다. 됐죠? 박○형이 건드릴까 봐 그런 거예요? 내가 알아서 할 테니까. 됐죠?

저자 : 넌 오늘 소멸되어 최후를 맞는다. 넌 사형집행 대기하고 도박 귀신 들어와 봐.

귀신 : 술 줘! 술~ 술 내놔! 술 먹고 좀 하게. 난 술이 좀 들어가야 돼. 그래! 살아서 이렇게 살다가 미쳤었다 왜! 흐하하하. 술 먹고 이러다가 죽었다~ 그렇게 사는 사람도 있고, 이렇게 사는 사람도 있는 거지 뭐~ 저기 있는 애들이 팀이야. 우리 여기다 합쳐서 1,494명. 애기도 있고, 남자 여자 귀신도 있고, 종류별로 많아요. 우리 팀이야. 아, 빨리 술 줘! 술 먹고 놀게!

저기 갈치(악마) 내 안주하면 되겠다. 물고기 구워 먹게. 술만 있으면 되겠네. 쩝쩝. 그 남자 몸에서 박ㅇ형이도 봤어요. 왜요? 그렇게 해서 박ㅇ형이를 망가지게 했다고? 우리 귀신들이 들어가기도 했었다고? 도박할 때?

박ㅇ형 몸에도 왔다 갔다 하기도 하고 정신도 흐려놓고, 어떤 할아버지 귀신이 들어가서 더 그런 것도 있다고요? 박ㅇ형이 지금 사업을 폐하의 기운으로 하고 있는데, 우리가 박ㅇ형이를 망치고 있다고? 그러네요? 다 술 먹고 노는 거지~ 왜요?

귀신 중에 도박하다 자살한 귀신도 있습니다. 오토바이 타다가 죽은 귀신도 있고, 술 먹는 할아버지와 여자 남자 귀신 골고루 있습니다. 저 갈치(악마) 귀신이 나보고 깡패 귀신이었대요.

저자 : 네 살아생전 전적이 밝혀지는구나.

귀신 : (악마를 보며) 너 갈치 귀신! 갈치(악마) 깡패! 흥! 그래요. 내가 그렇게 좀. 내가 죽어서 귀신이어서 사람 몸에서 이렇게 하지만, 나도 살았을 때 한때는 잘 나갔다고! 무시하지 말

라고! 어디 예쁜 여자들 없어? 어디 예쁜 여자 좀 있나 보게.

왜 이렇게 남자가 많아요. 남자 싫어! 여자, 여자! (이○숙을 보며) 여기 이 여자가 마음에 들어! 피부가 우유처럼 아주 뽀얗네. 얼굴도 뽀얗고 눈도 예쁘네. 아가씨 결혼했수? 엥? 건들면 큰일 난다고? 폐하의 자미천인, 하늘 사람이라고? 너 같은 귀신이 건들다가는… 여기 갈치(악마)가 그러네요. 하지만 난 저 여자 찜했어요.

내가 찜했어. 갈치(악마) 너 가만 있어. 내 여자야. 귀신이 마음에 들면 들어가면 되는 거지 뭐. 어디 다른 사람 몸에 가서 놀아볼까? 선생님 몸에 들어가 볼까?

저자 : 타 죽으려고?
귀신 : 용들이 지키고 있네. 하늘의 심판자이신데, 너 같은 귀신들은 절대 구원받을 수 없고, 미래 하늘께서 말씀하시는데도 그러니 너네 조상들도 다 똑같다고? 그런데 하늘께서는 하늘에 계셔야지. 왜 여기 땅에 계시냐고요?

저자 : 죄인들 추포해서 심판하는 공무 집행하러 왔다. 저 놈 도박 귀신의 조상들도 전원 추포해서 잡아들여.
귀신 : 조상들도 추포해? 여기 노인들이 내 조상들이야? 다 거지들인데? 거지들이 왜 내 조상이야? 벌 받는 거라고? 조상의 영향을 받는 거라고? 비슷했다고? 난 살았을 때 조상 중에 도박하다 죽은 귀신이 들어갔었다고? 허허허. 어디서 벌 받다가 왔나 봐. 옷도 없고. 박○형 절대 건들지 마, 너희 귀신들?

사업해야 한다고? 폐하 기운으로? 그래서 폐하께 죗값 올려 드려야 하는데, 도박 친구, 술친구들이 방해하고. 앞에 분은 인류의 심판자시고… 아니 그럼 귀신의 심판자도 되십니까? 박○형하고 끊으면 되는 거예요? 우리 귀신들도?

저자 : 그럼. 귀신도 심판한다. 너흰 오늘 죽는다.
귀신 : 죽기 전에 한 번 다시 보고 싶다.

저자 : 또 한 번 하게?
귀신 : 정○○ 몸에 들어가서 박○형이 보고 싶은데 그럼 안 돼요? 선생님도 같이해요~

저자 : 넌, 기회 박탈. 저 놈의 입을 찢어라.
귀신 : 아악~ 입이 찢어져 아프거든요. 이런 귀신들이 있으니 사람 머리를 지배해서 패가망신 당하게 귀신들이 그랬어요. 귀신이 사람 몸에 들어가서 우리 귀신들을 그렇게 하셔도 다른 귀신들이 있는데 어떡하실 거예요?

가게에도 귀신 있다는데요? 꽃대감. 거기 귀신이 도박할 때 몸으로도 들어갔대요. 거기 사업장으로도 들어가고, 몸에도 들어가서 기분 안 좋게 우울하게도 만들고, 지금 상황이 도박으로 돈 잃고 우울하고 슬픈 게 귀신들이 뿌린 거라고? 그렇게 귀신들이 그런 거예요. 망가뜨려서 재미 보는 거예요.

저자 : 너희는 오늘 최후의 날이야.
귀신 : 거기 다른 귀신도 많은데 왜 우리만 그래요! 모든 귀신들을 다 소멸시키시는 그런 분이시라고? 우주 어디에 있든, 지

구만 아니라 우주에 퍼져 있는 귀신들까시 잡아 심판하시는 폐하시라고? 모든 귀신을 다 잡아서 죽이신대요. 하하하! 정말 재밌다! 우주의 귀신을 어떻게 불러. 우주에도 귀신이 있어요?

우주에 귀신이 어딨어요! 여기처럼 머리 푼 귀신도 돌아다니나 봐요? 할아버지, 할머니 귀신도 돌아다니나 봐요? 예? 악신, 악마, 악령, 사탄, 마귀도 잡아들이시는데, 너흰 질 낮은 귀신이라 이러고 있는 거래요. 그러는 갈치(악마) 너는 꺼져! 너는 뭘 높다고 그래? 꺼져! 자꾸 옆에서 잔소리해요! 난 저급 귀신이고, 그러는 너는 뭐 상류층 귀신이냐? 나보고 하류래요!

저자 : 너는 하류층 귀신이 맞아.
귀신 : 그러면 우리 귀신 다른 데 갈 테니까 죽이지만 마세요. 박ㅇ형 몸에서도 나갈게요. 접근도 안 할 테니까 죽이지만 마시라고요!

저자 : 그래도 살고는 싶으냐?
귀신 : 다른 사람 몸에 갈게요. 여기랑 다른 데로. 여기 내 조상님은 맞나 봐요? 다 쭈글쭈글하게 타고 벌 받고, 어떤 조상님은 눈이 없고, 이빨이 다 나가고. 조상이 이렇게 깨닫지 못한 조상들이라 자손도 그 모양이라고? 자손이 안 되는 것도 조상의 탓이에요?

저자 : 너희들 사형집행 대기하고 악들 추포한다. 나와.
악신 : 악은 하누 수하 25억 9,000명, 표경 수하 44억 2,000명, 감찰신명 수하 195억 명, 열두대신 수하 4,144억 명입니다.

저자 : 대기하고 정○○ 몸에 있던 악들 전원 추포한다.
악신 : 천감 수하 345억 명, 천지신명 수하 1,957억 명, 도감 수하 65억 4,900명

저자 : 지금까지 추포된 자들 전원 생령과 3혼, 처, 자식, 직계와 외가 조상, 처 직계와 외가 조상, 도박 귀신들 영성과 영체를 소멸하는 사형집행을 명한다. 다음 박○형 몸에 들어가서 도박하는 귀신들 전원 추포해서 잡아들여.
귀신 : 내 멋대로 살 거야! 말리지 마!

저자 : 너도 도박 귀신이구나.
귀신 : 예? 박○형 몸에 들어간 귀신. 도박한 귀신도 있지만, 술 귀신도 있어요. 뭐? 우리가 잡귀신이라고 무시해? 우리 귀신이 다 합쳐서 8,195명인데 골고루 들어갔어요.

저자 : 거기 술 귀신은 몇 명이냐?
귀신 : 2,000명이 보입니다. 나머지는 제각각.

저자 : 너희들은 언제 들어갔어?
귀신 : 우리 좀 됐어요.

저자 : 오래됐지?
귀신 : 예. 말리지 마! 내 멋대로 살 거야!

저자 : 너흰 대기하고 악들 추포한다. 나와.
악신 : 하누 수하 65억 2,200명, 천지신명 수하 162억 명, 도감 수하 372억 명

저자 : 추포된 자들 전원 영성과 영체를 소멸하는 사형집행을 명한다. 박○형이 출생할 때 들어온 악귀잡귀 잡령들 전원 추포해서 잡아들여.

귀신 : 어… 박○형이 지구에 태어나 황태자이신 ○ 폐하의 명을 받들기 위해서 조상들이 빌고 빌어 태어났나 봐요? 너네 갈치(악마)들도 반란군이었잖아. 그런데 왜 나한테 훈계 질이야? 박○형! 박○형은 그냥 냅둬! 우린 박○형의 아주 오래전의 전전 전생에 연관되어서 들어갔습니다.

이 얘기를 들려주십시오. 사람이 태어나서 들어간 귀신도 제각각이지만, 박○형이는 태어나는 순간 자유분방한 게 있어요. 박○형이한테 그 노래 들어보라 그래요. '청개구리' 싸이의 청개구리. 그 노래 가사를 보면 박○형이 아하 그럴걸요? 황태자이신 ○ 폐하! 싸이 아시죠?

🎵 **청개구리**
나 아주 어렸을 때부터 남 얘기가 안 들려
어려서 그랬을까 하지만 지금도 잘 안 들려
살면서 가장 많이 들었던 말 너 그러다 뭐 될래
살면서 가장 많이 하고픈 말 내가 알아서 할게

그래 나 청개구리 그 누가 제아무리 뭐라 해도 나는 나야
우물 안의 개구리라도 나 행복하니 그래 그게 바로 나야
그래 그게 바로 나야 청개구리 청개구리

맞다고 생각해도 누가 해라 하면 안 들어
아니라고 생각해도 누가 맞다 하면 막 우겨

살면서 가장 많이 들었던 말 너 걱정돼서 그래
살면서 가장 많이 하고픈 말 제발 네 걱정이나 해

그래 나 청개구리 그 누가 제아무리 뭐라 해도 나는 나야
우물 안의 개구리라도 나 행복하니 그래 그게 바로 나야
그래 그게 바로 나야 청개구리 청개구리

Let's Go
개굴개굴개구리가 고래고래고래 소리친다
청 개굴개굴개구리 두 마리가 노래 불러 숨막힌다

꼭 하지 말라는 짓 넌 어쩜 그리 골라하는지
무관심에 상심이 컸던 아이? 날 아는지
넌 몰라 네 생각 따윈 whateva 난 내 맘대로 해
난 돌아이 남 시선 따윈 누가 뭐라던 내 방식대로 Ay!
두고봐 끝에 가 누가 잘되나 봐 부끄러워 부러워할 걸
날 좋아할 걸

저자 : 귀신아, 네가 불러봐.

귀신 : 왜 내가 불러요? 가사 의미를 얘기하는 거예요. 박○형은 어디에도 굴복하지 않아요. 그 노래가 박○형을 위해 만들어진 노래는 아니지만, 그 노래를 보면 박○형에게 해당하는 내용이 있어요. 누구에게도 굴복하지 않고 누구 말도 안 듣고 폐하께 왔어요. 여기서 선생님의 기운으로 말이 나오는데, 살면서 누구한테도 굴복 안하고 폐하만을 위해서 왔고 폐하께로만 굴복했어요.

자미천 161

저자 : 박○형이는 어느 누구에게도 굴복하지 않고 짐에게 와서 굴복했다고 실토를 했다.

귀신 : 맞아요! 저희를 부르시기 전까지 박○형이 몸에서 봤잖아요. 그래서 박○형이 어떻게 했는지 알고, 아, 조상들이 저렇게 기다린 거구나. 박○형이는 하고 싶은 거 다 하고 살아야 돼.

누구의 터치도 받기 싫어. 남자로 태어났으면 너무 모범생으로 살면 재미없어. 남자로 태어났으면 술도 먹고, 담배도 피고, 여자도 만나고 그러고 살아야 하는 거 아닙니까? 그쵸?

아무한테도 굴복하지 않고 여기 황태자이신 ○ 폐하께만 굴복했어요. 크~ 박○형이는 목에 칼이 들어와도 인간한테 굴복하지 않는다는 거예요. 그래 죽이려면 죽여! 난 황태자이신 ○ 폐하께만 굴복한다. 저희가 아주 오래오래 전생에서 인연이 있어서 들어갔습니다. 그래서 저희가 복수심에 태어날 때 들어왔었죠.

아~ 근데 이런 얘기가 나오면 앞에 악이라는 갈치가 걱정스러워서 말하는데, 이런 말들에 대해서 너무 깊게 생각하지 말고 폐하의 기운으로 말이 나오는 거구나 하고. 우리 말을 믿지 말고 폐하의 말만 믿으라고 말이 나옵니다.

저자 : 너희 몇 명이야?
귀신 : 우리가 좀 많습니다. 1조 정도 됩니다.

저자 : 여태까지 밝힌 자 중에 제일 많이 들어왔네. 악들 추포한다. 나와.

악신 : 태어날 때 들어간 악들은 표경 수하 179억 명, 하누 수하 14,000명, 도감 수하 956억 명, 감찰신명 수하 1,642억 명, 영의신감 수하 272억 명입니다.

저자 : 추포된 자들 전원 영성과 영체를 소멸하는 사형집행을 명한다. 박ㅇ형이 간이 무겁다는데 무거운 걸 느끼나? 간에 있는 존재들 전원 추포해서 잡아들여.
귀신 : 아… 우리 할아버지하고 40대에 죽은 남자 영가가 같이 있었습니다. 술을 좋아했는데 모두 745명입니다.

저자 : 너희들이 있으니 계속 술을 퍼먹는구나.
귀신 : 박ㅇ형 몸에서 나오니까 우리가 힘듭니다. 힘들어요.

저자 : 너흰 대기하고 악들 추포한다. 나와.
악신 : 표경 수하만 762명입니다.

저자 : 대기하고 배에 복수 찬 것 같다고 하는데, 복수 차게 한 존재들 악귀잡귀 잡령들 전원 추포해서 잡아들여.
귀신 : 40~50대에 죽은 남자들 1,222명이 들어갔었습니다.

저자 : 너희가 물 차게 만들었어?
귀신 : 거기 있어서 그런 거지. 물 차게 만든 건 아닙니다.

저자 : 너희 살았을 적에 복수 차서 죽은 거 아니야?
귀신 : 그런 할아버지도 있어요. 이 남자는 간암으로 죽었다고 그러고 다 그런 건 아니고 달라요.

저자 : 너희들 대기하고 악들 추포한다. 나와.
악신 : 도감 수하 6,2000명, 열두대신 수하 44억 1,000명

저자 : 위 더부룩하고 소화 안 되게 하는 존재 잡아들여.
귀신 : 우리는 애들 귀신인데 160명이고 어른 귀신은 475명

저자 : 대기하고 악들 추포한다. 나와.
악신 : 하누 수하만 162억 명입니다.

저자 : 잇몸 통증 발생시킨 존재 추포해서 잡아들여.
귀신 : 우리 할머니들입니다. 우리 할머니들 좀 도와주세요. 60명입니다. 우리 아들 좀 찾아주세요. 내가 죽어서 우리 아들한테 못 가서 이러고 있습니다. 이 남자가 꼭 내 아들 같아서 들어갔었슈. 여기 뭐 영가들끼리 만나게 해주고 그런 거 해줍니까? 진짜 아들을 찾아요.

저자 : 대기하고 악들 추포한다. 나와.
귀신 : 남자아이들 또 있네. 남자아이들이 말해 달래요. 여기 할머니가 말 안 했대요. 남자아이들이 모두 37명입니다.

저자 : 치질을 발생시키는 존재 추포해서 잡아들여.
귀신 : 거기 40대에 죽은 남자이고 치질로 죽은 귀신은 1명 이래요. 나머지는 다른 병으로 죽었대요.

저자 : 대기하고 악들 추포한다. 나와.
악신 : 표경 수하 220,000명, 감찰신명 수하 67억 2,000명입니다.

저자 : 대기하고 눈 시력이 2.0으로 좋았었는데 노안이 와서 작은 글자가 보이지 않고 시력이 많이 안 좋아졌다는데 시력 떨어뜨리게 한 존재 추포해서 잡아들여.

귀신 : 나 살아서… 아~ 엄마~ 나 운동했었는데 눈을 다쳤다가 병을 얻어서 죽었어요. 억울해요. 이분은 사소한 그런 얘기를 들어주시는 그런 분이 아니시라고? 선생님의 몸을 보라고? 선생님의 몸으로 보이는 걸 말하래요. 귀신의 눈으로 보이는 게 아니라 선생님의 기운으로 말하는 거래요.

'[자미휘 천통 지통 영통 사통 군통 지살통 멸운통 인공사진통 빈유문추 사인멸통 자미휘] [경사천 도황인존 천지황 자미휘 요유진 천이통]' 천이통이 뭐예요?

저자 : 하늘과 신, 영, 조상들, 만생만물의 모든 말소리를 듣는 불가사의한 신통력이 천이통이야.

귀신 : 하늘의 소리는 폐하라는 분만 들으실 수 있다고요? 어~ 참으로 기네요. 뭔지 모르지만 뱀처럼 아주 길었어요. 아유. 힘들어. 무슨 통 자가 이리 많아요?

저자 : 그래. 그걸 이루려고 많은 자들이 수행하지.
귀신 : 무슨 통 자예요?

저자 : 통할 통.
귀신 : 뭔가 통해야 한다는 거예요?

저자 : 하늘과 땅을 통하고, 신과 영을 통하고.
귀신 : 좋은 건가?

저자 : 그럼, 좋은 거지.
귀신 : 좋은 일 했으니까 좋은 데로 보내주세요.

저자 : 대기하고 악들 추포한다. 나와.
악신 : 열두대신 수하 429억 명, 도감 수하 2,167억 명

저자 : 대기하고 기력이 많이 떨어졌다는데, 술 먹어서 떨어진 건지 스트레스 받아서 떨어진 건지, 기력 떨어지게 한 존재 추포해서 잡아들여.
귀신 : 벽에 붙어 있던 귀신들인데 여자 귀신, 할머니, 남자 골고루 들어가서 기력을 떨어뜨리게 했습니다. 우리 모두 다 합쳐서 826명입니다. 그거 귀신들이에요. 뭘 먹는다고? 보약 같은 거 지어 먹어도 소용없어요.

저자 : 보약 먹어도 소용없다고?
귀신 : 보약이 이기나 귀신이 이기나 한 번 봅시다! 여자 귀신은 박ㅇ형이 마음에 들어서 들어갔답니다. 살아서 결혼 못한 여자 처녀 귀신들이 있는데 박ㅇ형이 몸에 들어갔다고 합니다. 이 여자가 보고 싶대요. 보이지 않는 사랑을 했어요, 저 여자 귀신은 하하하.

저자 : 사람 갖고 노는 게 재밌지?
귀신 : 몸에 피부 안 좋게 하는 귀신도 있어요. 그런 것도 귀신들이 그렇게 하는 것도 있어요. 피부에 뭐 나게 하고 그랬지 너!

저자 : 피부 안 좋게 하는 귀신도 있다?
귀신 : 다양하죠. 보고 싶어 왜? 그 여자 귀신 어떻게 되냐고.

저자 : 오늘 소멸되어 최후를 맞는다.
귀신 : 소멸된대. 소멸이 뭐였더라? 소멸이 뭔지도 잊어버렸어. 기억을 잃어버린 애들도 많대요.

저자 : 죽는다는 뜻이야.
귀신 : 아~ 이 여자가 싫대. 박ㅇ형한테 갈 거래요.

저자 : 가긴 어딜 가, 잡혀왔는데. 악들 추포한다. 나와.
악신 : 기력을 안 좋게 만드는 악들은 하누 수하 622명

저자 : 추포된 자들 전원 영성과 영체를 소멸하는 사형집행을 명한다. 다음은 박ㅇ형의 몸에 있는 자들 악귀잡귀 잡령들 전원 추포해서 잡아들여.
귀신 : 여기 나오니까 뱅글뱅글 도네. 나머지 영들을 빼내신 거예요? 우리 모두 다 포착이 됐다고? 나머지 귀신들 922명

저자 : 악들 추포한다. 나와.
악신 : 천지신명 수하 250,000명, 도감 수하 320,055명

저자 : 전남 강진의 짜장꽃 중식당과 종업원 몸에 있는 악귀잡귀 잡령들 전원 추포한다. 잡아들여.
귀신 : 맛있죠? 여기 아줌마는요 교통사고로 죽은 귀신인데, 살아서는 짜장면집 하던 아줌마래. 나는 술 좋아하던 남자. 내가 거기 손님 끌어들이게 해줄게. 그러니까 나한테 잘해야 돼. 그 사장에게 손님 끌어다 줄게.

여기 여자 사장 말해 봐. 가게 잘하려면 터신에게 대우도 하

고 그래야 하는데 요즘은 그런 게 없어. 가끔씩 제사 올리고 그래야 하는데 그런 게 없어. 거기 죽치고 앉아서 오는 손님 구경하고 그럴까? 맛있다. 한 번 드시러 오실래요? 이 아줌마가 자기 가게래. 한 번 드시러 오시래요.

저자 : 몇 명이야 너희들.
귀신 : 우리? 5억 8,200명. 맛있다. 맛있다.

저자 : 악들 추포한다. 나와.
악신 : 천지신명 수하 524,000명, 감찰신명 수하 12억 9,000명입니다.

저자 : 박○형 숙소에 있는 자들 추포한다. 잡아들여.
귀신 : 나 술! 내 인생에 술이 없으면 안 돼! 술 내놔! 술 줘요! 술 귀신도 있고, 오락 좋아하는 귀신 다 남자들입니다. 우리 다 합쳐서 740명입니다.

저자 : 거기 카드 도박 귀신도 있어?
귀신 : 하여튼 카드 도박 좋아하는 귀신도 여기 있대. 술술술! 그렇지 인생 뭐 있어!

저자 : 그래서 술이나 먹자고?
귀신 : 죽어서 돈을 싸가지고 간대?

저자 : 그래서 일찍 죽었냐?
귀신 : 아니, 일찍 안 죽었는데? 술 좀 주세요!

저자 : 심판하는 하늘의 법정에 와서 무슨 술타령을 해?
귀신 : 박○형 몸이 안 보여. 어딨어? 술 먹고 오락도 좀 하고 살다가 가는 거지. 그러는 너희들은 사후세계가 있는지도 모르는데 죽어서도 못 깨닫고 있다고? 하하하! 저기 갈치(악마)가 그래. 그래! 난 죽어서도 모른다 왜! 난 하고 싶은 대로 살았어! 난 원과 한이 없잖아! 술 줘!

저자 : 술주정도 많이 했구나.
귀신 : 네. 사후세계에서 귀신이지만 하고 싶은 대로 하고 살았어요. 갈치(악마) 귀신! 갈치 넌 이빨 귀신이야! 너나 잘해!

저자 : 완전 코미디다.
귀신 : 코미디 아니고 실화예요! 법정인데 버릇없게 한다고 뭐라 그러네. 내가 죽는다고? 너도 죽겠다. 이빨 갈치 귀신아!

저자 : 악들 추포한다. 나와.
악신 : 하누 수하 940명, 표경 수하 729,800명, 도감 수하 8,068명입니다.

저자 : 타고 다니는 차에 있는 자들 추포해서 잡아들여.
귀신 : 저는 살아서 교통사고로 세상을 뜨게 된 여자예요. 조수석 쪽에서 이러고 있었는데 눈에는 안 보일 거예요. 얌전하게 있었는데 흰 원피스를 입고 있었어요. 그리고 나머지 귀신들은 아줌마, 할머니들이고 차에는 다 여자 귀신이에요.

합쳐서 25명입니다. 안 돼! 아줌마 싫어! 건들지 마! 옆에 자리 내 자리인데, 아줌마가 와서 내 자리 앉으려고 그래. 귀신들끼리도 자리 때문에 차에서 막 싸웠어요. 아줌마는 치마도 안 입었으면서! 이제 우리 어디로 가요?

저자 : 대기하고 박○형이 아버지 몸에 있는 악귀잡귀 잡령들 전원 추포해서 잡아들여.

귀신 : 누가 끄집어냈어? 아이고. 우리가 몇 명이냐면 4억 7,640명입니다. 우리가 그 남자 몸에 있다가 나왔지만 같은 나이대가 아니에요. 젊어서 죽은 자, 중년에 죽은 자 다 달라요.

저자 : 대기하고 악들 추포한다. 나와.
악신 : 표경 수하 275,400명, 열두대신 수하 177억 명, 감찰신명 수하 682,000명입니다.

저자 : 대기하고 박○형의 어머니 몸에 있는 악귀잡귀 잡령들 전원 추포해서 잡아들여.

귀신 : 남자 귀신인데 갑자기 나오게 됐고요. 할머니, 남자, 아이들도 많아요. 나오니까 어지러워. 우리는 2억 2,000명인데 몸에서 나오니까 저려요.

저자 : 사람 몸이 좋구나. 대기하고 악들 추포한다. 나와.
악신 : 표경 수하 176억 명, 감찰신명 수하 35억 명, 도감 수하 126억 명입니다.

저자 : 대기하고 박○형 부모가 사는 집에 있는 악귀잡귀 잡령들 전원 추포해서 잡아들여.

악신 : 집의 귀신 114억 명이고, 악들은 하누 수하 35억 명, 열두대신 수하 12,900명, 천감 수하 650,000명입니다.

저자 : 추포된 자들 전원 영성과 영체를 소멸하는 사형집행을 명한다.

저자 : 전남 강진의 짜장꽃 중식당 홀의 여자 점장이 일하는데 신경 덜 쓰고 자꾸만 사장인 박ㅇ형이를 꼬시려고 하는 여자 점장 생령 추포해서 잡아들여.
점장 : 헤~ 이게 뭐야! 여기 왜 괴물들이 이렇게 있어요? 여기 괴물 다 치워버리세요! 그리고 누구세요? 왜 황금색 의자에 앉아 있어요?

저자 : 미래의 하늘이니까.
점장 : 그게 뭐예요?

저자 : 하늘의 심판자.
점장 : 저한테 무슨 볼일이 있으신대요?

저자 : 볼일? 있으니까 불렀지.
점장 : 저를 유혹하시게요?

저자 : 그럴 일 없다. 네가 그렇게 박ㅇ형이를 유혹하니까 그런 생각을 하는 모양이구나? 왜 박ㅇ형이를 유혹했어?
점장 : 개인적인 일을 물어보지 마세요. 사생활이에요. 괴물 갈치(악마)인가 봐요. 냄새나~ 저리 가.

저자 : 넌 고용된 점장이라는데 영업에 신경 써야지 왜 사장을 꼬시려고 해?
점장 : 사생활이라니까요! 남자 여자 만나서 그러면 안 돼요?

저자 : 맹랑한 것!

점장 : 여기가 더 맹랑하네.

저자 : 왜 그렇게 접근하는 건데?

점장 : 한 번 알아맞혀 보세요.

저자 : 박○형이가 오죽하면 천박한 백여우라고 썼겠냐.

점장 : 에이~ 거짓말! 속으로는 좋아하면서 그렇게 말하는 거 아니에요?

저자 : 박○형이가 안 좋아한대. 오죽하면 돈만 아는 천박한 백여우라고 글을 써서 보내왔을까?

점장 : 거짓말!

저자 : 돈밖에 모르는 천박한 백여우라고 하면서 소신을 꼬시려고만 한다고 썼다.

점장 : 남녀 관계에 신경 쓰지 마세요. 우리 일이에요. 흥!

저자 : 그러니깐 이미지가 좋은 예쁘고 늘씬한 여자를 구했다고 하는데 하나같이 일은 하지 않고 박○형을 꼬시려고만 한다고 그랬다. 그래도 부인할 거야? 돈밖에 모르는 백여우!

점장 : 속으로는 좋으면서 입으로는 아니라고 맹랑한 척!

저자 : 넌 짝사랑하는 거야. 박○형이가 진심으로 좋아하면 그러겠어?

점장 : 에이~ 좋아하면서!

저자 : 허허. 야~, 일하러 왔으면 사업장에서 열심히 일이나 해야지 왜 사장을 꼬시려고 그래?
점장 : 걱정 마세요! 나처럼 예쁜 여자가 있으면 잘되니까.

저자 : 너 몇 살이야?
점장 : 말 안 해요.

저자 : 넌 버릇이 없어서 안 되겠다. 그냥 충고만 해주려고 불렀는데 심판해야겠다. 로봇처럼 일이나 열심히 하게.
점장 : 나 잘린다고요?

저자 : 아니 잘리는 게 아니라 로봇으로 만들어야지.
점장 : 무슨 소리야 이게?

저자 : 생령, 심혼, 사혼, 언혼 소멸시켜서 사장 말 잘 듣는 로봇처럼 일만 하게끔 만들어야지.
점장 : 고급스런 유머를 가지셨네요.

저자 : 고급스런 유머야? 얼굴값 하느냐?
점장 : 무슨 로봇 웃긴다. 정말. 소설가신가 봐요.

저자 : 공상소설 같지? 현실이거든?
점장 : 드라마 작가~?

저자 : 넌 이제 일이나 열심히 해. 월급 많이 준다니까.
점장 : 아니. 일은 열심히 해요!

저자 : 사장이나 홀려가지고 어떻게 좀 해볼까 하는데 이 여자의 심혼(마음의 혼), 사혼(생각하는 혼), 언혼(말하는 혼) 추포해서 잡아들여.

3혼 : 아으, 답답해. 여기 뭐야. 누구세요?

저자 : 하늘의 심판자.
3혼 : 왜 불렀어요!

저자 : 심판하러 잡아왔다.
3혼 : 무슨 심판!

저자 : 죽이는 심판!
3혼 : 왜 죽여요? 선생님이 뭔데!

저자 : 네 사장을 유혹한 죄로 3혼 사형집행을 명한다.
3혼 : 그건 이 여자가 그랬나 보죠. 왜 나한테 그래요! 나가게 해주세요. 아 짜증나.

저자 : 생령과 3혼을 소멸시켜야 일하는 데만 신경 쓰지. 옆에서 매일 붙어서 꼬리나 치면 사업을 제대로 할 수 있겠어? 추포된 자들, 생령과 3혼 전원 영성과 영체를 소멸시키는 사형집행을 명한다. 다음, 박○형이 머리카락에 붙은 모든 악귀잡귀 잡령들 추포해서 잡아들여.

귀신 : 머리카락에 붙어 있던 귀신도 있지만 곤충령도 있습니다. 혼합된 귀신도 있고요. 지금 현재 52,900명입니다.

저자 : 대기하고, 악들 추포한다. 나와.

악신 : 머리카락에 있던 악은 천지신명 수하만 122억 명

저자 : 대기하고 두개골에 붙어 있는 자들 잡아들여.
귀신 : 두개골에 귀신 662억 명입니다.

저자 : 대기하고 악들 추포한다. 나와.
악신 : 도감 수하 47,200명, 표경 수하 90억 명입니다.

저자 : 대기하고 대뇌와 소뇌에 붙은 자들 추포한다.
악신 : 귀신은 7,142억 명, 악들은 하누 수하 2,144억 명, 표경 수하 9,144억 명입니다.

저자 : 이마에 붙은 자들 추포한다. 잡아들여.
악신 : 귀신은 5억 명이고, 악들은 영의신감 수하만 98억 4,000명입니다.

저자 : 양 눈썹에 붙은 자들 추포한다. 잡아들여.
악신 : 귀신은 232억 명이고, 악들은 하누 수하 82억 4,000명

저자 : 양쪽 속눈썹에 붙은 자들 추포한다. 잡아들여.
악신 : 귀신 75억 6,500명, 악들은 하누 수하 87,000명

저자 : 양 눈동자에 붙은 자들 추포한다. 잡아들여.
악신 : 귀신 7,144억 명, 악들은 천지신명 수하 62,000명

저자 : 좌우 콧구멍에 붙은 자들 추포해서 잡아들여.
악신 : 귀신 144억 명, 악들은 감찰신명 수하 270,000명

저자 : 대기하고 콧등에 붙은 자들 추포해서 잡아들여.
악신 : 귀신 13억 명, 악들은 도감 수하 6억 9,000명입니다.

저자 : 아래위 입술에 붙은 자들 추포해서 잡아들여.
악신 : 귀신 884,000명, 악들은 표경 수하 7억 2,200명, 도감 수하 17억 2,500명입니다.

저자 : 아래위 치아에 붙은 자들 추포해서 잡아들여.
악신 : 귀신 380,000명, 악들은 도감 수하 26,000명입니다.

저자 : 대기하고 혓바닥에 붙은 자들 추포해서 잡아들여.
악신 : 귀신 62억 4,000명, 악들은 하누 수하 12,500명

저자 : 입천장과 입안에 붙은 자들 추포해서 잡아들여.
악신 : 귀신 532억 명, 악들은 도감 수하 2,000명, 표경 수하 62억 5,000명입니다.

저자 : 대기하고 목젖에 붙은 자들 추포해서 잡아들여.
악신 : 귀신 7억 2,400명, 악들은 하누 수하 312명입니다.

저자 : 대기하고 편도선에 붙은 자들 추포해서 잡아들여.
악신 : 귀신 847,000명, 악들은 하누 수하 7,122명, 영의신 감 수하 230,000명입니다.

저자 : 양쪽 귓바퀴에 붙은 자들 추포해서 잡아들여.
악신 : 귀신 166,200명, 악들은 도감 수하 7억 7,000명

저자 : 양 귓구멍 속에 붙은 자들 추포해서 잡아들여.
악신 : 귀신 303명, 악들은 감찰신명 수하 25억 명, 표경 수하 64,100명입니다.

저자 : 콧구멍 속 코털에 붙은 자들 추포해서 잡아들여.
악신 : 귀신 450,000명, 악들은 도감 수하 17억 명입니다.

저자 : 대기하고 얼굴에 붙은 자들 추포해서 잡아들여.
악신 : 귀신 8,600명, 악들은 천지신명 수하 540명입니다.

저자 : 대기하고 목구멍에 붙은 자들 추포해서 잡아들여.
악신 : 귀신만 55억 명입니다.

저자 : 외부 목에 붙은 자들 추포해서 잡아들여.
악신 : 동물령 중에 뱀 55마리, 악들은 표경 수하 47,000명

저자 : 대기하고 목부터 머리까지 땀구멍, 털구멍에 붙은 자들 추포해서 잡아들여.
악신 : 귀신 935억 명, 악들은 열두대신 수하 67,200명입니다.

저자 : 대기하고 콧수염에 붙은 자들 추포해서 잡아들여.
악신 : 귀신 25억 명, 악들은 감찰신명 수하 14,000명입니다.

저자 : 턱과 목 수염에 붙은 자들 추포해서 잡아들여.
악신 : 귀신 3억 6,200명, 악들은 표경 수하 4억 2,000명

저자 : 왼쪽 어깨에 붙은 자들 추포해서 잡아들여.

악신 : 귀신 51억 4,400명, 악들은 천지신명 수하 136명, 도감 수하 28억 명입니다.

저자 : 우측 어깨에 붙은 자들 추포해서 잡아들여.
악신 : 262명 귀신, 악들은 하누 수하 140,000명입니다.

저자 : 지금까지 추포된 자들 전원 영성과 영체를 소멸시키는 사형집행을 명한다.

머리와 어깨까지만 했으니 어깨 밑부터 발바닥까지 인체 장기에 숨어 있는 나머지 악들과 귀신들을 하려면 다시 퇴공을 별도로 올리고 해야 할 것이다. 악귀잡귀 소멸에 2시간 30분 소요.

악귀잡귀 퇴치 3일 후 보내온 결과-
소신 몸과 마음이 너무나도 편안하사옵나이다. 영원히 풀 수 없는 숙제를 풀었사옵나이다. 앞으로도 영원토록 열심히 숙제를 풀면서 살아가겠사옵나이다. 이 모든 것이 미래 하늘이신 자미황제 폐하의 황은이사옵나이다.

악귀잡귀 소멸 퇴공 올린 후에 폐하께 올려드린 증상들이 거짓말처럼 깨끗이 청소가 되었사옵나이다. 간이 무겁고 복수가 찬 것들도 언제 그랬냐는 듯 개운하고 잇몸 통증과 치질 증상들도 연기처럼 사라져 버렸사옵나이다.

소신은 술을 많이 마셔서 술이 원인인 줄로 알았사온데, 이 모든 것들이 악들과 잡귀신들의 소행임을 온몸과 마음으로 알게 되었사옵나이다. 술을 마신 다음 날에는 화장실에서 피를 뚝뚝 흘리고, 잇몸이 아파서 아예 음식을 씹을 수가 없었는데, 술이 문제가 아니라 온몸에 붙어 있는 악들과 귀신들의 소행이었음을 확실히 알게 되었사옵나이다.

태어날 때부터 죄인들의 몸에 이렇게 많은 무량대수의 악들이 각종 장기에 붙어서 기생을 하고 있으니 온전한 삶을 살 수가 없었사온데 이런 어마 무시한 진실을 이 세상 그 누가 알고, 방법을 찾아 소멸하겠사옵나이까! 과연 휘소불위 하사옵나이다.

소신 일요일과 월요일에도 직원들과 낚시 가서 상당한 술을 마셨는데 술이 달콤하고, 머리는 더욱더 샤프해지며, 간과 위, 잇몸 통증과 치질 증상은 완전히 언제 그랬냐는 듯 멀쩡하사옵나이다. 이것을 어떻게 말과 글로 설명을 해야 할지를 모르겠사옵나이다. 과연 천기하고도 천비롭사옵나이다.

미래 하늘이신 자미황제 폐하의 위대하사오신 천지기운으로 하나둘씩 등불을 켜 나가듯이 밝혀지고 있사옵나이다. 소신 오랜만에 마른오징어를 꼭꼭 씹어 먹으면서 그 천비로움에 소신 눈물이 나왔사옵나이다. 소신의 작은 소원 중에 하나가 오징어 한 번 시원하게 씹어 먹는 것이었사온데 잇몸, 이빨에 있는 악들과 귀신들을 소멸한 후에 그 소원을 이루었사옵나이다. 황은이 망극하사옵나이다.

술 마신 다음 날에는 화장실에서 피를 뚝뚝 흘려서 정말로 짜증이 났사온데, 소신은 누가 이기나 보자 하고 소신 마음대로 살았사옵나이다. 결국엔 악들과 귀신들을 소탕하기 위한 소신의 타고난 천성이었사옵나이다. 이제는 진실을 알았사옵나이다.

결국엔 범인 한두 명도 아니고 어마어마한 무량대수의 악들과 귀신들을 추포하여서 미래 하늘이신 자미황제 폐하께 지상 대법정 자미황궁으로 추포하여 심판대에 올려서 소멸을 당하였사옵나이다. 이것만이 살길이요! 역사적 소명인 것 같사옵나이다.

미래 하늘이신 자미황제 폐하!
영원히 미천한 인간들의 숙명을 폐하께옵서 풀어주시고 계시사옵나이다. 왜 불가능이 없으시며 이 미천한 소신은 오로지 오매불망 폐하만을 알현드리기 위해서 살아왔는지를 확실히 온몸과 마음으로 체험하였사옵나이다. 자신부터 깨끗해야만이 상대방을 정확히 알고 대응을 할 것이사옵나이다. 본인 육신의 악귀잡귀 소멸은 온 인류의 혁명이사옵나이다.

어서 빨리 퇴공을 올리어 내 몸속부터 깨끗이 청소를 하겠사옵나이다. 위대하사오신 미래 하늘이신 자미황제 폐하! 이 천기함과 천비로움을 글로는 어떻게 다 올릴 수가 없사옵나이다. 그냥 한 차원 업그레이드 된 기분이사옵나이다. -이상-

박○형이에게 도박꾼들, 술친구들 핸드폰 수신 거부하라고 문자로 보내주었더니 수신 거부했다고 한다. 도박꾼들, 술친구들은 사업에 전혀 도움이 안 된다. 장사해서 번 돈 도박으로 모두 날리면 얼마나 허탈할 것인가?

그러니까 박○형이도 여태까지 사귄 자들은 인생에 도움이 되는 자들이 하나도 없고, 먹고 마시고 도박하는 자들뿐이라 다 인연 끊고 사업만 해야지 성공할 수 있다.

이○규 악귀잡귀 소멸(2)

저자 : 이○규. 어제 아침 세일에 더 세일을 안 해준다고 생떼를 부린 고객이 있은 다음부터 고객이 없었다는데, 어제 생트집 부린 손님의 생령과 3혼 추포해서 잡아들여.
귀신 : 아… 매워… 웬 빨간 연기가 피어올라요, 여기?

저자 : 불지옥.
귀신 : 불지옥? 상제님이세요?

저자 : 상제?
귀신 : 아닌 것 같은데, 더 높으신 분 같은데?

저자 : 너도 도교 다녔어?
귀신 : 아니, 보여서 그래요.

저자 : 그래. 미래의 하늘 천상의 주인이야.
귀신 : 저 불은 죽음의 불이에요?

저자 : 그래.
귀신 : 무슨 볼일 있어요?

저자 : 무슨 볼일? 어저께 일. 어제 부산 매장에서 생트집 잡

은 볼일. 깎아줬는데 더 안 깎아준다고 생트집 부린 죄인.

　귀신 : 손님은 왕 아녜요?

　저자 : 왕은 왕이지. 세일에도 규칙이 있을 텐데 네 마음대로 무리한 요구를 해서 하루 장사를 망치게 해? 그래서 잡혀왔어. 이해가 안 되지?

　귀신 : (끄덕끄덕)

　저자 : 넌 종교를 어디 다녀?

　귀신 : 안 다니는데요? 장사하기 싫으면 말던가요? 여기도 옷가게예요? 저거 파는 거예요? 저 사진도 파는 거예요? 한복 얼마예요? 한복 모델이세요?

　저자 : 개돼지들이구나. 여기 잡혀와서 어딘지도 몰라?

　귀신 : 저 구슬에서 빨간 글씨가 나와요.

　저자 : 너 심판하는 구슬이야.

　귀신 : 진짜 불지옥이 있어요? 글씨가 '화수자미화염도' 이런 게 보이네요? 무슨 지옥세상에서? 불이 막 올라가는데요. '자미 O'가 뭐예요?

　저자 : 높은 분 존함이야.

　귀신 : 자미 O? 앞에 계신 분의 존함이에요?

　저자 : 천상에 계신 '옥황천황 폐하'의 존함이야.

　귀신 : 그게 뭐 지옥의 하나 현상이에요? 그건 사람 죽인 나쁜 사람에게만 해당하지 나 같은 사람하곤 상관없어요. 난 법

없이도 살아요.

저자 : 법 없이 살면 죄인이 아니다?
귀신 : 뭐, 옷 때문에 그래요?

저자 : 하늘을 찾지 않은 게 죄야. 죄를 빌지 않은 게 죄.
귀신 : 하늘? 어디 하늘이요? 천국이요, 천당이요?

저자 : 하늘은 여기 계시지.
귀신 : 하늘이 땅에 있어요?

저자 : 그래.
귀신 : 뭘 죄를 빌어요. 안 빌어요. 나 착해요.

저자 : 죄는 아무나 비나? 죄도 공짜로 비는 게 없어.
귀신 : 불 속에 사람들이 불에 타는 것도 보이고 불바다가 보이네요. 저 안에 있는 사람들이 죄인이라고 보이고, 잘못했다 그러는 게 보이네요.

저자 : 거기서 잘못했다고 빌어봐야 아무 소용없어. 육신이 살아 있을 때 잘못했다고 빌어야지. 죗값 준비해서.
귀신 : 지금 또 뭐가 나오냐면요. 여기 지구란 곳에서 사람이 살다가 불이 나는 경우가 있잖아요. 부주의한 사고 같은 걸로. 모든 사람들이 해당하는 경우가 아니지만, 자신의 집에 불이 나면 전 전생에 자신이 다른 사람에게 불을 질러 불로 상대방을 죽였기 때문에 지구에서 그렇게 당하는 거라고 보이네요.

저자 : 그래, 인과응보지. 뿌린 대로 거두는 거야.

귀신 : 모든 게 그러는 게 아니라. 다 다르데요, 사람마다. 그게 전 전생에 연관이 돼서 불에 타 죽거나 집이 불에 홀라당 타버리는 경우가 자신이 어떤 사람에게 불을 질러서 타 죽게 하거나 한 죄를 여기 지구라는 곳에서 받는다고 그러네요.

그때 전 전생에서 어떤 사람을 타 죽게 했어요. 나로 인해서 죽은 영혼이 이번 생에 따라와서 어느 시점에 그 사람을 불로 죽게 하는 영혼이 그런 경우가 있대요. 왜 이런 일이 생겼을까? 내가 불에 타 죽는다고 상상도 못 하잖아요. 그게 전 전생에 연관된 사람이 있대요. 누구를 원망도 하면 안 되네요? 하늘도 무심하시지 하는 사람도 있잖아요.

저자 : 너희가 죄를 지은 대로 받는 거야.

귀신 : 하늘도 무심하시지 하면 구업을 엄청나게 짓는 거라는데요? 난 그런 일은 없겠죠. 난 전생에 그러지 않았을 거야. 난 착한 사람이니까.

저자 : 죽어봐야 알지. 잡혀온 걸 보니 너도 죄가 많아.

귀신 : 여기 앞에 계신 분의 성격이 불이세요? 불보다 더하시다는 데요? 한번 화가 나시면 불같은 성질이라고 있잖아요. 이분이 화가 나시면 입에서 불이 나올 정도래요. 불이 입에서 뿜어져 나온다는데요? 입에서 불도 나오시고, 어떤 때는 칼도 나오신대요.

저자 : 모든 게 다 나가지.

귀신 : 나를 어쩌겠다는 거예요?

저자 : 오늘 잡혀왔으면 사형집행이지.
귀신 : 그거 옷 때문에 그런 거예요? 왜 장사하는 사람들은 잡고 그러는 거예요. 요새 코로나로 어려운 거 모르세요?

저자 : 그럴 수는 있지. 네가 시비 튼 것은 추포되려고 시비 텄지. 네 숨겨진 죄를 밝히려고. 부부의 친가 조상, 외가 조상, 자손과 손주들 생령과 3혼 다 잡아들여.
귀신 : 뭘 옷 사러 갔다가 무슨 일이에요 지금.

저자 : 사소한 일 같지만 넌 죄인이니까 어제 그런 일을 한 것이야.
귀신 : 나 억울해요, 진짜! 앞에 높으신 분 뜨거운 불맛 한 번 보실래요? 왜 나만 당해요?

저자 : 너만 당하는 게 억울해? 죄인이니까 당연히 당해야지. 추포된 저 자의 모든 조상과 자손과 손주들 모두의 추포된 자들 전원 영성과 영체를 소멸시키는 사형집행을 명한다. 악들 나와.
악신 : 잡귀신은 7,400명입니다. 천감 수하 12억 9,000명, 도감 수하 54,200명이 있었습니다.

저자 : 추포된 자들 전원 영성과 영체를 소멸시키는 사형집행을 명한다. 눈이 잘 안 보이게 하는 존재 추포해서 잡아들여.
귀신 : 네, 나 할머니요. 왜 불렀슈?

저자 : 왜 눈을 잘 안 보이게 만들었어?
귀신 : 네? 어떤 남자가 날 넣었대요. 차례대로 들어가서 나온 거라고요? 어디로 가라고? 저게 뭐야? 재물의 주인? 옥황

자미천

천황 폐하? 저기 빨간 용들도 서 있네? 저 지금. 천장이 뚫려서 불화살이 내려오고 있어요. 저걸로 나도 죽이시려나? 천법회에서 하늘의 문이 열리는 거는 폐하께서 황좌에 계실 때만 열리는 거지. 다른 자가 하는 천법회는 귀신들과 악신들의 잔치래요. 절대 그때는 하늘의 문이 열리지 않았대요. 그랬습니까?

저자 : 그래. 몇 명 들어갔어?
귀신 : 이 여자 몸에요? 오늘 보이는 거는요. 3,940명이 보이네. 눈에는 175명.

저자 : 온몸 가렵게 하는 존재 추포한다. 잡아들여.
귀신 : 내가 긁어줄게 언니. 여자 귀신들만 272명. 시원하지 언니야? 어때? 더 긁어줄까? 흐하하. 나는 이 언니 몸을 떠나지 않을 거예요. 우리 거야. 안 떨어져. 거기 가게에도 귀신 엄청 많아요. 가자. 가자. 나와 같이 가자. 가 우리!

저자 : 언제 들어왔냐?
귀신 : 한참 됐어요. 긁어줄게, 시원하잖아, 어때? 때 밀어줄까, 언니야? 머리도 긁어줄게~

저자 : 너희는 살아생전 피부병 앓다 죽었어?
귀신 : 아니요. 자살했어요. 술 먹고 죽은 자, 교통사고로 죽은 자도 있어요.

저자 : 그런데 왜 몸을 가렵게 하는 거야?
귀신 : 왜요? 우리가 하는 대로 하는 거예요.

저자 : 대기하고 허리 아프게 한 자 추포한다. 잡아들여.
귀신 : 할아버지들 95명이 있었습니다. 여기 불 나라예요? 불기둥이 확~ 서 있고요. 이분께 함부로 하면 큰일 난다고? 우리 자손 집에 불난다고? 이분은 태초의 하늘의 천자이시자 황태자이시며 미래 하늘이 되실 분이시라고?

이분이 천상에 계셨을 때, 연치 11살 때 재물천존 옥황천황 폐하께서 계시는 옥황천궁에 가서 공부하시던 모습이 그 시절의 모습이에요? 그때 모든 3천궁을 다니시면서 천상 공부도 하시고. 황태자님 주위로 용들과 대신, 저게 신하예요? 어마어마하게 따라다니네요? 어린 시절부터 공부하셨어요?

불지옥에도 가셔서 공부하셨대요. 단계별로 저렇게 공부를 하시고, 옥황천궁을 기점으로 동쪽 방향으로 3,444억km가 떨어진 행성에서 폐하께 문후를 올려드리러 갔어? 불지옥 체험하시는 날? 그 행성의 이름은 '수지화경염천지화수용태마천'. 옥황천궁과 연관이 있는 행성인가 봐요?

그때는 아직 어리셨네요? 근데 지금은 어른이 되셨어요? 백마가 있어요? 황태자 ○ 폐하의 백마 '앙이'도 같이 따라다니고? 여기 뭐 지금 드라마예요? 소설이에요? 그럼 저 불지옥에 가는 사람들은 죄가 커서 가는 거예요? 지옥의 화신이세요? 왜냐면 지옥세계도 미래의 하늘이 주관하시기 때문이라네요.

지상에서 공무집행을 마치시고 천상에 오르셔도 지구라는 곳의 수많은 곳에서 배신당한 죄인들을 심판에 심판을 더하시고, 지옥을 다니시면서 심판을 하신다고요? 이 땅에서 ○ 폐하를 배신한 자들과 방문, 신문광고, 책을 읽고 비난 험담하며 가슴 아프게 상처를 낸 자들은 천상장부에 명단과 동영상이 실시간으로 기록된다네요. 그래서 이 땅에 살고 있는 죄인들은 숨을 곳도 도망갈 곳도 없대요.

사람이 죽어서 심판을 받고 불지옥에 가면 홀라당 발가벗고요. 타들어가는데 아유~, 사람이 저렇게 타 죽는구나. 그곳에서도 사람의 모습이기에 사람이 살아서 불에 탔을 때의 고통이 그대로 똑같이 느껴진대요.

아무리 영혼의 단계로 올라가는 것이지만은 사람 육신의 고통과 아픔이 그대로 느껴진대요. 여기서 죽는 거랑 똑같대요. 알몸으로 불 속에서 저렇게 타 죽는다고요? 아이고, 뜨거워서 어쩔 줄 모르네. 앗, 뜨거!

미래의 하늘께서 좌정한 상태로 지옥문이 확 열린대요. 이름을 호명하시면 한 사람씩 나와서 몇 월 며칠 어떤 말을 했는지 호통을 치시면서 불지옥의 사자들이 명대로 집어넣으면 보시고 또다시 와서 빌고 불지옥으로 넣고 하는 게 보이네요.

이건 잠깐 보여주시는 거래요! 기운으로! 악-! 잘못했어요! 살려주세요! 불에 타들어간대요! 살려주세요! 잘못했어요! 아악-! 이렇게 불에 타들어가는 고통스럽게 신음을 내면서 타들어가는 모습이래요. 이분이 진짜 지옥의 화신이시군요.

미래 하늘이신 O 폐하를 배신하고 비난 험담하면 불지옥에 가고 그러는 거예요? 저 남자도 불에 타들어가네. 아파하면서. 악-! 잘못했습니다! 아 뜨거워! 야~ 진짜… 빨간 연기가 이렇게 자욱한가 봐요. 인간 육신이 죽으면 살아생전하고 똑같은 고통을 받는다고 하네요. 미래 하늘이신 ○ 폐하를 배신하고 비난 험담하면 이런 무서운 벌을 죽어서도 받는 다네요.

저자 : 죽으면 끝이라는데 저렇게 비명을 지르고 잘못했다고 비는데, 육신이 살아 있을 때만 받아준다. 발바닥 아프게 한 존재 추포한다. 잡아들여.
귀신 : 남자입니다. 647명입니다.

저자 : 살아생전 너희도 발이 아파 죽었어?
귀신 : 우린 거의 당뇨병으로 합병증 나고 힘들어서 죽은 남자들이에요.

저자 : 합병증으로 발목이 다 썩었어?
귀신 : 그런 귀신들도 있어요. 힘들어. 아~, 뜨거워. 왜 이리 뜨거워? 불났어요? 불이야 소리쳐, 불났으면.

저자 : 불지옥이야.
귀신 : 나 살았을 때 화재보험 들었었어요. 지금은 죽었지만.

저자 : 그래, 불났어?
귀신 : 아니, 여기가 너무 뜨거워서 불난 것 같아서 그런 말 하는 거예요.

저자 : 대기하고. 아픈 네 군데 있던 악들 전원 추포한다.
악신 : 아까 말한 잡귀신들은 그들이고, 악들은 하누 수하

자미천

2,420명, 표경 수하 149,000명

저자 : 추포된 자들 전원 영성과 영체를 소멸시키는 사형집행을 명한다. 25년 전 지인의 소개로 부산 거제리에 있는 용왕당이라는 곳에 갔다가 산에 가서 제를 지낸 적이 있다는데 그 날 들어온 악귀잡귀 잡아들여.
악신 : 악들 먼저. 천지신명 수하 58억 6,000명, 열두대신 수하 442,000명, 잡귀신은 여자 귀신들 2,435명

저자 : 대기하고. 그 당시 매장을 마치고 밤에 울산 운수사 절에 몇 번 방문한 적이 있는데 그 당시 들어온 악귀잡귀 잡령들 전원 추포해서 잡아들여.
악신 : 당시 들어간 악들은 도감 수하만 12억 9,000명. 잡귀신들은 5,020명

저자 : 추포된 자들 전원 영성과 영체를 소멸시키는 사형집행을 명한다.

결국, 각자가 뿌리고 행한 대로 거두는데, 천상에서 뿌린 것이 전전 전생에서 이어지고, 전전 전생에서 뿌린 것이 현생에서 이어지고, 현생에서 뿌린 것이 죽음 이후 내생으로 이어진다는 것이 밝혀지고 있다.

만생만물로 번갈아가면서 끊임없이 윤회하는 것이 밝혀지고 있다. 살아서든 전전 전생이든 언제 죄를 짓던 그 죄는 천상록에 기록이 되어 있고, 살아서든 죽어서든 그 죄를 받게 되고 업보에 따라 끝없이 윤회한다는 것이 확인되었다.

죽어서 육신이 없는 영들이 귀신들이고, 악신들은 하늘이 내리시는 명을 받은 고차원적인 영들인데 더 큰 욕심을 채우기 위하여 천상의 주인을 배신하고 반란 괴수 후궁 하누와 황자 표경(서자)의 황위 찬탈 역모 반란에 가담한 악신들이다. 귀신들도 등급이 있고 악신들도 등급이 있고, 서로 간에 본인과 조상들 중에서 전전 전생에서 원한이 맺힌 일이 있으면 현생에서 앙갚음한다는 것이 확인되고 있다.

귀신들도 추포되어 오면 "폐하께서 진짜 미래의 하늘이 맞으시나 봐요?" 저자가 황금빛으로 보이고 수많은 천룡, 황룡, 청룡, 백룡, 적룡, 흑룡들이 호위하고 있는 모습이 보이고, 이들을 데리고 다니니까 상제님, 부처님, 하나님, 미륵천존님, 천지신명님, 진인, 구세주, 구원자, 심판자가 분명하시다고 말한다.

영계에는 대한민국 땅으로 하늘이 하강 강림하시었다고 소문이 파다하게 퍼졌다고 하면서 무수히 많은 신과 영들이 수시로 살려달라고 찾아오는데 참으로 안타까운 일이다. 자손에게 찾아가려고 하여도 찾아갈 수 없다고 한다. 물론 영들마다 차원이 다르기는 하다.

핏줄을 찾아간다 하여도 자손이 하늘세계, 사후세계, 조상세계, 영혼세계, 신명세계에 대해서 관심이 있어야 하는데 돈 버는 이야기, 먹고 노는 이야기에만 혈안이 되어 죽음 이후 사후세계에 대해서는 천하태평이라 말이 먹히지 않는다고 한다.

인간 육신이 있어서 말을 해도 자식들이 돈 들어가는 일이라 선뜻 안 들어줄 것인데, 육신이 없는 귀신의 신분이다 보니까 순수하게 영적으로만 대화를 나누어야 하니 알아듣지 못해서 애간장이 타고 답답한 노릇이라고 한다.

사후세계가 얼마나 두렵고 무서운 세계인지 알려줄 방법이 없으니 발만 동동 구를 수밖에 없단다. 눈에 안 보이고, 귀에 안 들리는 세상이다 보니까 자손들도 인정하지 않아 속이 타고 억장이 무너져 내린다. 그러나 이것 역시 조상들도 살아서는 하늘세계, 사후세계, 영혼세계, 조상세계에 대해서 전혀 관심도 없었고, 대수롭지 않게 생각하며 살았을 것이다.

그러나 막상 죽어서 사후세계에 들어가니 살아생전 생각하였던 사후세계하고는 전혀 딴판인지라 적응 못 하고 슬피 울고 대성통곡하면서 닭똥 같은 눈물을 흘리고 울부짖지만, 자손들의 귀에는 조상들의 통곡 소리가 들리지 않아 목놓아 운다.

말을 못 하는 축생으로 태어나거나 사물로도 태어나니 기가 막힐 일이지만 하소연 할 데가 없다. 살려달라, 구해 달라 소리쳐 불러보아도 살아생전 열심히 받들던 여호와(야훼) 하느님, 하나님, 예수님, 성모님, 석가모니 부처님, 천지신명님, 상제님은 아무런 응답이 없고, 찾아와서 구해 주지도 않더라.

수천조가 넘는 귀신들, 악들, 조상령들, 축생령, 만물령들을 추포해서 심판할 때 무수히 많은 대화를 나누며 사후세계의 무서운 모습들을 생생히 체험하였다. 모두가 좋은 곳으로 보내 달라고 울부짖으며 애걸복걸하지만 살아 있는 자손들이 찾아오지 않는 이상 구원해 줄 수 없다. 구원은 육신이 살아서만 가능한 것이니 산 자들은 정신 차리고 하늘을 알현해야 한다.

정○윤 악귀잡귀 소멸

저자 : 정○윤. 귀 안에 돌이 있다는 이석증을 일으킨 존재 악귀잡귀 잡령들 전원 추포해서 잡아들여.

귀신 : 아우. 아파. 저희 남자 귀신들입니다. 아이고~ 덜덜 힘들어 죽겠네, 지금. 나를 죽여! 아이고 왜요? 저를 집어넣은 거래요. 768명. 악이 직접 와서 얘기하겠다네요.

저자 : 악들 추포한다. 나와.

악신 : ^@#$% (천상의 언어로 예를 올린다.)

저자 : 그래 어떤 말을 하고 싶어?

악신 : 미래 하늘이신 자미황제 폐하. 오늘 이렇게 황제 즉위식을 올리시는 날, 온 우주의 모든 분들, 대신님(천상장관)들, 천상의 천룡, 황룡, 청룡, 백룡, 적룡, 흑룡들이 어마어마하게 내려오셨습니다. 추포된 악들은 표경 수하 94,000명입니다.

저자 : 원인 없는 결과는 없다. 이렇게 몸에 이상을 생기게 해서 그 악들의 존재를 밝히는 단계다. 네 마음에 잘못하고 있는 것을 밝히는 거다. 결국 이석증도 네가 뿌리고 행한 대로 거두는 것이야.

악신 : 폐하께서는 심판하러 오셨습니다. 하늘의 원과 한을 풀어드리는 공사를 집행하지 않습니까?

오늘 이렇게 너무나 기쁘고도 환호의 박수를 칠 날에 하늘에서 내려오신 대신(천상장관)들께서도 울고 있습니다. 폐하 가슴의 응어리, 억울함, 분함으로 옥체는 더 이상 상하시면 안 됩니다. 그렇게 해서 귀에 들어갔었습니다.

저자 : 이석증이 2주 전에 발생했고 이틀 동안 휴가를 내고 쉬어도 진정이 되지 않았는데, 퇴공을 올리고 진정이 되고 머리가 맑아지는 것을 느꼈다. 잠이 너무 많아지고, 온몸 가려움증 일으키는 자들, 오른팔 가려움과 발진을 일으키는 자. 손가락, 발가락에 무좀이 2주가 다 되어가는데, 나아지지 않고 있으며, 계단을 오를 때 왼쪽 다리가 찢기는 통증이 발생한다. 일단 온몸 가려움증, 오른팔 가려움증을 일으키는 자 추포해서 잡아들여.

귀신 : 내가 긁어줄게. 내가 미친 남자거든요. 사랑해! 아저씨 죽으면 내가 아저씨 데려갈 거야. 내가 남잔데요, 왜 사랑하냐면요. 나는 살아서 남자도 좋고 여자도 좋고 양성애자였거든요. 양성애자 귀신 120명입니다.

저자 : 동성애 하려고 몸에 들어갔어?
귀신 : 어쨌든 그 당시에 놀고 있었는데 악귀잡귀 귀신 어쩌고 해서 우리가 들어갔어요. 끝까지 당신을 데려갈 거야. 사랑해~

저자 : 대기하고 악들 추포한다. 나와.
악신 : 도감 수하 667명

저자 : 대기하고. 발진을 일으키는 존재. 추포한다.

귀신 : 그것도 우리가 같이 한 건데요?

저자 : 대기하고 손가락, 발가락 무좀 일으킨 존재 추포한다. 잡아들여.
귀신 : 예~ 그건요. 우리 55세에 죽은 남자예요. 37명의 남자 귀신이 그랬어요.

저자 : 대기하고 악들 추포한다. 나와.
악신 : 하누 수하 870명

저자 : 대기하고 계단을 오를 때 왼쪽 다리가 찢기는 통증 일으키는 존재 추포한다. 잡아들여.
귀신 : 어유~ 나 할아버지 귀신이오. 160명 있었습니다. 나를 죽여라!

저자 : 왜 죽이라는 거야?
귀신 : 나오라 해서 들어간 거예요. 우리는 그때 죽고 싶었거든요. 그래서 나를 죽여~ 그래 죽여~!

저자 : 그래. 죽여주지.
귀신 : 고맙습니다!

저자 : 대기하고 악들 추포한다. 나와.
악신 : 감찰신명 수하 176명

저자 : 오른쪽 엄지손가락에 힘을 주게 되면 통증이 일어나는데 그 존재 추포해서 잡아들여.

귀신 : 할머니, 할아버지가 합쳐진 귀신 모두 642명

저자 : 대기하고 악들 추포한다. 나와
악신 : 하누 수하 975명

저자 : 가끔 심장에 통증을 일으키고, 호흡하는데 폐에 문제가 있어서 그런 것인지 답답하게 하는 존재, 잔기침이 나게 하는 존재, 심장 통증 일으키는 존재부터 추포한다. 잡아들여.
귀신 : 살아서 답답하고, 머리도 아프고. 병원을 그렇게 다니다가 죽었거든요. 난 남자였어요, 347명입니다.

저자 : 대기하고. 악들 추포한다. 나와.
악신 : 도감 수하 9억 7,000명

저자 : 대기하고. 잔기침이 일어나게 하는 존재 악귀잡귀 잡령들 전원 추포한다. 잡아들여.
귀신 : 예! 하하하! 저희들은 아이와 어른 중간의 영혼들입니다. 목 주변에 1,300명이나 들어가 있습니다.

저자 : 거기다 집을 지었어?
귀신 : 네! 악들은 더 많다고 그러네요. 뿔 달린 악마래요. 악마도 있대요.

저자 : 대기하고 악들 추포한다. 나와.
악신 : 하누 수하 197억 명, 표경 수하 759,000명

저자 : 목 아프게 하는 존재 추포해서 잡아들여.

귀신 : 저·· 예··· 여자아이들 740명하고, 남자아이들 216명이 있었습니다.

저자 : 대기하고 악들 추포한다. 나와.
악신 : 도감 수하 3억 7,000명

저자 : 소화되지 않고 속이 쓰리게 하는 존재 추포한다.
귀신 : 나도 아파. 나 귀신이지만 나도 아파. 배가 안 좋아.

저자 : 너도 살아서 속이 그렇게 쓰렸어?
귀신 : 아이고 아파. 710명입니다.

저자 : 저렇게 통증을 느낄 정도로 많이 아파?(정○윤 : 그땐 그렇긴 했는데 지금은 아프지 않사옵나이다. 퇴공을 올리니 잠시 그러더니만 나아졌사옵나이다.) 악들 추포한다. 나와.
악신 : 감찰신명 수하 616명

저자 : 척추가 얼마나 불편한 건데?(정○윤 : 척추가 튀어나온 건지 불편했사옵나이다.) 이 존재 잡아들여.
귀신 : 저는요. 사람이지만 뱀이 합쳐진 그런 귀신이에요. 모두 963명입니다.

저자 : 뱀과 사람이 합쳐지면 상하 어디가 사람이야?
귀신 : 얼굴은 사람과 뱀이 반반씩. 차원으로 옮겨갈수록 몸은 뱀에서 사람으로 변합니다. 저 같은 경우는 여기 사람들이 사는 귀신의 차원에서 62차원으로 이동할 수 있습니다. 눈에 보이지 않는 차원이 있는데 귀신의 단계에서 윤회하고 있다는 겁니다.

저자 : 62차원으로 가면 어떤 변화가 생겨?

귀신 : 제가 살아서 지은 죄와 업보에 따라서 그 차원에 가서 풀어야 한다는 겁니다. 이곳에서 있을 때 들어온 것입니다.

저자 : 대기하고 악들 추포한다. 나와.

악신 : 표경 수하 961명

저자 : 대기하고 집중하면 이마에 돌처럼 묵직하게 느껴지는데 그 존재 추포해서 잡아들여.

귀신 : 선생님, 그 노래 알아요? "♪ 내가 미쳤어~ 내가 미쳤어~" 그런 노래 알아요? 여기 악들이 그러네요. 미래 하늘께서 지구에서 사명을 마치시고 천상에 오르시면 역천자 죄인들이 집에서 뭘 하고, 밖에서는 뭘 했는지 CCTV처럼 다 녹화돼서 보신대요. 지구에서 혼자 하늘의 메시지를 받는다고 하면서 어떤 생각을 했는지 다 기록이 되었고, 폐하께서 심판하신다네요!

지구에서 역천자 죄인들이 종교를 세우고 수많은 사람들을 끌어들여 믿게 하면서 별의별 짓을 했다고 합니다. 다 말했어요. 힘들어서 땀나~. 천상에서 황룡들이 엄청 내려왔다네요. 천상의 주인께서 다스리시는 황룡과 황태자님께서 다스리시는 황룡이 따로 있다는데, 불을 뿜어서 땀이 나고 그러네요.

저자 : 대기하고 악들 추포한다. 나와.

악신 : 하누 수하 1,645명.

저자 : 천상도법주문을 외우면 잡생각으로 가득 차 주문 외우는데 어렵게 하는 존재들 추포해서 잡아들여.

귀신 : 아함~ 졸려요. 하기 싫어요. 나 안 할래! 자고 싶어. 졸려 피곤해~! 우리 애들이에요. 하기 싫어!

저자 : 아이들이 들어오니까 하기 싫구나.
귀신 : 자고 싶어. 하지 마. 아빠 그런 거 하지 마. 그거 하면 뭐 나오는데? 응? 그거 하면 뭐 줄 건데요? 없잖아!

저자 : 하늘이 주시는 기운 받지. 너네들은 안 해도 돼.
귀신 : 안 할 거야. 아빠랑 살 거야.

저자 : 대기하고 악들 추포한다. 나와.
악신 : 감찰신명 수하 142명

저자 : 대기하고 자고 일어나면 머리도 맑고 몸도 가벼운데 요즘은 자고 일어나면 몸이 천근만근 무겁고 힘이 든다. 이 존재 추포해서 잡아들여.
귀신 : 귀신이지만 영적인 그런 차원에서 사람의 피와 사람의 정기를 뺏어 먹는 그런 귀신입니다. 원과 한이 깊어 뺏어 먹는 남자 귀신들이 2,949명입니다. 등과 머리 쪽으로 완전히 달라붙어 있습니다. 우리는 이곳에 와서 귀신들이 하는 것도 보고, 사람들이 하는 것도 보면서 가소롭다 했습니다. 안 떠날 거야.

저자 : 대기하고 악들 추포한다. 나와.
악신 : 하누 수하 5,900명

저자 : 엄마가 임신하여 정○윤이 태중에 있을 때 들어온 악귀잡귀 잡령들 추포한다. 잡아들여.

귀신 : 아효~ 그 땅에 있었던 귀신들입니다. 터신은 아니에요. 땅에 묻혀 있던 귀신들 87,200명이 들어갔습니다.

저자 : 대기하고 악들 추포한다. 나와.
악신 : 도감 수하 36억 7,000명, 천지신명 수하 549억 명, 하누의 수하 19,200명, 표경의 수하 179억 명

저자 : 대기하고 이 땅에 태어날 때 들어온 악귀잡귀 잡령들 추포한다. 잡아들여.
귀신 : 아… 아파… 어지러워. 우리들은 모두 여자 남자 다 합쳐서 이 남자 태어날 때 들어갔는데요. 3,196억 명입니다.

저자 : 많이도 들어왔구나. 그러니까 사람이 탄생하는 게 아니라 악과 귀신들이 탄생하는 거였구나. 이런 진실을 모르고 자녀 출산하면 축하를 해주고 하는데 결국 악들과 귀신들이 탄생하는 걸 축하해 주는구나. 대기하고 악들 추포한다. 나와.
악신 : 하누 수하 6,199명, 표경 수하 11억 2,000명, 감찰신명 수하 1,723억 명. 정○윤 씨가 하늘의 명을 받을 자임을 알고 귀신들이 들어간 거라 합니다.

저자 : 귀신들이 하늘의 명을 알 수 있다?
귀신 : 정○윤 씨의 전전 전생의 다른 행성에서 온 자들도 있어 방해하고 질투가 나서 들어온 자들도 있다고 합니다.

저자 : 대기하고 어릴 때 경기를 수시로 일으키고 쓰러져서 이 당시 죽을 뻔했는데 그 존재들 추포한다. 잡아들여.
귀신 : 저희들이 이 남자 몸 안에 들어가서 그랬는데, 이 남

자가 귀신들의 눈에 칠성 줄이 보여서 경기 나게 했습니다. 할머니들 58명입니다.

저자 : 죽여서 데려가려 했어?
귀신 : 아니, 신 제자로 만들려 했지요. 그렇게 몸을 아프게 해야 뭘 깨닫지 않겠습니까? 신 제자가 되려면 뭔가 일이 생기게 해야지 멀쩡한 자가 신 제자하겠습니까?

저자 : 대기하고 악들 추포한다. 나와.
악신 : 도감 수하 18억 2,400명입니다.

저자 : 어릴 적 절에 갔을 때 들어온 자 추포한다.
귀신 : 여자랑 할아버지가 합쳐진 귀신들 349명입니다.

저자 : 대기하고 악들 추포한다. 나와.
악신 : 표경 수하 675명

저자 : 대기하고 국민학교, 중학교 때 죽음을 떠오르게 한 존재 추포해서 잡아들여.
귀신 : 그것 역시도 아까 할머니들과 경기 일으키게 하고 신제자 만들려 한 존재들입니다.

저자 : 젊어서 등산을 좋아해 산을 많이 다녔는데 그 당시 들어온 자들 추포한다. 잡아들여.
귀신 : 산에서 목매달아 자살한 귀신이고요. 또, 산에 갔다가 집에 와서 죽었어요. 귀신에 빙의돼서요. 그런 귀신이 산에 머물다가 이 남자 몸으로 들어갔고, 그 산에 갔다가 탈 나서

죽은 귀신들이 이 남자 몸으로 들어갔습니다. 모두 다 합쳐서 조상령들까지 12,800명

저자 : 대기하고 악들 추포한다. 나와.
악신 : 하누 수하 279억 명, 표경 수하 37,400명, 감찰신명 수하 272명

저자 : 등산할 때 지나가면서 절이나 암자에도 많이 다녔는데, 정○윤이 태어나면서 현재까지 절이나 암자에 갔을 때 따라 들어온 자들 전원 추포한다 잡아들여.
귀신 : 왜 꺼내~! 아저씨는 우리 거라고! 안 나갈 거야! 우리 버리지 마. 우리 76억 4,000명이에요. 이 아저씨 따라가면 천궁으로 갈 수 있어. 몰래 숨어 있으면 천궁으로 갈 수 있었다고!

저자 : 가긴 어디를 가?
귀신 : 하늘나라 천궁이요!

저자 : 명패(하늘의 명=천인)가 있어야 간다. 악들 추포한다.
악신 : 도감 수하 368억 명, 천지신명 수하 917억 명, 열두대신 수하 175억 명, 하누 수하 30억 7,400명

저자 : 대기하고 심장이 안 좋아 굿을 했는데 그 당시 들어온 자들 전원 추포한다. 잡아들여.
귀신 : 아까 경기를 일으킨 할머니들입니다.

저자 : 집사람이 2번 굿할 적에 들어온 자들 전원 추포해.
귀신 : 그 할머니들하고 동자승들 6,500명. 그리고 장군신

4,800명

    저자 : 대기하고 악들 추포한다. 나와.
    악신 : 천지신명 수하 972억 명, 열두대신 수하 1,677억 명

    저자 : 대기하고 대순진리회에 3번 갔을 때 따라온 존재 추포해서 잡아들여.
    귀신 : 도 닦다가 실패한 할아버지들 129명입니다.

    저자 : 대기하고 악들 추포한다. 나와.
    악신 : 감찰신명 수하 166명

    저자 : 단학선원에 갔을 때 들어온 존재 잡아들여.
    귀신 : 우리 모두 5,898명입니다.

    저자 : 대기하고 악들 추포한다. 나와.
    악신 : 천지신명 수하 92,600명

    저자 : 대기하고 단군교 다니는 일행들을 만났을 때 들어온 존재 추포해서 잡아들여.
    귀신 : 157,000명입니다. 머리 아파요.

    저자 : 대기하고 악들 추포한다. 나와.
    악신 : 감찰신명 수하 4,644명

    저자 : 태어나면서 지금까지 각종 결혼식에 갔을 때 들어온 자들 추포해서 잡아들여.

귀신 : 모두 다 4,498억 명입니다. 떡 줘요! 저거 먹을래! 상제님! 떡 주세요!

저자 : 상제로 보이냐?
귀신 : 네! 떡! 주세요! 우리 죽기 전에 배고파 죽은 귀신도 있어요. 결혼식 가면 음식 많잖아요. 고기도 있고, 떡도 있고, 술도 있고.

저자 : 그동안 많이 얻어먹었잖아?
귀신 : 그게 우리는 필요해요! 상제님! 우리 거지 귀신이라고 무시하는 거예요? 떡 하나 주면 안 잡아먹을게요. 우리 결혼식 가자. 먹으러 가자. 배고파~ 쩝쩝쩝.

저자 : 그래. 저 귀신의 눈에는 짐이 상제로 보이나 본데 그 상제라는 직함도 있어. 자미황제뿐 아니라 자미상제라고도 불린다. 내 어릴 적에 예명이 ○상제야. 한문으로는 틀리지만, 우연을 가장한 필연이지. 자미상제 폐하라고 일반 영들은 그렇게도 부를 것이야. 대기하고 악들 추포한다. 나와.

악신 : 하누 수하 9,448억 명, 표경 수하 7억 7,200명, 천지신명 수하 80억 2,400명, 도감 수하 216억 명

저자 : 태어나면서 현재까지 각종 장례식에 갔을 때 들어온 자들 추포한다. 잡아들여.
귀신 : 억울하게 죽은 남자들이 이 몸에 들어갔습니다. 억울해! 한 많은 여자 귀신까지 합쳐서 38억 3,000명이라고 합니다.

저자 : 무엇이 그렇게 억울해?

귀신 : 살아서 억울한 게 많았어요. 억울하게 만들 거야.

저자 : 대기하고 악들 추포한다. 나와.
악신 : 도감 수하 8,679억 명

저자 : 대기하고 대구의 기수련 단체에 갔을 때 따라 들어온 존재 추포한다. 잡아들여.
귀신 : 할아버지 672명

저자 : 대기하고 악들 추포한다. 나와.
악신 : 감찰신명 수하 5억 7,000명, 천지신명 수하 4,000명

저자 : 장남 몸의 악귀잡귀 추포한다. 잡아들여.
악신 : 하누 수하 988명, 잡귀신 14,000명

저자 : 차남 몸의 악귀잡귀 추포한다. 잡아들여.
악신 : 천지신명 수하 68억 7,000명, 열두대신 수하 50,000명, 잡귀신 1,200명

저자 : 대기하고, 딸 몸의 악귀잡귀 추포한다. 잡아들여.
악신 : 하누 수하 92,600명, 잡귀신 5,644명

저자 : 딸 원룸의 악귀잡귀 잡령들 추포한다. 잡아들여.
귀신 : 남자는 싫어. 여자가 좋아요. 남자는 냄새 나잖아. 난 딸이 좋아. 다시 데려와요, 딸. 우리 거야. 우리 거. 우리랑 결혼할까? 결혼할래. 942명. 우리 거야.

저자 : 대기하고 악들 추포한다. 나와.

악신 : 도감 수하 8,640명

저자 : 대기하고 정○윤의 집에 있는 악귀잡귀 잡령들 전원 추포한다. 잡아들여.

귀신 : 하누 수하 189억 명, 열두대신 수하 34억 8,800명, 표경 수하 91억 7,000명, 잡귀신 52,200명

저자 : 차에 악귀잡귀 잡령들 전원 추포한다. 잡아들여.

귀신 : 사고 나게 할 거야. 이 아저씨 운전할 때 정신 흐리게 해서 사고 나게 해 데려갈 거야. 급발진 나게 할 거야. 우리 차에 계속 있다가 이 남자 정신 흐리멍덩하게 하고 힘들게 만들어 엎어져서 데려가려고요. 644명

저자 : 대기하고 악들 추포한다. 나와.

악신 : 천지신명 수하 77,200명

저자 : 근무하는 직장에 있는 자들 추포해서 잡아들여.

악신 : 하누 수하 9억 2,300명, 표경 수하 1,428억 명, 잡귀신 83억 2,000명

저자 : 지금까지 추포된 자들 전원 영성과 영체를 소멸시키는 사형집행을 명한다.

사람 자체가 귀신들이 거처하는 집이란 사실과 모든 질병, 비명횡사 당하는 것이 귀신 때문이라는 것이 명명백백히 밝혀졌으니 독자 여러분도 악귀잡귀부터 소멸시켜야 한다.

조○애 악귀잡귀 소멸

저자 : 해외 종교시설을 꽤 많이 다녔네? 2007~2011년까지 캄보디아 앙코르와트 궁전 역사유적 답사했을 때 조○애 몸으로 따라붙은 악귀잡귀 잡령들 전원 추포한다. 잡아들여.

귀신 : 저희는 여자들입니다. 그 거리에 머물던 여자 영가들이고, 이 여자의 몸으로 들어 간 것은 3,971명입니다. 남자들은 살았을 때 승려였습니다. 죽어서 계속 영혼의 존재로서 저희들은 수행(윤회)하고 있었고, 여자 몸으로 들어갔고 8,226명입니다.

저자 : 악들 추포한다, 나와.
악신 : 하누 수하 28억 7,400명, 표경 수하 3,972억 명, 감찰신명 수하 722,400명, 도감 수하 62,190명, 천지신명 수하 542억 명

저자 : 캄보디아 바이욤 불교사원에 갔을 때 따라붙은 악귀잡귀 잡령들 전원 추포한다. 잡아들여.
귀신 : 저희는 여자 2,159명이고요. 아이들은 347명, 남자들은 5,128명입니다.

저자 : 대기하고 악들 추포한다. 나와.
악신 : 도감 수하 922억 명, 열두대신 수하 4,192명, 하누 수하 9,477억 명

저자 : 대기하고 2008년도 중국의 용문석굴에 갔을 때 따라 붙은 악귀잡귀 잡령들 잡아들여.

귀신 : 아… 왜 우리를 끄집어냈어요? 이 여자의 어깨와 허리 쪽에 붙은 원귀들입니다. 끝까지 따라 데려가려고 했고 37,400명입니다. 저주를 내릴 거예요. 우리를 이렇게 빼내 놨으니 저주를 내릴 거예요.

저자 : 들어온 너희가 잘못했지 무슨 저주를 내려?

귀신 : 살았을 때 우리는 용문 제자였습니다. 살아서 용을 모셨습니다. 우리를 빼서 어떡하려고요? 선생님! 왜 용이 보입니까? 무얼 하시는 분이십니까?

저자 : 죄인들을 추포하는 하늘이 내린 심판자야.

귀신 : 용을 데리고 다니십니까? 하늘에서 내려오셨어요? 여기 선생님. 지금 머리 위로 글씨가 보입니다. 까맣게 변했다가 하얗게 변했다가 다시 빨갛게 변하는데…

'휘자미황제폐하 휘상용치도영세자미휘
　도만휘상천 염라치형휘상사천 도황자미여생도만 곡성상접'

굉장한 검은빛이 내려오는 게 보이네요. 곡하는 소리가 들려오는 것 같습니다. 검은빛 1,640개, 하얀 흰빛은 6,177개, 붉은빛은 3,544개. 그런 글씨도 보이네요. 중국에서 유명하신 분이신가 봐요.

저자 : 여긴 한국이야. 대기하고 악들 추포한다. 나와.

악신 : 도감 수하 729억 명, 천지신명 수하 8,196억 명, 열두

대신 수하 72,044명

저자 : 대기하고 중국 소림사에 갔을 때 따라붙은 악귀잡귀 잡령들 전원 추포해서 잡아들여.
귀신 : 머리야. 머리 아파요. 나는 이 여자 안 떠나고 가슴에 계속 붙어 있을 거예요. 내가 이 여자 가슴 쪽으로 들어갔었거든요. 329명이 들어갔고, 아이들은 7,200명

저자 : 거기다 집을 지었어?
귀신 : 예, 가슴 쪽과 아이들은 머리 쪽으로도 들어갔어요.

저자 : 대기하고 악들 추포한다. 나와.
악신 : 천지신명 수하 1,722억 명, 도감 수하 62,900명, 표경 수하 3억 7,300명

저자 : 대기하고 중국의 낙량, 정주 일원 불교 유적 답사 갔을 적에 따라붙은 악귀잡귀 잡령들 잡아들여.
귀신 : 네. 목과 가슴으로 붙은 우리는 어린 남자 자살 귀들입니다. 5,270명이 붙었습니다.

저자 : 대기하고 악들 추포한다. 나와.
악신 : 표경 수하 2,966억 명, 하누 수하 1,300억 명, 도감 수하 9,142명, 천지신명 수하 44억 명

저자 : 대기하고 중국 신락 유적지 갔을 때 따라붙은 악귀잡귀 잡령들 전원 잡아들여.
귀신 : 우리는 눈으로 들어갔고요. 눈하고 머리카락 쪽으로

자미천 209

들어간 우리 모두 원혼귀입니다. 우리 천도재를 지내주시는 거예요? 우리 존재들은 569명입니다.

저자 : 대기하고 악들 추포한다. 잡아들여.
악신 : 도감 수하 72,900명, 표경 수하 17억 2,300명, 열두 대신 수하 177억 명

저자 : 대기하고 중국 조양박물관 갔을 때 따라붙은 악귀잡귀 잡령들 추포해서 잡아들여.
귀신 : 터를 지키다 이 여자가 마음에 들어 들어갔습니다. 일부만 들어간 것입니다. 터신 52,400명입니다.

저자 : 대기하고 악들 추포한다. 나와.
악신 : 하누 수하 62,990명

저자 : 대기하고 부산대학교 고고학과 석사과정 재학 당시 학교 주선으로 중국 심양과 조양에서 역사 답사할 때 따라붙은 잡령들 전원 추포해서 잡아들여.
귀신 : 나 안 나가, 싫어! 여기 무서워 싫어! 우리 다시 들어갈 거야. 죽어도 안 나가! 끝까지 여기 있을 거야! 이 여자는 우리 거예요. 안 나간다고요! 이 여자 머릿속에 들어갔었습니다. 혼란스럽게 만들 거야. 네? 몇 명이 뭐가 중요한데요? 안 나간다고요! 선생님이 용이에요? 우리? 많이 있었어요. 91억 4,000명!

저자 : 안 나가고 그 몸에서 살려고?
귀신 : 그래요! 머릿속에서 혼란스럽게 할 거야! 안 나가! 나오니까 답답해.

저자 : 대기하고 악들 추포한다. 나와.

악신 : 표경 수하 1,222억 명, 하누 수하 45억 명, 열두대신 수하 172억 명, 영의신감 수하 4억 2,200명

저자 : 대기하고 2009년 중국 서안 진시황릉 역사유적 답사 시 들어온 악귀잡귀 잡령들 추포한다. 잡아들여.

귀신 : 나오니까 추워~ 우리를 어디다 보내시려고요? 저 검은 빛의 주인이세요? 검은빛과 흰빛, 붉은빛, 저게 다 무엇인가요?

저자 : 심판의 빛이야.

귀신 : 우리는 이미 죽은 영가들입니다. 43,020명입니다. 검은빛으로 누구를 죽이시는 겁니까?

저자 : 너희들을 죽인다.

귀신 : 귀신들만요? 산 사람은요?

저자 : 모두 해당된다. 대기하고 악들 추포한다. 나와.

악신 : 하누 수하 99억 2,000명, 표경 수하 143억 명, 천지신명 수하 62,099명, 도감 수하 4억 7,360명

저자 : 2010년 중국 장군총 등 유적지 답사할 때 들어온 악귀잡귀 잡령들 추포한다. 잡아들여.

귀신 : 가슴과 머리, 코에 붙은 귀신들인데요. 어릴 때 죽어서 거기 터에서 풀어야 할 것이 있었는데 이 여자 몸에 붙었어요. 난 억울해요. 왜 불쌍하다고 생각 안 하시는 거예요?

저자 : 너희는 모두 하늘을 배신한 대역죄인들이니까.

귀신 : 그럼 죄인이 아닌 자가 어디 있는데요?

저자 : 인류 모두가 죄인들이지. 죄를 빌러 올 줄 알아야지.
귀신 : 저희는 억울해요. 비명횡사한 자들을 곱게 해주세요.

저자 : 해주세요? 대역죄인으로 추포되어 온 주제에 앙칼지게 해달라고 명 내리냐? 대기하고 2011년 베트남 호치민, 노트르담 성당 답사할 때 들어온 자들 추포한다.
귀신 : 선생님. 정말 진인이신 것 같습니다. 저희 잘할 테니까.

저자 : 진인이 뭐야?
귀신 : 인류를 구원하실 진인이십니다. 대단하세요. 진인이 맞으세요.

저자 : 인류를 구원하는 게 진인이라? 육신이 살아 있을 때 찾아와야지, 죽어서 찾아오면 어떻게 할 건데? 아무 소용없어.
귀신 : 선생님~ 진인이 맞으세요! 선생님‥ 흑흑흑… 이 불쌍한 귀신들에게도 기회를 한 번만 주세요.

저자 : 기회 박탈, 대기하고 악들 추포한다. 나와.
악신 : 하누 수하 167억 명, 열두대신 수하 62,400명, 도감 수하 3,322억 명

저자 : 대기하고 2013년 라오스 탓루앙 사원 등 불교사원 답사할 때 들어온 자들 추포한다. 잡아들여.
귀신 : 아으… 답답해… 나 이 여자 몸 어깨 쪽으로 붙었고, 가슴 부위에도 붙어 있던 신이에요, 신! 나오니까 답답하네요.

우릴 신이라고 불러주세요. 모두 12,000명입니다. 선생님 몸에서 무슨 빛이 계속 뿜어져 나와요. 날 답답하게 만들어.

저자 : 대기하고 악들 추포한다. 나와.
악신 : 천지신명 수하 977억 명

저자 : 대기하고 2014년 터키 성소피아 성당, 블루모스크 등 이슬람사원 답사할 때 들어온 자들 추포한다. 잡아들여.
귀신 : 여기 싫어! 나 싫어! 몸에 있을래! 여기 무서워! 우리 이 여자 전체 다 들러붙어 있었거든요. 이 여자랑 그냥 살 거야! 우린 여자 원귀입니다. 안 나가! 끝까지 같이 붙어 있을 거야!

넌 우리의 밥이야. 해볼래요? 안 나간다고! 피곤하게 만들고 힘들게 만들 거야. 마음 아프고 슬프게 만들 거야! 이 여자 몸에서 다 떨어져! 우리 거라고! 다 떨어져! 이 여자를 보는 순간, 이 여자가 맘에 들었어요.

저자 : 너희 걸로 만들겠다고?
귀신 : 이 여자를 59세에 데려갈 거야.

저자 : 왜 59세야?
귀신 : 우리의 계획이 있었어요. 여기 같이 있는 귀신들 중에 그 나이에 죽은 귀신이 많아요. 59세에 죽은 여자 귀신들이 있어. 넌 우리 거야. 우리 가족이야. 우리만 믿고 가!

저자 : 그렇게 억울해?
귀신 : 예. 그렇습니다. 이 세상 참 힘들지? 이 세상 사람들

다 멍청이 같지? 그래! 이 세상은 그렇게 더러운 세상이야! 이 세상은 착하게 살 필요 없어. 착하게 살면 더 억울한 세상이야. 그런 세상에 미련이 뭐가 남아? 미련도 없어! 우리랑 같이 살다가 59세에 가는 거야. 우리가 신으로 만들어줄게.

저자 : 너희가 신으로 만들 그런 재주가 있어? 귀신들이?
귀신 : 선생님, 사람이 더 오래 살아서 뭐해요? 여기 59세 죽은 여자도 그럽니다. 착하게 살아도 억울한 일만 당하고 자기만 손해 보는 일만 생기고, 이 여자는 병으로 죽었답니다. 세상은 왜 이리 더러운 거예요? 그러니 죽어야지. 착하게 살았대요.

저자 : 그건 인간세상에서 착하게 산 거고, 하늘을 찾아다녔어? 하늘께 찾아와서 천상과 전전 전생의 죄를 빌어봤어?
귀신 : 무슨 하늘이요! 여기는 하나님 믿었답니다.

저자 : 여호와 하나님 자체가 가짜이고 역천자야.
귀신 : 그런 거는 다 필요 없고, 우리는 이 여자만 있으면 돼. 우리 가족이라고, 보지 마! 우리만 봐!

저자 : 저렇게 귀신들이 인간을 보면 들어가서 집을 짓고 살겠다 하고 있으니 사람들이 제 명에 죽을 수가 없지. 저렇게 억울해하잖아?
귀신 : 저주를 내리겠습니다.

저자 : 저주는 네가 받아. 총 몇 명이야?
귀신 : 말 안 해! 말 안 해! 너의 가족은 우리야! 세상. 이 더러운 세상, 미련 갖지 말고 가! 세상은 원래 이렇다고! 억울하

다고!

저자 : 뭣이 그렇게 억울해?
귀신 : 살아서 억울하게 당했다고 그래서 더럽다고.

저자 : 그래. 이 세상은 귀신의 세상, 악들의 세상이야.
귀신 : 흑흑흑~(꺼이꺼이 울면서) 억울해~!

저자 : 대기하고 악들 추포한다. 나와.
악신 : 하누 수하 5,116억 명, 표경 수하 92,400명, 천감 수하 79억 9,000명, 영의신감 수하 1,499억 명, 잡귀신 52,000명

저자 : 2015년 일본에 친구와 놀러 갔다가 오사카에서 생전 처음 가위눌림 현상이 있었다는데, 가위눌리게 한 존재와 일본 갔을 때 따라붙은 존재 전원 추포한다. 잡아들여.
귀신 : 우리는 살았을 때 목을 졸려 죽었습니다. 원한 관계인 자에게 목을 졸려 죽은 저희 영혼들이 44명입니다. 여기 있는 자들이 다 목을 졸려 죽었고, 이 여자 몸에 들어갔습니다. 이 여자를 따라가면 구원받을 수 있을 것 같아 들어갔습니다.

저자 : 대기하고 악들 추포한다. 나와.
악신 : 가위눌릴 때 일본에서 따라붙은 또 다른 원귀들이 있는데 84억 4,000명, 천지신명 수하 172,000명, 하누 수하 147억 명, 표경 수하 993,700명, 도감 수하 14,020명

저자 : 대기하고 2016년 스리랑카 켈라니야, 강가라마야 등 불교사원 답사할 때 따라붙은 악귀잡귀 잡령들 전원 추포해서

잡아들여.

귀신 : 우린 남자 영혼들이고요. 여자 팔 쪽에 붙었습니다. 이 여자가 죽는 순간 데려가려 했습니다. 우린 죽일 그런 능력은 없습니다. 우리 모두 914,800명입니다. 이 여자 우리 것으로 만들어서 머리 깎게 만들 거야. 비구니로 만들 생각이었습니다.

저자 : 이제 기회 박탈.

귀신 : 걱정 마. 저거 보지 마. 저건 악마야. 내가 볼 때 저 남자는 힌두교에서 말하는 악마의 중간 단계로 보여. 보지 마.

저자 : 너희들이 악마니까 그렇게 보이겠지.

귀신 : 악마 아닙니다. 우리는 수행하고 있었습니다. 우리는 이 여자를 죽일 능력은 없지만, 이 여자가 죽을 때 우리랑 같이 올라갈 하늘이 있습니다. 그래서 끝없이 수행하고 있었습니다.

저자 : 그게 부처야?

귀신 : 부처보다 높으신 하늘이십니다.

저자 : 그들이 바로 악들이니라. 전혀 공부가 안 되었구먼?

귀신 : 그게 아니라. 저건 가짜야. 죽어서 수행하다가 깨달은 자가 있다는 겁니다. 부처님이 다가 아니라는 걸 깨달은 자가 있다는 겁니다. 살아서나 죽어서나 수행을 해야 해요. 이 여자는 행운아예요. 우리와 수행을 할 수 있는 행운을 얻었다고요.

저자 : 살아서는 부처 믿었지?

귀신 : 죽어서는 부처님보다 더 높으신 분이 있으시다는 걸 깨달은 겁니다. 얼마나 많은 시간이 걸린 줄 아십니까?

저자 : 미래 하늘인 짐을 못 알아보니 헛수고했구먼?
귀신 : 사탄이잖아요!

저자 : 악들인 사탄과 악마에게 공부만 했으니 그렇게 보이지. 대기하고 악들 추포한다. 잡아들여.
악신 : 표경 수하 9,670억 명, 도감 수하 116억 명

저자 : 팔목에 피부염을 일으키는 존재 잡아들여.
귀신 : 저희는 여자 영혼 180명, 아이들 영혼 99명이 그렇게 들어가 있었습니다. 물에 빠져 죽은 남자 70명도 있었습니다.

저자 : 대기하고 악들 추포한다. 나와.
악신 : 하누 수하 52,000명

저자 : 대기하고 왼쪽 눈에 하얗게 막이 낀 것처럼 하는 악귀 잡귀 잡령들 추포한다. 잡아들여.
귀신 : 아까 눈에 들어간 영혼의 영향도 있고, 길거리에서 붙은 귀신들이 있는데, 할머니 귀신들이 568명이 보입니다. 저희 악들은 천지신명 수하 62,400명

저자 : 조○애 육신에 있는 기타 악귀잡귀 잡령들 전원 추포한다. 잡아들여.
귀신 : 여기 싫어… 엉엉엉… 우리는 몸에 붙어 있던 영혼들입니다. 이 여자의 영혼은 내 거야. 여기 싫어! 짜증 나! 머리 아파!

저자 : 두통과 편두통은 살아생전 머리 아팠던 귀신들이 들어온 증거란 걸 확인해 주고 있으니 약 먹지 말고 이곳에 들어와

자미천　217

서 소멸해야 한다. 대기하고 육신에 있는 모든 악들 추포한다.

귀신 : 남은 잡귀들이 9,400명, 도감 수하 5,420명, 천감 수하 21억 2,000명

저자 : 대기하고 살고 있는 집에 악귀잡귀 잡령들 전원 추포해서 잡아들여.

귀신 : 흑… 그 집에 오래 전부터 머물러 있었는데 왜요? 왜 불렀는데요? 아저씨가 뭔데요!

저자 : 너희들 집이 아니지. 짐은 죄인들을 심판하러 왔다.

귀신 : 살았을 때는요. 저 그래도 열심히 살았어요. 부지런히 살았어요. 그런데 제 나이… 결혼도 못 하고 젊은 나이에 죽었어요. 전 그 집 못 떠나요. 이 여자 사는 모습이 제가 살았을 때 모습 같아서 너무 좋아요. 넌 또 다른 나야. 또 다른 나라고! 무슨 말인지 알겠어요? 안 떠나. 귀신들도 대리만족해요. 됐어요? 됐냐고요! 그냥 지켜보고 있을 거예요. 대리만족할 거예요.

저자 : 끝났어. 몇 명 있었어?

귀신 : 우리 여자들이요? 다른 곳에서 온 여자들이에요. 모두 159명. 전 그 집에서 오래전에 죽었고요. 해치지 않을 테니까 그냥 보게 내버려둬요! 할머니들은 44명, 여자아이는 106명, 남자아이는 78명, 나머지 보이는 거는 까만 뿔이 달린 악마 같은 남자들이 보이는데 귀신이 아니라서 모르겠습니다.

저자 : 대기하고 악들 추포한다. 나와.

악신 : 하누 수하 760,000명, 표경 수하 112,000명, 도감 수하 924명, 천감 수하 116억 명

저자 : 대기하고 타고 다니는 자동차에 있는 자들 전원 추포해서 잡아들여.

귀신 : 엄마~! 싫어! 안 나갈래! 차에 붙어 있던 아이들입니다. 아이들이 290명이 있었습니다. 어른은 없어요. 아이들이고요. 주로 여자들이에요. 우리 엄마도 되고, 언니도 돼요. 우리 엄마 언니예요. 여기 오니까 토할 것 같아! 으억. 저 남자분이 날 죽이려나 봐.

저자 : 대기하고 악들 추포한다. 나와.

악신 : 천지신명 수하 442명

저자 : 지금까지 추포된 자들 전원 영성과 영체를 소멸시키는 사형집행을 명한다.

조○애 : 이번에도 역시 퇴공을 입금하자마자 왼쪽 눈에 있던 하얀 막이 없어지고, 매번 느끼는 거지만 경이롭고 천비로운 기운을 느꼈사옵나이다. 너무나 황은이 망극하사옵고, 육신이 살아 있을 때 끊임없이 퇴공을 올리겠사옵나이다.

저자 : 악귀잡귀 소멸하려고 퇴공을 올리면 즉시 조화의 기운을 느끼는 것을 많은 사람들이 체험했다. 하늘께서 실시간으로 지켜보고 계시기 때문이다. 인간 육신은 입금문자가 와야 아는데, 입금한 순간 하늘께서 기운을 내려주신다. 생존 도법주문도 똑같다. 도법주문 주공을 올리는 순간 하늘께서 주시는 좋은 기운이 각자의 몸으로 내려간다. 인간 육신만 모르지 하늘께서는 기운으로 실시간 다 아시기에 한 치의 오차도 없는 것이다.

자미천   219

손○희 악귀잡귀 소멸

저자 : 대구에 사는 손○희. 사연을 많이 적어 보냈는데 출생할 때 따라붙은 악귀잡귀 잡령들 추포한다. 잡아들여.

귀신 : 나빴어. 왜 우리를 일러바쳐! 우리 모두 977억 명입니다. 우리 일러바쳐서 저 용들에게 우릴 잡아먹히게 할 거지?

저자 : 그래, 저 용들이 너희들을 모두 잡아먹는다. 안 일러바치면 영원히 같이 살려고? 대기하고 악들 추포한다. 나와.

악신 : 하누 수하 292억 명, 표경 수하 177억 명, 감찰신명 수하 10,970명, 도감 수하 6,676억 명, 열두대신 수하 3,472억 명

저자 : 오른쪽 가슴에 흉통이 있어서 퇴공 올리고 통증이 많이 줄어들었다는데 이 존재 추포해서 잡아들여.

귀신 : 흐흐흑… 선생님. 저는 천신신명 제자입니다. 이 여자를 우리의 제자로 만들려는데 실패했었습니다. 이 여자의 몸에서 아프게도 하고 우리의 존재를 계속 아픈 부위를 통해 밝혔는데 이제야 우리를 찾아주었습니다.

이 여자는 천신 선녀로 같이 가야 합니다. 그렇게 해야 몸 아픈 것이 낫고, 우리가 있는 곳으로 갈 수 있어요. 내 말을 믿어요. 몸 아프고 무기력함, 우울증에서 벗어날 수 있고, 성공할 수 있어요. 천신 선녀의 줄로 가야 하는 겁니다.

저자 : 저급하구나. 천상의 비밀도 모르는 모양이구나.

귀신 : 무시하면 안 돼요. 옥황상제님의 줄이기도 해요. 얼마나 신들이 많은데요. 천신 선녀로 가야 돼. 아주 오래전 어릴 적에 들어갔었습니다. 돈도 많이 벌게 해줄게. 살고 싶지 않잖아? 힘들어 이 여자. 천신 선녀 몸주라 그래. 모두 다 버리고 우리 쪽으로 와야 돼. 그래야 우울증에서 벗어나. 병원에 가서도 고쳐지지 않아.

저자 : 너희들은 오늘 영성과 영체가 완전하게 영원히 소멸되기 때문에 아픈 곳이 즉시 고쳐져. 너흰 이제 끝났어. 이렇게 어려서부터 신명이라고 하는 자들이 들어와 있기에 신명 제자 길로 데려가려고 한다.

신병, 무병을 앓다가 신의 풍파가 심해서 견디지 못해 결국 죽기보다 싫은 신내림 굿을 해서 신을 받아 무당, 보살, 법사가 되는 것인데 이들을 소멸시키면 무속인의 팔자가 안 되어도 되고 자손들에게 대물림이 안 된다.

이들이 말하는 신명은 말이 신명이지 천상에서 절대자 하늘께 역모 반란 대역죄를 짓고 지구로 도망치고 쫓겨난 신명들이기에 신내림 굿을 받으면 천상과 전전 전생에서 지은 죄를 비는 기회가 박탈당하여 천벌을 면할 길이 없기에 절대로 굴복하면 안 된다. 대기하고 악들 추포한다. 나와.

악신 : 천지신명 수하 199억 명, 열두대신 수하 3,198억 명

저자 : 대기하고 왼쪽 다리, 무릎 뒤쪽 통증이 심하다는데 이 존재들 추포한다. 잡아들여.

귀신 : 할아버지 179명, 60대에 죽은 남자들 420명. 죄송합니다. 선생님. 잘못했습니다.

저자 : 대기하고 악들 추포한다. 나와.
악신 : 표경 수하 472억 명

저자 : 대기하고 부정적인 생각이 떠오르고 매 순간 짜증이 밀려와 혼잣말로 '짜증 나'를 말하게 되는데, 부정적인 생각을 떠올리게 한 존재부터 추포한다. 잡아들여.
귀신 : 천신 선녀 귀신들이 그런 생각을 하게 하고, 그 외에는 아이들 귀신 24,048명

저자 : 대기하고 악들 추포한다. 나와.
악신 : 천지신명 수하 67,300명

저자 : 대기하고 매 순간 혼잣말로 '짜증 나'를 말하게 한 존재 추포한다. 잡아들여.
귀신 : 그것도 마찬가지로 아까 그 선녀 귀신. '짜증 나'라는 말은 아이들 귀신이고 피곤하게 하고 힘들게 하고 그랬습니다.

저자 : 자기 것으로 만들려고? '짜증 나'를 연발하는데 그때 들어온 악들 추포한다.
악신 : 하누 수하 229명

저자 : 무기력하게 하는 존재 추포해서 잡아들여.
귀신 : 그것도 아까 그 선녀들이 그랬습니다.

저자 : 결국 신병, 무병이라는 것이 이렇게 무기력하고, 짜증 나고, 부정적인 생각이 들게 한다는 것이 확인되었으니 이런 증상이 있는 사람들은 병원이나 무속인 찾아가지 말고 이곳에 찾아와야 한다. 대기하고 악들 추포한다. 나와.

악신 : 도감 수하 62,200명

저자 : 대기하고 멍하게 잠만 자게 하는 자 추포한다.
귀신 : 아이들도 그랬었고, 그 외에도 여자 귀신들이 따로 있습니다. 여자 귀신들이 720명이 보입니다.

저자 : 대기하고 악들 추포한다. 나와.
악신 : 하누 수하 713,000명

저자 : 만사가 귀찮아지게 하는 존재 전원 추포해서 잡아들여.
귀신 : 아까 그들의 존재가 기운을 뿌려댔고, 그 외에도 성인 여자 귀신들이 66명

저자 : 대기하고 악들 추포한다. 나와.
악신 : 표경 수하 472명, 천지신명 수하 173명, 도감 수하 273명

저자 : 집중을 하지 못하게 하는 존재 추포한다.
귀신 : 할머니입니다. 425명. 뭘 하기 싫게 했습니다.

저자 : 대기하고 악들 추포한다. 나와.
악신 : 하누 수하 2,194명. 집중을 못 하게 하는 귀신같은 경우, 작년에 뿌린 기운입니다. 와서 박수 치고 할 때 들어간 귀신.

저자 : 자궁근종 발생시킨 존재 추포한다. 잡아들여.

귀신 : 거기 들어간 여자들이 53명이요. 쓰러질 것 같아. 살아생전에 자궁근종에 걸린 여자도 있고, 심장 쪽에 문제가 있던 자도 있고, 자살한 자도 있고 다 달라요.

저자 : 대기하고 악들 추포한다. 나와.
악신 : 도감 수하 928명

저자 : 건망증을 일으킨 존재 추포한다. 나와.
귀신 : 여자와 선녀랑 아이들.

저자 : 대기하고 악들 추포한다. 나와.
악신 : 천지신명 수하 273,000명

저자 : 옆구리 아프게 하는 존재 추포한다. 나와.
귀신 : 남자들이고요. 이 여자 몸에 붙어서 이 여자를 반드시 우리 걸로 만들어서 데려갈 거예요. 이 여자는 예지력이 있는 여자예요.(귀신들을 보면서) 이 남자는 별자리 운세 보던 남자이고, 이 남자는 해몽하던 남자… 이 여자 몸에 붙어서 같이 갈래.

선생님이 예언가예요? 이 세상에서 말하는 '내가 하늘, 진인'. 이분이 진짜 진인이시고, 이분이야말로 영도자이시라고? 선생님 옆에 용들이 보이는데, 사람의 모습으로 변한 게 보입니다. 사람으로 변해서 엎드려 부복해 있거든요. 선생님 몸 주위로 글씨가 보이는데요.

'황기용백천도만육사천렬추인멸

휘상용기룡구합체 휘상용백사천공도휘천도래' 이렇게 보였습니다. 선생님이 예언가세요?

저자 : 말하는 대로 이루어지니 예언가라고 할 수 있겠지. 일반적인 예언가는 아니고 하늘이 내리신 실체적인 예언가지.
귀신 : 다시 사람이 황금용으로 변했어요.

저자 : 대기하고 악들 추포한다. 나와.
악신 : 하누 수하 774억 명, 도감 수하 27,600명

저자 : 글을 쓰기가 너무나 힘이 들고, 더더욱 생각이 나지 않는데, 글 쓰지 못하게 하는 존재 추포해서 잡아들여.
귀신 : 꽃보살이 데리고 있던 동자령들 40명. 동자 동녀가 672명이 사탕 달라고 난리입니다. 글 쓰지 마. 안 가. 싫어. 선생님은 무서워요. 싫어. 보살한테 가자.

저자 : 애기들이 들어와 있으니까 글쓰기가 싫지. 대기하고 악들 추포한다. 나와.
악신 : 도감 수하 723,000명

저자 : 집에 있는 악귀잡귀 잡령들 추포해서 잡아들여.
귀신 : 우리 영들 모두 8,448명입니다.

저자 : 대기하고 악들 추포한다. 나와.
악신 : 천지신명 수하 43억 2,100명, 열두대신 수하 1,446명, 도감 수하 12억 명

자미천 225

저자 : 남편과 여동생 몸에 있는 존재 잡아들여.
악신 : 잡령들이 143억 명, 하누 수하 7,190명, 표경 수하 27억 2,000명

저자 : 오른쪽 팔하고 어깨, 머리가 아프게 한 존재 추포해서 잡아들여.
귀신 : 예, 우리는 사고로 죽은 귀신들이 83명. 동물령은 뱀 3마리, 강아지 영혼 5마리, 할머니 귀신 17명

저자 : 대기하고 악들 나와.
악신 : 영의신감 수하 1,643명, 도감 수하 980명

저자 : 대기하고 기타 나머지 손○희 몸에 있는 악귀잡귀 잡령들 전원 다 추포한다. 잡아들여.
악신 : 남은 잡령들만 465명, 표경 수하 67억 명, 천지신명 수하 143명

저자 : 지금까지 추포된 자들 전원 영성과 영체를 소멸시키는 사형집행을 명한다.
손○희 : 아까까지는 숨 쉬면 가슴이 결렸사온데 지금은 아무렇지도 않사옵나이다.

저자 : 병원에 가서 나을 병도 있지만 90%가 악귀잡귀 잡령들이 뿌려대는 기운 때문이다.

6일 후 결과-

악귀잡귀를 소멸하기 전 소신은 다리가 많이 아파 정확한 원

인을 알기 위해 병원에 가서 엑스레이를 찍어봤사온데 의사가 하는 말이 연골이 조금 닳기는 했으나 지금 아픈 증세와는 아무 상관이 없다고 하였사옵나이다.

다리가 너무 아파 절면서 다녔사온데 천기하게도 폐하께옵서 계시사온 자미황궁에만 입궁하면 다리를 절지 않고 정상으로 걷게 되었사오며, 며칠 전에는 갑자기 흉통처럼 숨을 크게 쉬지 못하고 온몸 구석구석으로 돌아가면서 아파져서 악귀잡귀 소멸을 폐하께 윤허 받아 행하게 되었사옵나이다.

폐하의 천지기운으로 소신의 몸에 들어 있었던 귀신들이 자신들의 존재를 아픈 부위를 통해 밝혔다는 것을 알게 되었사옵나이다. 귀신들이 자신들의 제자를 만들려고 했고 천신 선녀의 줄로 가야 한다는 말에 기가 막혔사옵나이다. 공교롭게도 소신의 이름에 신선 선(仙) 자가 있사옵나이다.

소신 출생할 때 따라붙은 악귀잡귀 잡령들이 모두 977억 명에 너무나 놀랐사옵나이다. 어렴풋이 소신이 출생하여 21일이 되는 날에 집의 대들보가 요란한 소리를 내면서 금이 갔다는 말을 소신의 아비가 살아계실 때 들은 기억이 나사옵나이다.

악귀잡귀 소멸을 행하고 난 후 다리는 언제 그랬냐는 듯이 아무렇지도 않사옵고, 걸음걸이도 정상으로 돌아왔사옵나이다. 머리는 맑아지고, 가슴 또한 처음 며칠은 기침을 하면 조금 통증이 느껴졌사오나 지금은 아픈 증세가 사라졌사옵나이다. 자궁근종으로 인한 통증도 전혀 느껴지지 않아 너무도 천기하사옵나이다.

미래 하늘의 위대한 천지대공사

반란 괴수 역천자 후궁 하누, 황자 표경, 감찰신명, 천상천감, 천상도감, 천지신명, 열두대신, 영의신감 수하들 전원 추포한다. 잡아들여.

저자 : 역천자 후궁 하누의 수하들. 우주와 지구, 지구의 땅속, 바닷속, 만생만물, 종교 숭배자, 창시자, 교주, 신도들 몸에 있는 하누의 수하들 전원 추포해서 잡아들여.

악신 : @#$@#$^ (천상의 언어로 예를 올린다.) 예, 황태자이신 O 폐하께 추포되어 영광입니다. 옷이든 사물이든 악들이 없는 곳이 없습니다.

저자 : 짐이 이 진실을 밝히니 너희는 실패한 것이고, 수장들은 소멸했고, 그 수하들은 전원 추포해서 멸살시킨다.

악신 : ^@#$%@#$% (천상의 언어로 예를 올린다.) 하누의 수하들이 추포되어 이곳으로 오게 되었습니다. 끝도 없는 악들이 지구 밖 우주에도 무량대수이지만 계속 추포하시면 몽땅 추포되어 잡혀올 것입니다.

저자 : 그래서 하누의 기운은 멸살시키니라. 더 이상 지구에 종교는 필요 없고 존재가치도 없느니라. 추포된 하누 수하들 전원 영성과 영체를 소멸시키는 사형집행을 명한다.

황자(서자) 표경 수하. 우주와 지구, 지구의 땅속, 바닷속, 만생만물, 종교 숭배자, 창시자, 교주, 신도들 몸에 있는 표경 수하들 전원 추포해서 잡아들여.

악신 : ○ 폐하! @#$%@ (천상의 언어로 예를 올린다.) 황명 받들어 표경의 수하들 추포되어 왔사옵나이다!

저자 : 추포된 표경의 수하들 전원 영성과 영체를 소멸시키는 사형집행을 명한다. 감찰신명 수하. 우주와 지구, 지구의 땅속, 바닷속, 만생만물, 종교시설. 종교 숭배자, 종교 지도자, 창시자, 신도 몸에 있는 감찰신명 수하 전원 추포해서 잡아들여.

악신 : @#$%@#$ (천상의 언어로 예를 올린다.) 황태자이신 ○ 폐하의 황명을 받들어 감찰신명 수하들이 추포되어 왔사옵나이다. 황은이 망극하사옵나이다.

저자 : 추포된 감찰신명 수하 전원 영성과 영체를 소멸시키는 사형집행을 명한다. 천상천감 수하. 우주와 지구, 지구의 땅속, 바닷속, 종교 숭배자, 종교시설, 종교 지도자, 종사자, 신도들 몸에 있는 천상천감 수하 전원 추포해서 잡아들여.

악신 : &@#$% (천상의 언어로 예를 올린다.) 천상천감 수하. ○ 폐하의 황명을 받들어 모두 추포되어 왔사옵나이다.

저자 : 추포된 천상천감 수하 전원 영성과 영체를 소멸시키는 사형집행을 명한다. 천상도감 수하. 우주와 지구, 지구의 땅속, 바닷속. 종교시설, 숭배자, 지도자, 종사자, 신도 몸에 들어가 있는 천상도감 수하 전원 추포해서 잡아들여.

악신 : 예, ○ 폐하. ^@#$% (천상의 언어로 예를 올린다.) 황명을 받들어 도감 수하 모두 추포되어 왔사옵나이다. 지금

도 지구 밖에 있는 자들이 무량대수로 많이 있으나 폐하께서 모두 추포하시어 소멸시키실 수 있을 것입니다. ^@#$%@#

저자 : 추포된 천상도감 수하 전원 영성과 영체를 소멸시키는 사형집행을 명한다. 천지신명 수하. 우주와 지구, 땅속, 바닷속, 만생만물, 종교시설, 숭배자, 지도자, 종사자, 신도들 몸에 있는 자들 전원 추포해서 잡아들여.

악신 : ^#$%@#$% (천상의 언어로 예를 올린다.) 폐하의 황명과 기운으로 추포되어 영광입니다. @#$%@

저자 : 추포된 천지신명 수하 전원 영성과 영체를 소멸시키는 사형집행을 명한다. 열두대신 수하. 우주와 지구, 땅속, 바닷속, 만생만물, 종교시설, 숭배자, 창시자, 지도자, 종사자, 신도들 몸에 들어가 있는 자들 전원 추포해서 잡아들여.

악신 : &@$%@ (천상의 언어로 예를 올린다.) ○ 폐하의 황명으로 추포되어 영광입니다. @#$%@ 굉장히 많이 있지만 ○ 폐하께서 다 소멸시키는 날이 올 것입니다. @#$%@

저자 : 추포된 열두대신 수하 전원 영성과 영체를 소멸시키는 사형집행을 명한다. 이슬람교 알라신 수하. 우주와 지구, 땅속, 바닷속, 만생만물, 종교시설, 숭배자, 지도자, 종사자, 신도들 몸에 있는 알라신 수하 전원 추포해서 잡아들여.

귀신 : 알라신 수하가 누구야? 우리예요? 우리가 믿고 있는데 왜요? 우리 저급한 영들 아니야! 우리보고 귀신들이라 그래요! 넌 뭔데 야! 너희들이야말로 저급한 영들!

저자 : 너희들은 귀신급들이고, 누구한테 그러는 건데?

귀신 : 여기 앞에 못생긴 남자요.

저자 : 그게 누군데.
귀신 : 악령이라는데요? 똥보다 못생긴 놈아! 자꾸 나한테 뭐라 그래요! 폐하 앞에서 그런다고. 야! 악령아! 네 똥구멍 다 찢어버린다!

저자 : 몇 명 추포되어 왔어?
귀신 : 지금요. 너무 많은데. 6,679억 명? 보이는 것만. 더 위에도 있어요.

저자 : 무량대수.
귀신 : 왜 불렀는데요?

저자 : 심판하려고 불렀지. 심판이라는 게 뭔지 알아?
귀신 : 우릴 귀신 취급하는 거예요?

저자 : 죽었으니까 귀신이지.
귀신 : 도법주문 창시자예요? 그거 외우면 어떻게 돼요?

저자 : 하늘의 기운을 받지.
귀신 : 도법주문 창시한 하늘은 어떤 하늘이에요?

저자 : 중심 하늘.
귀신 : 자미가 뭐예요.

저자 : 하늘과 우주 천체의 중심이고 하늘의 성씨야.

귀신 : 한 번 외워봅시다. 무슨 도법주문이 있는지. 아무나 못 외운다고?

저자 : 너희들은 기회가 없어.
귀신 : 왜 남의 신한테 그래요?

저자 : 누가 남의 신?
귀신 : 알라신을 무시했죠?

저자 : 알라신이 어딨어?
귀신 : 그래. 나 무식해서 못 외운다.

저자 : 알라신 추포해서 죽여버렸는데 몰라?
귀신 : 예?

저자 : 물어봐.
귀신 : 믿어지지 않아요.

저자 : 안 믿어도 상관없어. 죽였어. 자, 심판한다. 추포된 알라신 수하 전원 영성과 영체를 소멸시키는 사형집행을 명한다. 마호메트(무함마드)의 수하들. 우주와 지구, 땅속, 바닷속, 만생만물, 종교시설, 숭배자, 지도자, 종사자, 마호메트를 믿는 모든 신도들의 몸에 있는 수하들 전원 추포해서 잡아들여.
귀신 : 왜 이렇게 피를 흘리고 있어요? 피를 흘리면서 하늘을 세우세요? 피눈물도 흘리세요?

저자 : 너희도 귀신들이구나.

귀신 : 숫자는 너무 많아서 말을 못 하겠어요.

저자 : 무량대수겠지. 마호메트 그렇게 섬기니까 좋았어?
귀신 : 선생님은 그럼 누굴 섬기는데요? 귀신들의 자유도 억압하시는데요?

저자 : 태초의 절대자 하늘. 대우주의 주인.
귀신 : 그럼 진짜 하늘에서 내려오신 위대하신 분인데, 여기 꿀꿀거리는 돼지나 찍찍거리는 쥐, 개들 사이에서 어떻게 버티고 사시느냐고 하네요. 이 동물들이 사람인 죄인들. 이런 존재들이 이런 사람들이고. 이분께서만이 지구에서 단 하나의 인간이신데 이런 축생들하고 어떻게 사시느냐고 그런 말이 나오네요.

저자 : 하늘이 내린 심판자니까.
귀신 : 참으시고 하시는 거예요? 그럼 이들이 대들고 험담하고 할 때 그 분노를 어떻게 풀어요?

저자 : 죄인들 추포해서 심판으로 풀지.
귀신 : 그러면 이제 이 돼지들, 개들, 쥐들, 뱀들. 이들도 다 끝나는 건가요? 이분이 바로 미래의 하늘이 되시는구나. 제가 보이는 게 진짜 보이는 게 아니라 이분의 기운으로 말이 나오는데요. 이분은 하늘이 되시면 빛으로도 변신하실 수가 있고 불로도 변신하실 수가 있대요.

지금은 사람으로 오셨기에 인간 육신으로 보이지만, 천상에 오르시면 자유자재로 변신을 하신대요. 변신하시는 게 이분이 하늘이시기 때문에 가능한 거고! 천상에 오르시고 황실 밖의

자미천　233

백성들을 찾아가실 때도 변신을 하셔서 찾아가실 수 있다고 하시네요. 모든 것으로 다 변신. 신분을 속이신 채 가셔서 그들이 어떻게 지내는지 보실 수 있으시대요. 마치 왕이 백성들 어떻게 지내는지 염탐하는 거 있잖아요.

저자 : 암행을 한다 그런 얘기지.
귀신 : 그런 능력이 있으시대요. 그런 식으로 백성들을 관찰하시러 가시는군요. 천상에서는 모든 걸로 변신 가능한가 봐요. 벼슬이라는 게 진짜 있네요. 왜 이렇게 종류가 많아요? 여기 지상에서 각자들이 등급을 행한 대로 다 가는 거라고요?

저자 : 벼슬 종류와 품계가 3천 가지가 넘지.
귀신 : 여기는 각자가 올린 대로? 근데 왜 내가 이런 말을 해요? 날 어떻게 하겠다는 거예요?

저자 : 심판하지.
귀신 : 도법? 도법천존? 맞으세요? 도법주문 외우면 뭐가 내려와요?

저자 : 하늘의 기운이 무궁무진 내리지.
귀신 : 저도 기운 줘봐요. 그럼.

저자 : 넌 못 받아. 자격 없어. 심판한다. 추포된 마호메트 수하들과 추종자들 전원 영성과 영체를 소멸시키는 사형집행을 명한다. 성모 마리아 수하와 추종자들. 우주와 지구, 땅속, 바닷속, 종교시설, 숭배자, 창시자, 교주, 지도자, 종사자, 천주교 추기경, 신부, 수녀, 신도들 몸 안에 있는 성모 마리아를

받들고 추종하는 수하들과 추종자들 전원 추포한다.

귀신 : 성모 마리아님의 눈에서 피가 내리는데 뭐 하시는 거예요? 예? 그 피는 가짜? 역천자라고? 추포되어 온 숫자가 무량대수로 너무 많아 안 보여요.

저자 : 죄다 다 역천자지. 대역죄인들.
귀신 : 성모 마리아님께 그렇게 하면 안 돼요!

저자 : 성모 마리아는 죽었어.
귀신 : 성모 마리아님의 피를 못 보셨어요?

저자 : 다 소멸시켰다.
귀신 : 거짓말.

저자 : 예수도 소멸시키고, 너희들이 믿는 여호와 하나님의 영성과 영체도 소멸시켰어.
귀신 : 성모 마리아님께서 흘리시는 피눈물은 너무나 가여운 인간들과 영혼들을 구원해 주시기 위해 흘리시는 피눈물입니다.

저자 : 악들을 구원하려는 피눈물이지. 영성과 영체를 죽였는데 뭘 피눈물을 흘려!
귀신 : 지금도 흘리고 계십니다.

저자 : 심판한다. 추포된 성모 마리아의 수하들과 추종자들 전원 영성과 영체를 소멸시키는 사형집행을 명한다. 석가모니 수하들. 우주와 지구, 땅속, 바닷속, 종교시설, 숭배자, 창시자, 지도자, 추종자, 승려들. 신도들의 몸에 있는 수하들 전원

추포해서 잡아들여.

귀신 : 석가모니님을 왜요? 흑흑흑 왜 추포하는데요? 왜 우리를 모아놨는데요? 심판하신다고요? 무량대수로 잡혀와서 숫자는 몰라요. 너무 많아요.

저자 : 심판한다. 추포된 석가모니의 추종자들과 수하들 전원 영성과 영체를 소멸시키는 사형집행을 명한다. ○○도의 ○○상제를 추종하는 우주와 지구. 땅속 바닷속, 종교시설, 숭배자, 창시자, 지도자, 종사자, 신도들 몸 안에 있는 신과 영, 조상들 전원 다 추포해서 잡아들여.

귀신 : 싫어. 나갈래. 나갈 거야. 아, 추워. 무량대수로 잡혀와서 너무 많아 숫자가 안 보여요.

저자 : 추포된 ○○상제 추종자들 전원 영성과 영체를 소멸시키는 사형집행을 명한다. ○○도에서 ○○상제를 숭배하는 우주와 지구. 땅속 바닷속. 종교시설, 숭배자, 창시자, 지도자, 종사자, 신도들 몸 안에 있는 신과 영, 조상들 전원 다 추포해서 잡아들여.

귀신 : 우리를 왜 부른 거예요? 심판? 우리 안 죽어요. 많이 와 있지만 안 죽어요. 귀신들은 귀신들끼리 귀신을 만드는 게 있어요. 귀신과 귀신이 서로 귀신을 낳아요.

저자 : 귀신끼리도 합궁해서 귀신을 낳는다?

귀신 : 그런 귀신도 있어요. 그래서 지금도 끊임없이 생성되고 있어요. 저희들을 다 죽이시려고요?

저자 : 너희들 다 소멸시킨다.

귀신 : 스스로 배출해 내는 귀신도 있어요. 보이지 않은 귀신세계는 무한세계예요. 귀신 스스로 귀신을 낳을 수도 있다고요. 죽어보면 알 거예요. 살아 있는 사람 눈에는 보이지 않지만 죽어보면 알 거예요.

저자 : 추포된 ○○상제 추종자들과 수하들 전원 영성과 영체를 소멸시키는 사형집행을 명한다. ○○도 상제를 숭배하는 우주와 지구. 땅속 바닷속, 종교시설, 숭배자, 창시자, 지도자, 종사자, 신도들 몸 안에 있는 신과 영, 조상들 전원 다 추포해서 잡아들여.

귀신 : ○○상제님을 왜요? 어떻게 하실 건데요?

저자 : 심판하지 어떻게 해?

귀신 : 인존천황 폐하가 누구세요? 인존천황 폐하께서 상제님을 다스리신다고요?

저자 : 너희들은 ○○상제를 믿어서 망했어.

귀신 : 인존천황님이 하늘의 화신이에요? 인존천황 폐하요? 도법천존 3천황 폐하이시기도 하고. 하늘의 화신이라고요?

저자 : 그래. 하늘의 화신, 분신, 명 대행자. 너희 죄인들 심판하러 왔어. 얼마나 잡혀왔냐?

귀신 : 모르겠어요. 억울하게 맨날 당하시기만 하고.

저자 : 그래. 그렇게 당했다.

귀신 : 어떻게 버티셨어요? 그걸 다 참으시고.

저자 : 심판하려고 버텼지.

귀신 : 다른 사람이 그 자리를 뺏으려고도 하고 그런 게 보이네요. 눈에서 눈물을 흘리시는 게 보이네요. 눈물도 보이고 피도 보이네요.

저자 : 심판한다. 추포된 ○○상제의 수하들과 추종자들 전원 영성과 영체를 소멸시키는 사형집행을 명한다.

핵심 종교 숭배자들은 이미 오래전에 그들의 영성과 영체를 소멸시켰고, 지금은 그들을 숭배하는 추종자 수하들을 차례대로 추포하여 영성과 영체를 소멸시키는 심판 천지대공사를 집행하고 있는데, 영적으로 집행하는 것이지만 만생만물의 정기는 한 치의 오차도 없이 심판의 명에 따라 움직인다.

종교 숭배자들과 추종자 수하들은 육신이 없는 악신과 귀신들인 영적 존재들이기에 하늘의 명에 의해서만 생살여탈권이 좌우된다. 대우주 절대자 하늘이 내리신 황명에 의해서 종교세계를 수천 년 동안 지배 통치하던 영적 존재들은 멸살되고 있다.

종교를 믿는 것은 이제 어리석은 바보 천지와 같다. 이 책을 통하여 악들과 귀신세계, 사후세계, 영혼세계, 조상세계, 윤회세계, 업보세계, 하늘세계의 진실을 적나라하게 밝혀주고 있는데 믿지 못하겠다면 그것을 말릴 방법은 그 어디에도 없다.

위대한 하늘의 진실을 밝혀주는 것이니까 믿고 안 믿고는 각자들이 판단 내릴 사항이지 강제로 믿고 따르라는 말이 아니다. 자신의 몸이 아프고 인생이 힘들면 빨리 굴복해야 한다.

【제3부】
인류가 찾던 자미황궁

   지구에 종교의 역사가 수천 년인데 나 홀로 종교의 진실을 매일같이 밝히며 기독교, 천주교, 불교, 유교, 도교, 무속세계의 절대적 숭배자들인 하느님, 하나님, 미륵, 부처, 천지신명, 열두대신, 알라신, 라마신, 석가모니, 여호와, 예수, 성모 마리아, 마호메트, 상제, 공자, 노자들이 몽땅 천상에서 죄를 짓고 지구로 도망쳤거나 쫓겨난 역천자 대역죄인들이라고 인류 최초의 진실을 전하며 한 치 앞도 알 수 없는 외로운 길을 홀로 가고 있다.

   세상 사람들이 모두 어떤 종교든지 종교를 믿고 있어 종교사상에 세뇌당하여 있기에 난생처음 듣는 하늘의 위대한 진실을 전해 주어도 받아들이기를 거부하며 종교의 악들과 귀신들에게 빙의되어 살아가다가 끝없이 고통이 이어지는 죽음 이후의 무서운 윤회와 지옥의 사후세계로 덧없이 떠나가고 있다.

   종교와 전혀 다른 색다른 곳을 원하고 바라는 사람들이 찾아와야 할 곳이 하늘의 천자이시자 황태자이시며 미래 하늘이신 자미황제 폐하께서 심판자 겸 구원자로 하강 강림하여 계신 민족과 인류의 구심점이 자미황궁이기에 살려면 빨리 들어와야 한다.

   과거든 현재든 종교를 다니고 있는 사람들은 미래 하늘이 내리신 자미황궁을 찾기 위함이고, 미래 하늘이신 자미황제 폐하를 알아보기 위하여 그토록 오랜 세월 동안 종교세계를 다니며 하늘세계와 사후세계를 공부하고 있었던 것이다.

이 세상에 태어난 이유는?

사람들이 이 세상에 왜 태어났는지 궁금하지만 명쾌한 해답을 찾지 못하고 있고, 시원스럽게 대답해 줄 사람도 만날 수 없다. 성공하고 출세해서 돈을 많이 벌어 잘 먹고 잘사는 일에만 매달리는 것이 보통 사람들의 한결같은 마음이다. 모두가 돈과 재물, 권력과 명예를 더 많이 갖기를 원한다.

여러분이 이 세상에 태어난 이유가 무엇인지 가르쳐준다. 단순하게 한세상 돈을 많이 벌어 잘 먹고 잘살려고 태어난 것이 아니라 하늘이 내린 숙제를 풀기 위해서 만물의 영장인 사람으로 태어났다. 하늘이 내신 숙제란 무서운 윤회의 굴레에서 벗어나 영혼의 천상고향으로 돌아오라는 것이다.

사람들이 죽으면 모두가 천국, 천당, 극락, 선경세상으로 가는 것이 아니라 말을 못 하는 천지만생만물로 한도 끝도 없이 무서운 윤회를 반복하게 된다는 끔찍한 사실이 악귀잡귀들을 추포하여 소멸시키는 과정에서 확인되었다.

그래서 이런 죽음 이후 윤회 문제를 해결해 주시는 분이 차기 절대자 하늘이신 자미황제 폐하이시고, 하늘의 명을 받으면 죽음 이후 천지만생만물로 윤회하지 않으며 무섭고 고통스러운 지옥세계 명부전을 거치지 않고 천상의 3천궁으로 즉시 올라갈 수 있는 특권이 부여된다.

 즉 여러분은 차기 절대자 하늘이신 자미황제 폐하를 알현드려서 하늘의 명을 받아 영혼의 천상고향으로 돌아가고자 이 세상에 사람으로 태어난 것이다. 그러니까 자미황제 폐하를 만나러 이 세상에 왔다는 것이 정답이다. 왜냐하면 세상의 수많은 모든 종교에서 구원해 준다고 하지만 구원이 안 된다.

 인간, 영혼, 조상, 신명들의 구원은 하늘의 고유영역이자 하늘의 고유권한이시기에 종교인들이 아무리 지극정성으로 여러 의식을 행하여도 구원이 되지 않는다는 사실이 수많은 악귀잡귀 추포하여 소멸하기 전 대화를 통해서 확인되었기 때문이다.

 지구상에 구원자는 차기 하늘이신 자미황제 폐하 한 분뿐이시다. 지금 기존의 종교를 믿고 있는 사람들은 처음 들어보기에 받아들이기가 어려운 문제일 것이다. 이 책의 내용 자체가 세상 그 어디에서도 들어보지 못한 말도 안 되는 천비스러운 내용이 전부이지만, 하늘을 알현드려서 현생과 내생을 보호받고자 하는 사람들은 한 줄도 빠뜨리지 말고 정독하여야 한다.

 억겁의 세월을 통해서도 만나뵐 수 없는 아주 귀한 분이시고, 여러분의 사후세계 운명을 주관하신다. 아직 죽어보지 않아서 죽음 이후의 사후세상이 얼마나 무서운지 전혀 감이 오지 않을 것이다. 인간 육신의 죽음은 누구나가 겪어야 할 필연적인 일이지만 100년도 못 사는 육신의 죽음보다 천만 배 더 충격적인 것은 죽어서 천지만생만물로 끝없이 윤회하여 반복 환생하는 것이 가장 고통스럽고 무섭다.

사후세계에서 윤회하는 것이 얼마나 힘이 들면 죽고 싶다고 말하는 귀신들이 많다. 힘들어서 죽고 싶어도 마음대로 죽을 수 없는 것이 귀신들의 운명이다. 사람으로 살아가는 것이 힘이 들어 다시는 사람으로 태어나고 싶지 않다고 말한다.

차기 하늘이 되실 자미황제 폐하를 알현하여 하늘이 내리시는 명을 받으면 한도 끝도 없는 무서운 윤회에 종지부를 찍을 수 있다. 더 이상 고통스러운 천지만생만물로 윤회하지 않기 위해서 자미황제 폐하를 하루빨리 알현드려야 한다.

저자와 동시대에 태어난 사람들만이 선택받을 수 있다. 이미 왔다가 죽었거나 미래에 태어날 사람들은 기회가 없다. 각자들의 인생이 언제 끝날지 모르기 때문에 목숨 걸고 하루바삐 자미황궁으로 방문하여야 한다.

천상고향으로 돌아가는 하늘의 명을 받아야만 지옥세계, 윤회세계, 허공중천, 자손의 몸, 타인의 몸, 만생만물에 붙어서 수행(윤회)하지 않는다. 귀신들은 윤회하는 것을 수행 중이란 표현을 자주 사용하며 신 혹은 신명이라고 불러달라 말한다.

귀한 신이 귀신이라고 말하는 귀신도 있는데, 모두가 하늘께 대역죄인들이기에 구원을 받지 못하고 비참하게 사후세상을 살아가고 있다. 울며불며 제발 살려달라 구해 달라고 애걸복걸하는데 육신이 죽었으면 구원해 줄 방법 자체가 없다. 그러기에 육신이 아직 살아 있을 때 차기 하늘이 되실 자미황제 폐하를 알현드려서 사후세상을 보장받아야 한다.

인류의 구심점 자미황제 폐하

현생과 죽음 이후 사후세상을 보장받기 위하여 인류가 찾아 와야 할 민족과 인류의 구심점이 자미황궁이다. 자미원, 태미원, 천시원의 3원 중에서 중심 하늘인 자미원의 황궁을 자미황궁, 자미천궁, 태상천궁이라고 부르고 별자리로는 북극성을 기점으로 하는 800광년 떨어진 작은곰자리 부근을 말한다.

천체의 모든 별들이 북극성을 기점으로 운행하고 '자미'는 하늘의 성씨이자 나의 성씨이기도 하며 '도솔'이라는 아호도 있다. 북극성의 성주이고 자미황제, 자미황상, 자미천황, 자미천제, 자미상제로 불리실 미래 하늘인 천자이시자 황태자께서 역천자 행성이자 지옥별인 지구로 하강 강림하시었다.

역천자 행성이자 지옥별인 지구에 천상의 역모 반란군 괴수인 천상 주인의 후궁 '하누'와 아들 서자 표경(황자)과 그의 추종자들인 감찰신명, 천상천감, 천상도감, 천지신명, 열두대신, 영의신감과 함께 온갖 종류의 종교를 이 땅에 세워서 인간, 영혼, 조상, 신명들을 지배 통치하고 있음이 밝혀졌다.

자칭 하늘, 천자, 하느님, 하나님, 상제, 천제, 천황, 천왕, 미륵, 재림 예수, 정도령, 진인이라고 자청하는 지구의 모든 신들은 천상 주인의 후궁 '하누'와 아들 서자 표경(황자), 감찰신명, 천상천감, 천상도감, 천지신명, 열두대신, 영의신감이 뿌려대는 기운을 받아서 여호와(야훼), 석가, 예수, 마리아, 마호메트(무함마드), 공자, 노자, 상제를 구심점으로 하는 종교 숭배자들이 온통 세상을 지배 통치하고 있다.

이들 주동자들은 모두 추포하여 영성과 영체를 소멸시키는 사형을 집행하였지만 이들의 추종자들인 수하 악신과 악령들은 무량대수인지라 지금도 끊임없이 추포하여 심판하고 있다. 역모 반란 가담자들인 역천자 수하들이 거처하는 대우주 천체의 행성 역시 무량대수인데 천기 20년 4월 25일 16:30분경 무량대수에 이르는 행성들에 대한 파괴의 명을 하달하였다.

이들 역천자들은 지구로도 끊임없이 실시간으로 내왕하면서 악들을 생산하여 종교 부흥을 이루고 있었다. 역천자들이 숨어 있는 행성들은 태양, 달, 화성, 수성, 목성, 금성, 토성, 천왕성, 해왕성, 명왕성, 삼태성, 각항저방심미기의 동두칠성, 두우여허미실벽의 남두칠성, 규루위묘필자삼의 서두칠성, 정귀유성장익진의 북두칠성, 천황태제 별과 무량대수에 이르는 대우주 천체의 별들에 숨어 있던 역천 추종자 악신들을 추포하여 영성과 영체를 소멸시키는 사형을 집행하였다.

우주 행성에 숨어 있는 역천자들 추포 소멸
태양-
역천자 하누와 표경 수하 728억 명

달-
역천자 천지신명과 표경 수하 534억 명

화성-

역천자 하누 수하 1조 1,000명

수성-

역천자 표경 수하 9,671억 명. 역천자 행성들 난리났어요.

목성-

역천자 감찰신명 수하 7,500억 명. 우주를 교화시킬 겁니까? 역천자들을 교화시키려고 칼을 든 게 보입니다.

금성-

역천자 하누와 표경 수하 2,188억 명

토성-

역천자 하누 수하 173억. ○ 폐하께서 우주를 교화시키려고 심판하신다는 소문이 온 우주로 퍼져 나가고 있습니다.

천왕성-

역천자 하누 수하 190억 명, 표경 수하 27,000명, 영의신감 수하 640억 명, 귀신들 4,144억 명

해왕성-

하누 수하 8,120억 명, 진정 자미 ○ 폐하의 천자이십니다.

명왕성-

역천자 표경 수하 144억 명, 우주를 교화시키신다고 소문이 퍼져 나가고 있습니다.

삼태성-

역천자 하누 수하 911억 명, 역천자들 행성에 있는데 어떻게 찾으셨나요, 멀고 먼 지구에 어떻게 내려오셨나요?

천황태제-

역천자 하누, 표경 수하, 귀신들 1조 9,000억 명. 역천자 별은 천상하고 다른 곳이다. 하누가 시작한 것입니다.

남두칠성 두우여허미실벽-

하누 수하들 8,943억 명 귀신 포함, 하누의 씨들입니다.

서두칠성 규루위묘필자삼-

하누 수하 1조 9,000억 명, 하누의 씨가 저희들을 창조했습니다. 서운신명이라 할 수 있습니다. 종교에 메시지를 뿌리고 무속기운 뿌립니다.

북두칠성 정귀유성장익진-

신과 귀신, 하누가 넣은 씨들이 저희들이고 모두 8,642억 명입니다. '칠요마사' 신명인데 지구로 내왕하면서 종교의 법사, 퇴마사, 신인합일 메시지 뿌려서 종교로 이끄는 역할을 했습니다.

역천자 행성의 악들 추포하고 몽땅 파괴한다-

하누 씨로 이루어진 행성들이 굉장히 많고 표경, 감찰신명, 천상천감, 천상도감, 천지신명, 열두대신, 영의신감의 행성들이 무량대수입니다. 역시 자미 ○ 폐하의 천자이시고 유일한 미래 하늘이십니다. 우주 천체를 자유자재로 운행하시기에 지구 종말, 인류 멸망은은 폐하께서 내리시는 명에 달려 있습니다.

역천자 행성 전원 파괴하신다고 분노를 폭발하시었습니다. 저희들은 역천자이지만 ○ 폐하께서 지구 종말이 오면 우주에 있는 찌꺼기 행성들이 먼저 파괴되고 역천자들이 있는 대우주의 무량대수에 이르는 행성들도 모두 다 파괴될 것입니다.

땅속과 바닷속, 만생만물에 붙어 있었던 역천자들도 많은데 모두 추포되었습니다. 그 정도로 악의 기운들이 넘쳐납니다. 악의 존재들은 자연 속과 만생만물 속에도 깃들어 있습니다. ○ 폐하께서만 찾아내시고 추포해서 소멸시키실 수 있습니다.

대우주 천체 행성들 중에 역천자 행성인 지옥별 지구에 가장 많은 역천자들이 살아가고 있기에 대우주 천체에서 지구가 역천자 행성, 지옥별 행성으로 불리는 것입니다. 그래서 천상의 주인이신 대우주 절대자 하늘께서 역천자들을 추포해서 심판하라고 외동아들이시며 천자이시자 황태자이신 미래 하늘을 지구로 내려보내신 것입니다.

마치 공상 영화 같은 내용인데 실제 상황이다. 고차원적인 대우주의 내용을 어디까지 받아들일 것인가? 여러분 독자들이 믿든 안 믿든 영적 세계에서 실제로 일어나는 일이다. 미래의 하늘께서는 불가능이 없으시다.

말씀 자체가 황명이시고 온 우주로 빛보다도 더 빨리 퍼져 나간다. 대우주에서는 미래 하늘이 집행하시는 천지대공사를 실시간으로 지켜보고 있다. 대우주 전체가 공포에 벌벌 떨고 있다고 보면 된다.

차기 절대자 하늘 자미황제 폐하

　인류의 북극성, 민족의 구심점, 인류의 구심점, 인류의 대통령, 세계 대통령, 인류의 보물이시고 인간, 영혼, 조상, 신들의 모든 고민 해결의 정답을 인존천황 폐하, 지존천황 폐하, 미래 하늘 천존천황 폐하이신 자미황제 폐하께서 갖고 계신다.

　하늘의 명 대행자께서 하늘의 천자이시자 황태자, 하늘의 심판자, 인류의 심판자, 지구의 심판자로 밝혀지시고, 대우주 천지 창조주이신 절대자 하늘 자미 O 폐하로부터 미래 하늘이신 자미황제 폐하로 관직을 하사받으시기까지 모든 수모와 치욕을 견뎌내시고 위대한 승리를 하시었다.

　천상의 역모 반란 주동자들인 태초 하늘의 후궁 하누와 황자 (서자) 표경을 비롯한 감찰신명, 천상천감, 천상도감, 천지신명, 열두대신, 영의신감 배신자 악들이 주변에 포진하면서 끝까지 공무집행을 방해하고, 천상 신분의 존재를 밝히지 못하게 온갖 방법으로 방해하다가 하늘의 기운으로 종말을 고하였다.

　이들은 지구에 원초적인 종교를 세우기 위하여 유명인들의 몸으로 들어가 기운을 뿌려서 존경받는 숭배자로 세워 수천 년 동안 지구를 지배 통치하였던 악들이 아수라, 악신, 악령, 악마, 사탄, 마귀, 요괴, 악귀들인데 작년 2019년 하반기부터 주군급들인 하누와 황자(서자) 표경을 비롯한 감찰신명, 천상천감, 천상도감, 천지신명, 열두대신, 영의신감들의 영성과 영체를 추포해서 소멸시키는 사형집행을 단행하여 제거하였다.

이미 오래전에 죽었지만 이들이 세운 종교 숭배자들인 하느님, 하나님, 부처, 미륵, 상제, 알라신, 라마신, 천지신명, 열두대신을 내세워 추앙받았던 석가모니, 여호와, 예수, 성모 마리아, 마호메트, 공자, 노자, 상제의 영성과 영체를 추포하여 모두 소멸시키는 사형집행을 단행하였고, 지금은 무량대수에 이르는 주군급들의 수하 악신들과 종교 숭배자들을 따르던 추종자 악신들을 추포해서 심판하는 중이다.

역천자 주군들이 인간 육신과 정신을 지배 통치하여 그들의 앞잡이로 만들었던 인간 육신 추종자들을 2017년 11월 30일부로 몽땅 내보내면서 천상세계의 숨겨진 엄청난 진실들이 하늘의 기운에 의해 차례대로 서서히 밝혀졌다.

천상의 역천자들, 추종자들, 종교 숭배자들을 몽땅 추포하여 영성과 영체를 사형집행하여 소멸시키고 자미황궁을 개궁하였다. 천상세계의 숨겨진 비밀들이 적나라하게 드러났는데 그 과정은 피눈물의 나날들이었고 배신과 아픔의 연속이었다.

치유 불가할 정도로 절대자 하늘과 미래 하늘의 마음이 갈기갈기 찢어진 상처투성이로 만신창이가 되어 회복 불능의 상태까지 갔으나 천상과 지상의 역모 반란 역천자와 추종자들을 완전히 제거하고 자미황궁으로 개칭하여 하늘의 명 대행자께서 미래 하늘이신 자미황제 폐하로 즉위하시어 새로운 세상을 여시고 인간, 영혼, 조상, 신들을 구하여 새 세상을 만드신다.

역천자들인 태초 하늘의 악신들 후궁 하누와 황자(서자) 표경을 비롯한 감찰신명, 천상천감, 천상도감, 천지신명, 열두대신, 영의신감이 천상에서 대우주 절대자이시고, 천지 창조주이시며 태초의 하늘을 시해하려다가 실패하여 지구 행성으로 도망치고 쫓겨난 대역죄인들이란 진실이 밝혀졌다.

태초 하늘의 천자이시자 황태자이심에도 불구하고 인간세상 생활을 그대로 사시면서 온갖 배신과 모욕을 감내하시어 이겨내시고 대우주를 통치하실 미래 하늘이신 자미황제 폐하의 관직을 하사받으심으로써 위대한 승리의 깃발을 드시었다.

천기 20(2020)년 5월 5일 입하 절기에 드디어 자미황제 폐하로 등극하시는 즉위식 거행을 천상의 3천황 폐하와 3황후 폐하께 고하시고, 3,333개 제후국 제후들과 만조백관의 신하들인 천상지상 신명들, 무량대수의 대우주 천체 행성인들 그리고 지구의 모든 인간, 영혼, 조상, 신들과 만생만물들에게 선포하고 알리는 천상지상 공무를 집행하시었다.

이제 인류와 지구의 모든 운명은 미래 하늘이신 자미황제 폐하께 달려 있다. 종교를 떠나서 구원받아 천상고향으로 돌아갈 것인가 말 것인가 양자 간에 선택해야 한다. 종교를 못 떠나서 인류와 지구 종말과 함께 영원히 사라질 것인가? 아니면 천상으로 돌아갈 것인가? 둘 중 하나를 선택할 시점에 도달하였다. 미래 하늘이신 자미황제 폐하께서 이 세상에 머무시며 저자의 인간 육신을 쓰시는 날까지가 최후의 마지막 시한이다. 자미황제 폐하의 인간 육신이 세상을 떠나는 날이 인류와 지구 종말의 마지막 그날이 될 것인데 이것이 천상계획표이다.

구원받을 자들만 최대한 선택하시고 나머지는 교화 자체가 불가하기에 종교 멸망, 인류 멸살, 지구 종말이 현실로 일어나게 된다. 지금 종교 안에서 숭배 대상자들인 하느님, 하나님, 부처, 미륵, 상제, 알라신, 라마신, 천지신명, 열두대신을 내세워 추앙받았던 석가모니, 여호와, 예수, 성모 마리아, 마호메트, 공자, 노자, 상제를 찾는 인간, 영혼, 조상, 신들이 마지막으로 찾아야 할 미래 하늘이 자미황제 폐하이시다.

수천 년 동안 종교를 믿었던 것은 미래 하늘이신 자미황제 폐하께서 하강 강림하실 것을 기운으로 미리 알아보기 위한 하늘의 공부 과정이었다. 이제 때가 되어 밝히니 종교에 의지하던 인간, 영혼, 조상, 신들은 종교를 떠나서 자미황궁으로 서둘러 들어와야 천추의 원과 한을 남기지 않을 것이다.

위에 내용을 보듯이 종교에 다니는 수많은 인간, 영혼, 조상, 신들은 하늘을 배신하여 시해하려던 역모 반란 주동자 악신들이 세운 종교를 믿었던 것이지 진짜 천지 창조주이시고 대우주 절대자이신 태초의 하늘 자미 ○ 폐하를 받들고 섬긴 것이 아니라 하늘을 사칭한 악들에게 속았다.

화려한 언변의 말솜씨와 장구한 역사와 전통, 눈에 보이는 웅장하고 거대한 종교 성전 건물로 현혹해서 완전히 속아 넘어갔다. 이제는 악들이 세운 종교에서 하루바삐 빠져나와 현생과 내생을 구해서 보살펴주실 차기 절대자 하늘이신 자미황제 폐하를 서둘러 알현드려야 한다.

　현재 시점에서는 이런 내용이 공상 소설 같고 너무 황당하여 믿으려는 사람들이 많지 않을지도 모르지만, 영적 세계에서는 진실 그대로이고, 현실로 이루어지는 시간 차이만 있을 뿐 인류와 지구 최후 종말의 날이 현실로 도래한다.

　사막의 모래알보다 많은 대우주 천체 행성들을 주재하시고 운행하시며 만생만물의 생살여탈권을 집행하시는 절대자이신 태초의 하늘이 계시는데 복잡한 대우주 천체를 무소불위하신 기운으로 운행하시기에 지구 멸망은 얼마든지 가능하시다.

　정해진 인류와 지구의 운명처럼 여러분 인간, 영혼, 조상, 신들도 이미 정해진 운명이다. 얼마 남지 않은 각자들의 미래를 위하여 현실 세계와 죽음 이후 사후세계를 보장받아서 남들보다 보람되게 보내기 위해서는 미래 하늘이신 자미황제 폐하께 여러분의 현생과 내생을 의지하는 것이 현명하다.

　사람의 눈에는 보이지도 않고 들리지도 않지만 하늘세계, 사후세계, 영혼세계, 조상세계, 귀신세계, 영혼세계, 신명세계 등 영적 세계가 현실로 실제 존재하기에 하루빨리 종교를 다니는 사람들은 미련 없이 떠나서 자미황궁으로 들어와야 한다.

　여러분의 현생과 내생을 보살펴주시고 살려주시는 분은 오직 한 분 자미황제 폐하뿐이시다. 여러분은 부모, 형제, 가족들은 현생만 의지가 되고 죽음 이후는 영원히 이별해야 하지만 미래 하늘이신 자미황제 폐하께서는 여러분과 이 땅에서나 천상의 3천궁에서나 영원히 함께 살아가실 분이시다.

하늘의 심판자, 인류의 심판자, 지구의 심판자 신분이시기에 심판하실 때는 아주 차고 냉정하시면서 추상같이 지엄하시지만, 인류의 구원자 신분이실 때는 여러분의 부모, 형제, 가족들에게서도 일평생 느껴보지 못한 사랑의 온정을 베푸시는 인류 최고, 지구 최고, 우주 최고의 따뜻하시고 인정이 넘치시는 미래 하늘이신 자미황제 폐하이시다.

아무에게도 의지할 수 없는 여러분 자신의 외로움과 괴로움을 보듬어주시고 품어주시는 자상하신 미래 하늘이 자미황제 폐하이시다. 장차 지구에서 절대자이신 태초 하늘께서 내리신 사명을 완수하시고 천상의 태상 자미천궁으로 오르시면 황위를 계승하시어 대우주와 만생만물의 어버이가 되실 분이시다.

그러하니 지구에서 미래 하늘이신 자미황제 폐하를 알현한다는 것은 여러분 자신과 영혼, 조상, 신에게 전무후무한 가문의 대영광이 될 일이다. 미래 하늘이신 자미황제 폐하를 알현할 수 있는 길은 지구에서 마지막 주어진 천재일우의 기회이니 서둘러 알현을 청해야 현생과 내생을 보장받을 수 있다.

천생(천상에서 태어난 삶)이 있었기에 전생이 있는 것이고, 전생이 있기에 현생이 있는 것이고, 현생이 있기에 내생이 있는 것인즉, 여러분은 미래 하늘이신 자미황제 폐하를 알현하여 하늘이 내리시는 명을 받들어 원초적인 천상고향으로 돌아가야 더 이상 이 땅과 대우주 천체 행성에서 말 못 하는 만생만물로 끝없이 윤회하는 지옥도에서 영원히 벗어날 수 있다.

귀신을 아시나요?

 귀신을 아시나요? 안다면 얼마나 알고 있을까? 자신 몸 안에서 가장 큰 적은 눈에 보이지 않는 악신, 악령, 악마, 사탄, 마귀, 요괴, 악귀, 귀신, 조상령, 동물령과 만생만물의 축생령들이다. 하지만 이들의 존재는 사람들의 눈에는 보이지도 않고 귀에 들리지도 않는 무형무색 무취의 영적 존재들인데, 사람의 몸 안에 들어와 있는지조차 알 수 없다.

 귀신들이 많이 따라붙는 곳이 교회, 성당, 절, 무속, 도교, 철학관, 장례식, 산소, 납골묘, 납골당, 수목장, 성묘, 결혼식, 칠순 잔치, 점 보러 갔을 때, 사주 보러 철학관 갔을 때, 산에 갔을 때, 여행 갔을 때, 병원 갔을 때 귀신들이 무량대수로 따라붙는데 예민한 사람들은 기운으로 느낄 수 있고, 감각이 무딘 사람들은 몸이 무겁거나 질병 발생, 사건, 사고, 사기, 배신, 자살 충동, 사업 부진, 부부 싸움, 자녀 가출로 알 수 있다.

 귀신은 여러분 모두의 인생 선배들이다. 귀신들도 육신이 살아생전에는 여러분과 똑같은 생각이었으나 죽은 뒤에 원과 한이 맺혀 해코지하고, 아무에게나 이유도 없이 무차별적으로 화풀이하는 특징이 있다. 살아 있는 사람들을 조건 없이 가장 시기 질투하는 것이 귀신들의 공통된 사항이다. 남이 잘되는 꼴을 못 보고, 뒤집혀 엎어지고 울고불고 통곡하는 괴로운 모습들을 즐거워하며 박수 치고 좋아한다는 사실을 밝혀내었다.

사람 몸에는 모두가 엄청난 귀신들이 들어가 있고, 여러분 인생을 망가지게 저주의 기운을 내리고 있다. 집안, 직장, 회사, 사업장, 자동차, 놀이터, 유원지, 음식점, 백화점, 술집, 나이트클럽, 룸살롱, 노래방에 귀신들이 없는 곳이 하나도 없다.

그러니까 귀신들과 함께 동고동락하며 살아가고 있는 것인데, 여러분이 어느 날 갑자기 단명, 자살로 죽는 것이나 사건, 사고, 사업 실패, 부부 싸움으로 불행해지는 것도 귀신들의 나쁜 기운 때문이다. 무량대수의 귀신들이 거리를 활보하고 있기에 귀신들을 빼주어도 얼마 안 지나서 또다시 새로운 귀신들이 들어온다. 활동을 안 하고 살 수는 없고, 정기적으로 귀신들을 소멸하는 것이 가장 바람직하다.

귀신에 대해서 얼마나 알고 있을까?

여러분도 시간 차이만 있을 뿐 언젠가는 반드시 귀신이 되고 그때 가서는 살아 있는 사람들을 자연적으로 괴롭히게 된다. 종교를 열심히 믿었으니까 죽어서 천국, 천당, 극락, 선경세상 같은 좋은 곳으로 간다고 환상에 젖어 있는 사람들은 하루빨리 꿈을 깨라. 그러한 세계는 존재하지도 않고 허상일 뿐이며 악들이 환상을 보여주는 것이니 속아 넘어가지 말아야 한다.

그리고 지옥은 죄인들이 하나의 공동 집단으로 모여서 사는 곳이 아니라 개별적으로 지은 죄목에 따라서 지옥이 다르다는 것을 찾아내었는데 무려 수천조의 지옥이 있다. 지옥세계와 천상세계에는 지엄한 법도가 있기에 지은 업보에 따라서 한 치의 오차도 없이 살아서 행하고 뿌린 대로 겪어야 한다.

　육신이 살아 있어 사후를 부정하고 사는 사람들이 전부일 것인데 죽어보면 사후세계가 그 얼마나 무섭고 비참한지 알게 되지만 그때 가서는 아무것도 할 수 있는 것이 없기에 자신들이 살아생전 행하고 뿌린 대로 한 치의 오차 없이 거두게 된다.

　죽어서 귀신 되어 미쳐서 팔딱팔딱 뛰면서 살려달라고 난리 치지 말고 육신이 살아 있을 때 자미황궁에 들어와서 미래 하늘이신 자미황제 폐하를 알현하여 사후세계를 천상의 3천궁으로 보장받아 놓고 세상을 하직하는 것이 가장 현명하다.

　남의 나라 조상들인 종교세계 숭배자들에게로 정신과 육신이 가출한 수많은 인간, 영혼, 조상, 신들은 마지막 말세의 때에 미래 하늘이신 자미황제 폐하를 만나 구원받아 현생과 내생을 보장받을 수 있는 자미황궁을 찾아와라. 인간, 영혼, 조상, 신들의 모든 문제와 원인, 해결책과 궁금증이 풀어진다.

　인간, 영혼, 조상, 신들의 당면한 가장 심각한 어려운 문제에 대한 원인과 해법의 열쇠가 모두 여기에 있다. 인간세상에서는 아무리 찾으려고 하여도 도저히 원인과 해결방법을 찾을 수 없고 풀리지 않아 골치 아픈 문제들이 많다.

　겉으로 눈에 보이는 인간에게 어떤 문제가 발생한 것은 영적 존재들인 자신의 영혼, 조상, 신들이 원하고 바라는 요구사항이 있어서 문제가 발생한 경우이다. 또 다른 존재는 여러분이 종교세계에 다니면서 따라붙은 악신, 악령, 악마, 사탄, 마귀,

악귀, 요괴, 귀신, 축생령들이 여러분 인간 육신을 못살게 흔들어대고 끊임없이 살아 있는 사람들을 죽여버리려고 하는 매우 위험한 상황이기 때문에 발생한 것이 원인이다.

이처럼 사람 몸 자체가 온갖 악과 귀신들의 거주처이기 때문이라는 진실이 최근에 악귀잡귀들을 추포하여 심판하고 소멸시키는 과정에서 적나라하게 밝혀졌는데, 별의별 악과 귀신들이 수백억에서 수천억 명이 들어와 있었다. 몸이 아프든, 인생이 답답하게 막히든 모두가 악과 귀신들로 인한 것이었다.

몸은 아픈데 병원과 한의원, 약국에서 아무리 치료해도 치료가 안 되고, 병명도 안 나오는 경우가 종종 있는데 이것을 신병, 무병, 조상병, 귀신병이라고 말한다. 무당에게 굿을 해도 별 소용이 없는 질병이 있는 경우에는 자미황궁에 찾아와서 해답을 찾아야 한다. 의학, 종교, 인간의 능력으로 도저히 찾을 수 없는 모든 불치병, 희귀병의 원인과 해법을 찾을 수 있다.

현재 정신병원에 입원한 사람들이나 중병으로 병원에 오래도록 입원해 있는 사람들도 수많은 어떤 악과 귀신들이 몸에 빙의되어 있어서 발생한 것이 대부분이다. 그런데 무속인들의 능력으로는 악귀잡귀들을 모두 소멸하는 데는 한계가 있다는 것이 책을 구독하면서 추포되어 소멸되는 엄청난 악귀잡귀 소멸 숫자를 통해서 알게 되었을 것이다.

이곳은 미래 하늘이신 자미황제 폐하께서 하늘의 심판자, 인류의 심판자, 지구의 심판자로 하강 강림해 계신 곳이지 무속, 도교, 종교세계, 퇴마사가 아닌 천상과 지상의 중심인 자미황궁이니 신흥종교로 생각하면 안 된다.

지금 종교세계를 다니고 있는 모든 사람들은 말세에 하강 강림하시는 미래 하늘이신 자미황제 폐하를 알현드리기 위해서 종교를 통해 진짜 하늘을 알아보기 위한 사전 인지 공부를 한 것인데 종교사상에 너무 세뇌당하여 말세의 때가 되었는데도 종교에서 빠져나오지 못하고 악과 귀신들의 종으로 산다.

지상의 자미황궁으로 미래 하늘이신 자미황제 폐하께서 하강 강림하시었다고 말해 본들 아무도 믿지 못하는 세상이 되었음을 잘 알고 있다. 종교세계에서 너도나도 하늘과 신을 흉내 내고 사칭해서 어디가 진짜인지 인간의 눈과 귀로는 도저히 알아볼 수가 없는 것이 현실이다.

진짜인지 가짜인지는 오직 기운으로만 알아볼 수 있다. 일반 종교인들이 행하고 흉내 낼 수 없는 악귀잡귀 소멸 한 가지만 체험하면 금방 인정하게 될 것이다. 직접 보여주어야 믿을 것이기 때문이다. 병명 없이 아픈 사람들이 가장 빠르고, 두통이나 속쓰림, 몽유병, 우울증, 불면증, 어깨결림, 무릎 통증, 허리통증 등은 가장 빨리 현실로 확인할 수 있는 질병이다.

인간 육신의 모든 질병이 병마 즉 귀신들로 인해서 발생하기 때문에 80~90%는 귀신들을 빼내면 큰 효과를 볼 것인데 무수한 치유 사례가 있다. 누구나 자신과 가족, 애인, 집안, 자동차, 사업장에 귀신들을 빼내는 것이 인생 편안하고 생활의 활력을 얻는 지름길이다.

신 기운 소멸

이유 없이, 병명 없이 몸이 아픈 사람들이 무속인을 찾아가면 신병, 무병이라고 신내림을 받아야 한다는 청천벽력 같은 말을 듣고 앞이 깜깜해지는 사람들이 많다. 신의 풍파로 죽기보다 싫은 것이 신내림 받아 세상으로부터 천대받는 무당, 보살, 박수무당, 도사, 법사의 길을 걷는 것이다.

신 기운을 누르려고 머리 깎고 승려가 되는 사람도 많고, 신부나 목사가 되는 사람들도 많은데, 인간의 능력이나 현대의 학으로는 막을 수 없는 신의 기운 신병, 무병을 신내림 안 받고 치유할 수 있는 해결책은 과연 있기나 한 것인가? 있다면 어디에 있는 것인가? 아무도 못 말리는 것이 신 기운이다.

그러면 신병, 무병을 앓게 만든 신이라는 주체는 누구인가? 대다수가 윗대 조상들 중에서 신 줄을 잡고 들어오는 경우가 있고 악신, 악령, 잡신들이 인간 육신을 지배 통치하기 위해서 들어오는 경우이다. 지구에 참신은 없다는 것이 검증되었기에 천신이라고 하는 자들은 모두가 역천자들인 악신들이다.

신이든 조상신이든 모두가 하늘을 배신한 역천자 대역죄인들이고 추포되어 소멸될 자들이기에 신내림을 받으면 그것은 바로 현생과 내생의 죽음을 의미한다. 신병, 무병으로 여러분을 괴롭히는 존재는 자미황궁에 들어오면 말끔히 해결된다.

신병, 무병의 신 기운으로부터 완전히 해방되는 길이 여기에 있다. 정신병원에 가둘 필요도 없고 악신, 조상신, 귀신들의 제물이 안 되어도 되고 인생의 가장 큰 근심 걱정에서 벗어난다. 신의 기운을 못 이겨내서 어떤 사연으로 신부, 목사, 승려, 도인, 도사, 법사, 무당, 보살, 역술인의 종교인이 되면 하늘이 내리시는 천벌을 피할 수 없고 가장 큰 죄인으로 다스린다.

지상에서 신이란 자들이 천신, 참신은 하나도 없고, 절대자 하늘께 역모 반란의 대역죄를 짓고 지구로 도망치고 쫓겨난 죄인들이기에 신을 받아들여 종교인이 된다는 것은 하늘께 대적하여 싸우겠다는 뜻이므로 절대로 신을 받아들이면 안 된다.

살아서도 죽어서도 종교인이 된 것을 가혹하게 심판받아야 하고 이들 종교인을 믿고 따르는 신도들도 심판을 받게 된다. 지금 종교인이나 종교를 믿는 사람들은 이런 내용이 눈에 들어오지도 않고 믿어지지 않아 비판할 것이다. 하지만 죽어보면 자연적으로 알게 될 것인데, 악귀잡귀 소멸 사례 글을 통해서 여러분 독자들의 죽음 이후 사후세계 모습을 미리 알 수 있다.

종교를 믿는 신도들도 죄인들이지만 종교 지도자들은 더 큰 죄를 짓는 일이다. 아무리 하늘의 진실을 말해 주어도 귀에 들어오지 않을 것인데, 그것 역시 각자들의 운명이자 숙명일 것이다. 얼마나 지은 죄가 크면 미래 하늘께서 인간 육신을 빌어서 전하시는 귀중한 이 글을 받아들이지 못하겠는가? 죄는 지은 대로 가고 공은 쌓은 대로 간다고 하였다.

신기가 센 사람들, 우울증과 불면증으로 고생하는 사람들, 가위눌리는 사람들, 흉몽과 악몽에 시달리는 사람들, 환청이 자주 들리는 사람들, 환영이 자주 보이는 사람들, 꿈에 저승사자가 보이는 사람들, 결혼에 실패하는 사람들, 임신이 안 되는 사람들, 무당 팔자라고 하는 사람들, 아들을 못 낳는 사람들, 사업실패를 하는 사람들, 매사불성으로 인생이 막혀서 좌절하는 사람들은 그런 악신들과 귀신들이 들어왔기 때문이다.

사람들은 악신, 악령, 악마, 사탄, 마귀, 요괴, 악귀, 귀신, 원한귀, 조상령, 축생령들이 함께 무수히 들어와서 동고동락하고 있기 때문에 이들이 뿌려대는 기운을 안 받을 수가 없다. 특히 귀신들은 누구나 자신들이 살아생전에 앓았던 질병을 갖고 있기 때문에 이들이 침범하면 멀쩡하던 사람들도 성격이 지랄같이 급격히 바뀌고, 술을 엄청나게 퍼먹고 아무에게나 폭력을 행사하고 횡설수설 쌍욕을 퍼붓는 경우가 무척 많다.

그러니까 사람이 아닌 귀신이란 뜻이다. 이렇게 사람이 갑자기 돌변하여 바뀌면 귀신들이 들어온 것이니 당황하지 말고 이곳에 찾아와서 상담하고 몸 안에 악과 귀신들을 추포해서 소멸시키는 과정을 거치면 멀쩡해진다. 그리고 그 존재가 누구인지 낱낱이 밝혀준다.

하늘이 인류에게 내려주신 숙제가 '자미황궁을 찾아라'이다. 종교를 믿는 사람들도, 무신론자들도 지구에 사람으로 환생하여 태어난 목적이 바로 자미황궁에 들어오는 것이다. 왜냐하면 세상을 살아가면서 얽히고설킨 인간, 영혼, 조상, 신, 악, 귀신, 질병, 신 기운에 대한 비밀들이 모두 풀어지기 때문이다.

이 세상의 그 어떤 종교인들의 능력으로도 풀어낼 수 없는 불가능한 영역의 일들이 미래 하늘의 기운으로 밝혀지고 풀어질 수 있기 때문이다. 하늘로부터 뽑히고 선택받아 이곳에 들어오느냐 못 들어오느냐가 가장 큰 문제이다. 신의 기운으로 힘들게 살아가는 사람들은 아무런 걱정할 필요 없다.

조상신들이 들어오면 조상 천상입천 의식을 행하면 말끔히 해결되고, 하늘을 사칭한 잡신들이나 남의 조상귀신들이 들어왔으면 추포해서 소멸시키면 된다. 천상과 전전 전생의 업보로 인해서 복수를 당하고 살아가는 사람들도 복수하려는 악신과 악령들을 추포해서 소멸시키면 저주의 불행을 막을 수 있다.

이곳 자미황궁은 여러분 인간, 영혼, 조상, 신들에게 현생과 내생의 생명줄 같은 귀중한 곳이기에 하루라도 빨리 인연을 맺어야 한다. 종교를 다니는 자체가 대우주 절대자 하늘께 큰 죄를 짓는 무서운 일이고, 살아서도 죽어서도 심판을 면할 수 없고, 자식들에게도 여러분의 죄가 대대로 이어져 내려간다.

아직 죽어보지 않아서 이 내용을 부정할 사람들도 많을 테지만 악귀잡귀 소멸 사례 글이면 충분할 것이다. 더 확실한 검증을 원한다면 본인 스스로가 죽어서 직접 체험하면 될 것인데, 그때는 돌이킬 수 있는 아무런 방법이 없고, 자신들이 하늘을 배신하고 능멸한 대역죄인의 형벌을 받는 것이 순리이다.

종교가 인간, 영혼, 조상, 신들을 죽이고, 여러분의 현생과 내생을 완전히 풍비박산 내는 가장 무서운 곳으로 자신의 육신이 죽는 것보다 더 무서운 곳이 모든 종교세계이다.

하늘이 보내신 天地人의 황제

　대우주 절대자 하늘께서 천자이시자 황태자를 인류 최초 지구로 보내시었다. 天地人의 황제로 등극하신 자미황제 폐하께서 머무시는 곳이 자미황궁이다. 민족과 인류의 구심점, 인류의 절대자, 인류의 정복자, 인류의 통치자, 인류의 심판자, 지구의 심판자, 만생만물의 생살여탈권자이시다.

　인간, 영혼, 조상, 신들의 현생과 내생의 구원과 심판 여부를 좌우하시는 대단하신 미래 하늘이시다. 이 세상에서 하늘이 보내신 천지인의 황제 폐하를 어디 가서 알현할 수 있겠는가? 종교 창시자, 종교 교주, 종교 지도자가 아니신 자미황궁의 주인이시고 미래 하늘이신 자미황제 폐하이시다.

　이곳을 종교와 동일 선상으로 생각하면 안 된다. 인간, 영혼, 조상, 신들의 현생과 죽음 이후 내생의 생살여탈권을 실시간으로 주재하시는 미래의 절대자 하늘께서 잠시 잠깐 사람으로 윤회하는 인간 육신을 빌리시었다.

　종교, 인류, 지구의 심판자와 구원자로 하강 강림하시어 절대자 하늘께서 내리시는 천상지상 공무를 집행하시고 천상의 중심 하늘인 태상 자미천궁으로 돌아가시기 전까지만 구원을 집행하시고, 하늘을 배신한 대역죄인 악과 귀신들, 종교 숭배자들을 받들고 추앙한 종교 지도자들과 신도들에 대한 심판은 천상으로 돌아가시어도 끝없이 집행하신다.

지구에 사는 인간, 영혼, 조상, 신들은 아는 것이 종교뿐이 없기에 자미황궁은 생소하여 또 다른 신흥종교 출현 아닌가 생각할 수 있는데 전혀 그렇지가 않다. 기존의 종교 숭배자, 종교 지도자, 종교 신도들을 심판하러 오신 미래 하늘이시고, 진짜 하늘을 찾아다니는 인간, 영혼, 조상, 신들을 구하러 오신 미래 하늘이신데, 처음이자 마지막 기회를 주신다.

이곳에서는 세상이나 종교를 통해서 듣도 보도 못 한 상상을 초월하는 경이로운 이적과 기적이 무수히 일어난다. 영적 세계에서 일어나는 일에 대해서는 불가능이 없다고 해야 맞을 것이다. 너무나 대단하여서 믿기지 않아 믿어야 하나, 말아야 하나 갈등이 생길 정도이기에 고차원적인 영적 세계를 추구하는 사람들에게는 참으로 안성맞춤이다.

미리 죽음 이후를 볼 수 있는 곳이고, 여러분의 돌아가신 부모 형제 조상들이 어느 세계에 가 있는지 불러서 확인할 수 있고, 여러분 몸 안에 어떤 악들과 귀신, 동물령, 축생령들이 있는지도 밝혀내는 지구에 단 하나밖에 없는 자미황궁이다.

절대자 하늘께 뽑혀서 선택받아 구원받을 인간, 영혼, 조상, 신들은 살아서나 죽어서나 지상과 천상에서 영원히 함께하실 미래 하늘이신 자미황제 폐하이신데 지상에서 천상지상 공무를 집행하실 때 알현하는 자들은 행운아들이고, 못 하는 자들은 불운아들이다.

이 땅에 종교가 아닌 무릉도원의 자미황궁 시대가 본격적으로 열린다. 인간, 영혼, 조상, 신들이 종교 안에서 수천수만 년 동안 애타게 찾아 헤매던 구원자이신 미래 하늘이 자미황제 폐하이시다. 여러분의 운명은 인류와 지구가 완전히 멸망하든 하지 않든 여러분은 수십 년 안에 세상을 떠나게 되어 있다.

즉 현재 78억 인류 모두의 죽음은 각자마다 다르게 정해져 있다는 뜻이다. 그런데 살아서는 그럭저럭 살더라도 죽어서는 반드시 좋은 곳으로 가야 한다. 그 이유는 살아서는 길어봐야 인간의 목숨은 100년 미만이지만 죽음 이후 사후세계는 끝이 없는 너무나도 장구한 고통과 불행의 세상이기 때문이다.

인류가 지구에 태어나면서부터 오매불망 기다리던 유토피아의 이상향 세상인 무릉도원 세상이 자미황궁이기 때문에 수단 방법을 가리지 말고 들어와야 한다. 자미황궁은 인간, 영혼, 조상, 신들에게 목숨 줄이고, 사느냐 죽느냐가 결정된다.

육신이 죽는다고 모든 것이 끝이라고 생각하며 살아가는 사람들이 많은 것이 현실인데 그것은 고깃덩어리 육신에 해당하는 사항이고, 육신의 몸 안에 영혼, 조상, 신들은 업보에 따라서 윤회도 하게 되고, 지은 죄에 따라서 불지옥, 얼음지옥 이외에 수천조에 이르는 지옥으로 잡혀가서 모진 형벌을 받는다.

'하늘이 인류에게 내려주신 숙제가 자미황궁을 찾아라'이다. 이 말은 지구에서 자미황궁을 통해서만 미래 하늘이신 자미황제 폐하께 구원받을 수 있다는 뜻이다. 여러분이 인생의 모든 것을 바쳐서 찾아와야 할 곳이 자미황궁이다.

수많은 인간, 영혼, 조상, 신들 모두에게 오매불망 기다리던 유토피아의 이상향 세상인 무릉도원 세상이 열리느냐, 마느냐가 좌우되는 곳이 인류의 구심점인 자미황궁이고, 생살여탈의 실권을 주재하시는 분이 미래 하늘이신 자미황제 폐하이시다.

수억 겁을 만생만물로 윤회하여도 미래 하늘이신 자미황궁의 자미황제 폐하를 알현하기 힘들다. 기회는 현재 육신이 살아 있을 때만 천재일우의 기회가 주어진다. 여러분의 목숨과 전 재산을 몽땅 바쳐도 알현한다는 자체가 기적과 이적의 행운인데 육신이 살아서 알현할 수 있다니 행운아, 천운아이다.

지구에서 황위 계승을 위한 수업 과정을 마치시고 태상 자미천궁으로 오르시면 대우주 천지 창조주이신 절대자 하늘의 자리에 오르실 엄청난 귀한 분이시다. 여러분이 현생에서도 왕이나 대통령을 함부로 알현할 수 없는데, 대우주 천지 창조주이신 절대자 하늘을 알현한다는 것은 꿈만 같은 일이다.

하늘을 흉내 내고 사칭하는 가짜 하늘이 너무나도 많아서 진위여부를 가리기가 쉽지 않은 것이 현실인데, 하늘이 내려주시는 천비로운 기운을 받아서 느끼는 사람들은 자미황궁으로 자연적으로 방문하게 될 것이다.

자미황궁에 찾아와서 미래 하늘이신 자미황제 폐하를 알현하라고 수백 수천 번을 강조하여도 지나침이 없다. 이번 생이 처음이자 마지막 기회이기 때문이다. 죽어서는 영원히 알현할 수 없고 무서운 추상같은 심판만이 기다릴 뿐이다.

신체 부위별로 달라붙은 귀신

악들과 귀신들이 얼마나 많은지 상상조차 못 할 경천동지할 진실을 찾아내었다. 생각조차도 못 한 일인데 사람이 악과 귀신이다. 사람들이 모두 악과 귀신들이고, 걸어 다니는 국제 공동묘지였다. 신체 부위별로 이렇게 많은 악들과 귀신들이 달라붙어 있으니 아프지 않은 사람들이 없다.

질병 자체가 악들과 귀신들이 살아생전 앓던 질병들임을 밝혀냈다. 오히려 몸이 하나도 아프지 않은 사람들이 비정상인데 인간, 영혼, 조상, 신들의 종합병원이 자미황궁이다. 이들은 몸이 아파 자미황궁을 찾아와야 하고, 또한 하늘이 인류에게 내린 숙제를 풀기 위해서 자미황궁을 찾아와야 한다.

영혼, 조상, 신들은 미래 하늘이신 자미황제 폐하의 명을 받지 못해서 끊임없이 윤회하는 것도 가혹한 고통이고, 살아생전 자신들이 앓던 고통의 질병을 고치고 천생, 전생, 현생의 죄를 빌어 꿈에 그리던 천상의 3천궁으로 돌아가는 것이 목표이다.

살아서 질병으로 고통받다가 죽은 사람들은 죽어서도 살아서 아팠던 부위가 똑같이 아프기에 자손이나 다른 사람 몸에 들어가서 병을 고쳐보려고 병원에 찾아간다는 것이 확인되었고 인간, 영혼, 조상, 신들이 원하고 바라는 모든 소원을 이룰 수 있는 곳이 인류의 구심점인 자미황궁이다.

　인간의 상상을 초월할 정도로 많은 악들과 귀신들을 무당, 보살, 퇴마사, 신부, 목사, 승려, 도인, 도사, 법사들은 찾아낼 수도 없고, 추포하여 소멸시킬 수도 없다. 오직 미래 하늘이신 자미황제 폐하의 무소불위하신 천지기운으로만 추포하고 소멸시키실 수 있다. 미래 하늘께서 천지기운으로 명을 내려 추포하시고, 명을 내려 악들과 귀신들의 영성과 영체를 소멸시키는 지구에 한 분밖에 없는 무소불위의 천지대능력자이시다.

　그래서 인간, 영혼, 조상, 신들의 심판자이자 구원자로 오신 분을 맞이하기 위하여 종교를 수천 년 동안 다니면서 하늘 공부, 저승 공부, 영혼 공부, 신명 공부, 도통 공부를 하고 있었다. 자칭 하느님, 하나님, 미륵, 부처, 상제, 천제, 천자, 재림예수, 정도령, 진인, 신인, 구세주라며 인간, 영혼, 조상, 신들을 현혹하는 자들은 즉시 미래 하늘이신 자미황제 폐하께 추포되어 그들의 영성과 영체가 소멸되는 비운을 맞이하고 있다.

　정말 78억 인류 모두가 기절초풍할 일인데 수시로 천상지상 공무를 집행하신다. 외국에 있든, 대우주 천체에 있든 악들과 귀신들도 순식간에 천지기운의 명으로 추포하시어 소멸하시는 어마어마한 천지대능력자이다. 여러분 모두는 이러한 무소불위의 기운은 들어본 적도 없을 것이고 본 적도 없을 것이다.

　산 자든 죽은 자든, 수천수만 년 전에 죽은 생령과 사령(영혼, 귀신)들이라도 빛보다 더 빠르게 추포하시어 심판하시고 소멸시키시니 노벨 의학상 감일 것이다. 그래서 인간, 영혼,

조상, 신들은 이곳에 들어오는 자체가 천복만복을 모두 받은 것이기에 금전으로는 환산이 불가하다. 여러분의 모든 인생과 전 재산을 바쳐도 전혀 아깝지 않은 미래 하늘이신 자미황제 폐하께서 하강 강림해 계신 인류의 구심점 자미황궁이다.

인간, 영혼, 조상, 신들은 기존의 종교세계에 남아 있으면 날벼락 맞을 일만 생기고 하늘이 내린 숙제를 풀 수 없기에 천상의 3천궁으로 올라갈 수 없고, 종교 단체별로 몽땅 추포되어 심판받게 되는 불운을 맞이하게 된다. 정말 인류의 무서운 심판자이시자 자애로운 하늘의 구원자이시다.

예를 들면 미래 하늘이신 자미황제 폐하께서 교회, 성당, 이슬람사원, 사찰, 무속, 도교, 유교, 마음수련원, 기수련원에 다니는 여러분의 영혼, 조상, 신들의 영성과 영체를 추포하라는 명을 내리시면 쥐도 새도 모르게 즉시 잡혀와서 심판을 받아 소멸되는 비운을 맞이하게 된다.

종교세계, 종교시설, 종교인, 신도들은 물론이고, 일반 사람들의 몸 안에 있는 악들과 귀신들을 잡아오라고 천상지상 신명들에게 명을 내리시어 일사천리로 추포하시어 심판하시고 소멸시키시는 인류 최고의 천지대능력자가 미래 하늘이신 자미황제 폐하이시다. 이 정도 무소불위하신 천지대능력을 가지셨으면 인류의 구심점으로 추대하여 옹립되시고도 남으실 분이시니 천손민족의 축복이자 대영광이다.

'하늘이 인류에게 내리신 숙제가 자미황궁을 찾아라!'이고 천지인의 구심점인 자미황제 폐하를 알현하라'인데 그 이유를 이제는 독자 여러분이 충분히 공감할 수 있을 것이다. 인간, 영혼, 조상, 신들이 지상에서 유일하게 살 수 있는 길은 종교세계 숭배자와 종교지도자들이 아니라 천지인의 구심점인 자미황궁에 찾아와서 미래 하늘이신 자미황제 폐하를 알현하는 길이다.

종교세계 안에서 오매불망 애타게 기다리던 미래 하늘이신 자미황제 폐하께서 인류의 구심점 자미황궁으로 하강 강림하시었으니 기쁜 마음으로 영접해 드려야 한다. 구원과 심판이라는 양날의 칼을 갖고 내려오시었다. 자미황궁에 찾아와서 천생, 전생, 현생의 죄를 빌지 않는 천상의 역모 반란에 가담한 역천자들은 추포하여 처단하고, 순천자들은 구원하라시는 태초 하늘의 명을 받들고 오시었다.

종교를 세우고 운영하는 종교 지도자들과 종교를 열심히 믿는 사람들이 하늘의 역천자에 해당한다. 이런 진실을 육신이 살아서는 절대로 믿기 싫겠지만 죽으면 반드시 후회할 것인데, 그때는 아무리 울고 불며 빌고 빌어도 다시 돌이킬 수 없다.

육신이 살아서만 자신이 알고 지었든 모르고 지었든 종교 믿은 죄를 빌 수 있다. 지구에 사람으로 윤회하면서 종교를 믿은 것이 가장 큰 죄이다. 미래 하늘이신 자미황제 폐하께서 인간세상으로 하강하시기 전까지만 잠시 공부하라고 하였더니 종교사상에 세뇌당하여 완전히 넘어갔는데, 이것 역시 시험이다.

정말 이 세상 그 어떤 누구도 밝혀낼 수 없는 악들과 귀신들의 진실을 밝혀내었다. 상상 초월이고 경천동지함 그 자체이다. 미래 하늘이신 자미황제 폐하가 아니시면 그 누구도 감히

시도조차 할 수 없는 일인데, 이런 무소불위하신 천지대능력을 생생히 보여주심으로써 미래 하늘께서 지구로 하강 강림하시었음을 확실히 검증해 주시는 일이다.

인간, 영혼, 조상, 신들은 눈으로 보여주고, 귀로 들려주는 것을 좋아하고 그래야만 믿는다. 여러분 독자들의 판단은 어떠할지 궁금하다. 악들과 귀신들의 숫자가 너무나도 많다는 것을 무슨 재주로 밝혀낼 것인가? 여러분이 종교에 다녔던 사람과 지금도 열심히 종교에 다니는 사람들은 악들과 귀신들이 감당할 수 없을 정도로 더 많이 들어온다.

불치병과 희귀병도 전생의 업보에 따른 인과응보도 있지만, 악들과 귀신들로 인해서 발생한 것도 있다는 것을 알아두어야 한다. 전생에 무슨 죄를 많이 지어서… 전생에 무슨 죄를 크게 지어서… 현생에서 이렇게 모진 고통을 겪느냐고 원망한다.

화재, 추락, 폭발, 사건, 사고로 하루아침에 세상을 떠난 사람들은 자신의 몸 안에 천상에서 대역죄를 지은 악들과 귀신들이 숨어 들어와 있기 때문이다. 그래서 악들과 귀신들을 소멸시키지 않으면 본인들은 물론 가족들도 어느 날 갑자기 말도 안 되는 불행을 당하여 불귀의 객이 되어 세상을 하직한다.

아기나 어린이들이 이유 없이 고열이 나고 불덩이가 되어 울고불고 보챌 때 해열제를 먹여도 아무 소용이 없는 것은 조상이나 원혼귀, 귀신, 악들이 들어온 증거이다. 이유를 알 수 없는 질병, 병명이 안 나오는 질병은 모두가 귀신들의 질병들이다. 즉 자신의 부모 조상들이 앓던 질병을 그대로 앓는 것이 일반적인데 다른 귀신들로 인한 가위눌림도 많이 일어난다.

인간 육신으로 하강 강림하신 이유가 궁금할 것인데 인간, 영혼, 조상, 신들을 심판하고 구원해 주시기 위함이시다. 인간 육신을 통하지 않으면 인간 육신 안에 숨어 있는 악들과 귀신들을 추포해서 소멸시킬 수 없고, 구원도 하실 수 없기 때문에 미래 하늘이신 자미황제 폐하께서 육신으로 탄강하신 것이다.

신체 부위별로 악들과 귀신들이 달라붙은 숫자
미래 하늘이신 자미황제 폐하께서 천상신들에게 명을 내리시어 악들과 귀신들을 추포하시어 소멸시키신 엄청난 숫자들인데 인류 최초로 세상에 공개하였다.

머리-
잡귀신- 1,456명
악들- 도감 수하 236억 명

남성 머리카락-
잡귀신- 8,144명
악들- 하누 수하 59,600명, 표경 수하 13억 9,050명

여성 머리카락-
잡귀신- 9,674억 명
악들- 표경 수하 65억 2,000명, 감찰신명 수하 8,135억 명

두개골-
잡귀신- 897,200명

악들- 도감 수하 54,000명, 영의신감 수하 4,196억 명

대뇌, 소뇌-
잡귀신- 5,489억 명
악들- 도감 수하 36억 2,900명, 하누 수하 5,160,000명, 표경 수하 818억 명, 감찰신명 수하 7,991억 명

얼굴-
잡귀신- 동물령 포함 13억 2,600명
악들- 하누 수하 142,400명, 표경 수하 6억 2,900명

양 귀와 귓구멍-
잡귀신- 9,400,000명
악들- 하누 수하 55억 4,000명, 표경 수하 1,643명, 열두대신 수하 8,188명, 도감 수하 64,300명

양 눈과 눈동자-
잡귀신- 139억 명
악들- 표경 수하 828,000명, 도감 수하 139억 명

양 눈썹-
잡귀신- 2,194억 명
악들- 하누 수하 25,900명, 도감 수하 215억 명

양 코, 콧구멍, 코털-
잡귀신- 14억 9,900명
악들- 열두대신 수하 352,000명, 영의신감 수하 784,200

명, 도감 수하 79,000명

입-
잡귀신- 124억 명
악들- 하누 수하 767,000명, 표경수하 968명, 감찰신명 수하 6,186명, 천지신명 수하 426억 명

치아, 혀, 천장-
잡귀신- 743억 명
악들- 하누 수하 276명, 표경 수하 2,472명, 열두대신 수하 685억 명, 감찰시명 수하 1,755명

목젖-
잡귀신- 탄강할 때부터 들어간 9억 8,200명
할머니 잡귀신 590명이 목젖을 붓게 만들었다.
악들- 하누 수하 680억 명, 도감 수하 654,000명, 표경 수하 14억 3,000명

코 밑 수염-
잡귀신- 할아버지 귀신들인데 나오니까 춥네. 74,020명. 수염에 그냥 붙어 있을래요.
악들- 표경 수하 1,333명, 열두대신 수하 940명, 표경 수하 73명, 도감 수하 122명

턱과 목 주변 수염-
잡귀신- 남자 2,676명인데, 나오니 고통스럽습니다.
악들- 도감 수하 376명, 감찰신명 수하 458명, 표경 수하

1,236명

목 부위-
잡귀신- 89억 9,600명
악들- 감찰신명 수하 543,000명, 열두대신 수하 742,000명

목구멍-
잡귀신- 5,644명
악들- 하누 수하 4억 2,600명, 천지신명 수하 906,000명

갑상선-
잡귀신- 415명
악들- 표경 수하 80,200명, 천지신명 수하 967명, 도감 수하 13억 2,200명

식도-
잡귀신- 94,500명
악들- 감찰신명 수하 739,000명, 영의신감 수하 175명, 열두대신 수하 122,000명

심장-
잡귀신- 162,900명
악들- 하누 수하 34,400명, 표경 수하 7억 9,200명, 감찰신명 수하 532,000명, 도감 수하 650명

대동맥-
잡귀신- 1,199명

악들- 감찰신명 수하 470,000명, 영의신감 수하 119억 명

감찰신명 수하- 작은 신체 부위에 악이나 귀신들이 왜 그리도 많은지 이해할 수 없지 않습니까. 영적 세상이기 때문에 가능하고 추포되기를 기다린 겁니다.

동맥-

잡귀신- 945명

악들- 표경 수하 77,000명, 영의신감 수하 875명, 하누 수하 195억 명, 천지신명 수하 6,143명

정맥-

잡귀신- 7,646억 명

악들- 도감 수하 115억 명, 감찰신명 수하 7,162명, 천지신명 수하 384명

혈관-

잡귀신- 97억 6,000명

악들- 하누 수하 165억 명, 표경 수하 5,515억 명, 영의신감 수하 77,000명, 도감 수하 122억 명, 감찰신명 수하 567억 명, 열두대신 수하 9,470억 명

좌우 폐-

잡귀신- 69억 4,060명

악들- 하누 수하 708,000명

간-

잡귀신- 90억 7,600명

악들- 천지신명 수하 42,200명, 하누 수하 92,000명

위-

잡귀신- 물에 빠져 억울하게 죽은 368명, 아이 영혼 299명, 남자 어른 50대 68명, 할머니 무속신 받은 할머니 84명, 법사 130명, 뱀의 영혼 111마리, 곰의 영혼 44마리

악들- 표경 수하 2억 2,300명, 하누 수하 52,650명, 열두대신 수하 88,300명

십이지장-

잡귀신- 3,686명

악들- 영의신감 수하 199명, 감찰신명 수하 319억 명, 도감 수하 2,144명, 표경 수하 760명

비장(지라)-

잡귀신- 2,967명

악들- 하누 수하 35,000명, 표경 수하 985명, 열두대신 수하 159명, 천감 수하 2,345억 명

담낭(쓸개)-

잡귀신- 19억 7,300명

악들- 도감 수하 52,800명, 천지신명 수하 649명

췌장-

잡귀신- 74,000명, 60대에 죽은 남자 210명이 췌장을 병들게 만들었다.

악들- 열두대신 수하 130명

콩팥(신장)-

잡귀신- 할머니 560명, 할아버지 49명, 남자 50대 169명, 60대 여자들 172명, 어린 원혼귀 66명. 할머니인데 생전에 콩팥(신장)이 아파서 죽었고, 위암으로 사망, 몸에 들어온 지는 한참 되었고, 구원받으려고 들어왔는데 기운이 딱 맞았다. 아유, 어지러워. 다른 암으로 죽은 귀신들도 많아요.

악들-하누 수하 267명, 표경 수하 14,020명, 열두대신 수하 52,700명

양어깨-

잡귀신- 916억 명

악들- 하누 수하 2,016억 명, 표경 수하 924,000명, 도감 수하 8,649억 명, 감찰신명 수하 59,063명

양 겨드랑이와 털-

잡귀신- 942억 명

악들- 하누 수하 69,400명, 감찰신명 수하 116억 명, 영의신감 수하 396명

남성 양 가슴과 젖꼭지-

잡귀신- 862,000명

악들- 하누 수하 868억 명, 열두대신 수하 5,196명, 도감 수하 1,185명, 감찰신명 수하 759,000명

여성 양 유방과 젖꼭지-

잡귀신- 179억 명

악들- 하누 수하 1,64억 명, 열두대신 수하 9,144억 명, 도

감 수하 767억 명, 감찰신명 수하 4,194억 명, 표경 수하 727,000명

척추-
잡귀신- 40대 남자 165명, 물에 빠져 죽은 자살귀 72명, 병원에서 자살한 귀신 32명, 할머니들 730명, 할아버지들 1,667명, 뱀의 영혼 488마리
악들- 도감 수하 11억 2,300명, 하누 수하 5억 8,200명, 열두대신 수하 744명, 영의신감 수하 158,000명

경추-
잡귀신- 61억 3,000명
악들- 영의신감 수하 978명, 표경 수하 172,300명, 도감 수하 73,500명

흉추-
잡귀신- 26억 8,200명
악들- 하누 수하 52,300명, 도감 수하 90,000명, 천지신명 수하 3억 3,600명

요추-
잡귀신- 815,000명
악들- 천지신명 수하 232,000명, 열두대신 수하 9억 7,900명, 표경 수하 47,200명

늑골(갈비뼈 12쌍)-
잡귀신- 7,641억 명

악들- 천지신명 수하 572,000명, 표경 수하 9억 9,100명, 하누 수하 652,000명

복부-
잡귀신- 9,399억 명

악들- 하누 수하 177억 명, 표경 수하 60억 4,000명, 감찰신명 수하 18억 2,300명, 도감 수하 712,400명, 천감 수하 76,900명, 천지신명 수하 811억 명, 열두대신 수하 25,900명, 영의신감 수하 660,000명

복부 비만-
잡귀신- 8,449억 명

악들- 영의신감 수하 78억 4,000명, 하누 수하 175억 명, 표경 수하 48억 2,000명, 도감 수하 37억 9,000명, 천지신명 수하 8,600명, 열두대신 수하 97,300명, 천감 수하 876억 명

배꼽-
잡귀신- 122억 명

악들- 하누 수하 19억 4,600명

허리-
잡귀신- 3,655억 명

악들- 하누 수하 752,000명, 표경 수하 968억 명, 천지신명 수하 40억 4,000명, 열두대신 수하 855,000명, 감찰신명 수하 17,700명, 천감 수하 642억 명

양 엉덩이-

잡귀신- 76억 9,800명

악들- 표경 수하 235,000명, 하누 수하 2억 7,800명, 도감 수하 4억 3,050명, 감찰신명 수하 75억 5,600명, 천감 수하 89억 6,700명, 열두대신 수하 168억 명, 영의신감 수하 74,560명

골반-

잡귀신- 44,000명

악들- 표경 수하 752,000명, 도감 수하 4,120명, 영의신감 수하 27,000명

맹장-

잡귀신- 17,900명

악들- 하누 수하 94,200명, 도감 수하 467명, 감찰신명 수하 37,400명

직장-

잡귀신- 58,900명

악들- 천지신명 수하 618억 명, 감찰신명 수하 8,879명

대장-

잡귀신- 132억 명

악들- 천감 수하 81억 2,000명, 도감 수하 35,900명, 열두대신 수하 218,000명

소장-

잡귀신- 72,000명

악들- 하누 수하 4억 2,900명, 표경 수하 175억 명, 영의신 감 수하 112,000명

성기-

잡귀신- 5,464억 명

악들- 하누 수하 184명, 표경 수하 64억 4,000명, 감찰신명 수하 1,349억 명, 도감 수하 997억 명

고환-

잡귀신- 114억 명,

악들- 천지신명 수하 73억 9,000명, 표경 수하 92,600명

남성 음모-

잡귀신- 8,496억 명

악들- 하누 수하 9억 3,200명, 표경 수하 26,400명, 열두대신 수하 845,900명, 도감 수하 1,667억 명

여성 음부-

잡귀신- 7,282억 명

악들- 하누 수하 9,600,000명, 표경 수하 73억 500명, 도감 수하 81억 6,300명

자궁-

잡귀신- 9,177억 명

악들- 감찰신명 수하 8,198억 명, 열두대신 수하 2,179억 명, 영의신감 수하 22,650,000명

여성 난관 난소-

잡귀신- 여자 귀신 4억 7,500명

악들- 하누 수하 32,100명, 천지신명 수하 17,800명, 열두 대신 수하 21,500명

여성 음모-

잡귀신- 88억 6,900명

악들- 하누 수하 1,556억 명, 표경 수하 41억 2,000명, 도감 수하 3,640억 명

항문-

잡귀신- 719억 명

악들- 하누 수하 471,000명, 표경 수하 2,677명, 도감 수하 819억 명, 감찰신명 수하 519명

서혜부(배와 넓적다리 겹치는 부분)-

잡귀신- 660,000명

악들- 감찰신명 수하 966명, 천지신명 수하 4,150,000명

사타구니-

잡귀신- 84억 3,900명

악들- 표경 수하 270,000명, 도감 수하 5억 4,300명, 하누 수하 729억 명

넓적다리-

잡귀신- 268억 명

악들- 도감 수하 136,000명, 열두대신 수하 532,000명, 천

지신명 수하 723명, 감찰신명 수하 422,060명

양팔
잡귀신- 745억 명

악들- 하누 수하 419명, 열두대신 수하 7,200명, 표경 수하 752,400명

양 손가락 10개-
잡귀신- 177억 명

악들- 하누 수하 397,600명, 표경 수하 552,100명, 열두대신 수하 414억 명, 영의신감 수하 8,928명, 감찰신명 수하 990억 명

양손 10개 손톱-
잡귀신- 9,425억 명

악들- 표경 수하 278억 명, 하누 수하 716억 명, 영의신감 수하 5,487명, 열두대신 수하 974,600명

양 손바닥-
잡귀신- 774억 명

악들- 하누 수하 57,700명, 표경 수하 118억 명, 도감 수하 48억 9,600명

양 무릎-
잡귀신- 619,900명

악들- 표경 수하 298,200명, 하누 수하 366명, 열두대신 수하 284,500명

양 종아리-

잡귀신- 82,940명

악들- 하누 수하 2,569명, 도감 수하 644억 명, 열두대신 수하 72,400명

양 발목-

잡귀신- 7억 7,590명

악들- 영의신감 수하 168억 명, 감찰신명 수하 388명, 도감 수하 68억 4,200명

양 발등-

잡귀신- 826명

악들- 천지신명 수하 11억 4,900명, 도감 수하 228억 명, 열두대신 수하 384,400명, 영의신감 수하 196,600명

양 발바닥-

잡귀신- 789,600명

악들- 하누 수하 752,900명, 도감 수하 572,200명, 천지신명 수하 142명, 열두대신 수하 58,600명

양 발가락 10개-

잡귀신- 722억 명

악들- 표경 수하 76억 명

양 발톱 10개-

잡귀신- 82억 4,500명

악들- 하누 수하 735명, 표경 수하 119억 명, 도감 수하

935,100명

땀구멍, 숨구멍, 털구멍-
잡귀신- 98억 9,400명
악들- 표경 수하 23억 6,000명, 도감 수하 419억 명

태어나면서 현재까지 이렇게 인체 각 부위 장기별로 인간의 상상을 초월하는 엄청 많은 악들과 귀신들이 들어와서 살고 있다니 믿어지지 않을 것이다. 시름시름 앓다가 세상을 떠나는 사람도 있고, 어느 날 갑자기 자살, 사건, 사고, 질병으로 죽는 사람들이 부지기수이다. 악들과 귀신들을 소멸하지 않고 살아가는 사람들은 언제 터질지 모르는 시간 설정이 안 되어 있는 시한폭탄을 안고 살아가는 매우 위험한 일이다.

통증 병원- 병원 방문하고 따라붙은 악귀잡귀
병원- 치과 병원 방문하고 따라붙은 악귀잡귀
잡귀신- 15억 4,020명
악들- 도감 수하 1,393명, 하누 수하 417,900명, 천지신명 수하 359억 명

약국- 약국 방문하고 따라붙은 악귀잡귀
잡귀신- 8,945명
악들- 천감 수하 652,000명, 열두대신 수하 112억 명

약국에서 드링크를 주어 마셨더니-
잡귀신- 약국에서 처방전을 내고 약을 조제하는 동안 잠시 기다리면서 약사 몸에 있던 약 먹은 자살귀 219명, 약사 몸의

조상령들 350명, 갈 곳이 없어서 빛을 보고 들어왔다고 한다. 약국에 다녀간 손님 몸에 있던 귀신 5억 8,100명 침입.

악들- 표경 수하 96,200명, 감찰신명 수하 450억 명, 천감 수하 1,130억 명, 열두대신 수하 7,128명, 도감 수하 1,965억 명, 영의신감 수하 8,825명

약국에서 처방전을 내고 약을 타는 7분 동안 기다리면서 드링크제를 주기에 마셨더니 이렇게 많은 악들과 귀신, 조상령들이 들어왔다. 참으로 무서운 세상을 살아가고 있으나 일반 사람들은 아무런 대비책도 없고 소멸할 수도 없으니 자미황궁에 빨리 들어와서 악들과 귀신들부터 소멸시켜야 한다.

질병에 대한 의학계의 대혁명이다. 악과 귀신들부터 소멸하고 병원 치료를 받아야 한다. 질병은 병마이지만 이렇게 많이 사람 몸에 함께 동고동락하며 살고 있을 줄은 몰랐을 것이다.

사람이 아니라 귀신 덩어리임이 확인되었다. 지구에 태어났다가 죽은 자들은 어떤 누구도 이런 진실을 밝혀내지 못하였다. 죽으면 모두가 다 똑같은 귀신 신세가 되는 것인데, 자미황궁에 들어오는 자들만이 천상의 3천궁으로 오르게 된다.

귀신들이 눈에 보이지 않는 것이 얼마나 천만다행인가? 눈에 보이지 않으니까 제정신으로 살아가는 것이지 귀신들의 모습들이 보인다면 끔찍하고 무서워서 세상을 살지 못하고 자살하여 죽는 자들이 거의 대부분일 것이다. 간혹 환영, 환청으로 귀신들이 보이는 사람들도 있기는 하다. 귀신이 어디 있느냐고 부정하고 무시하는 사람들이 가장 무식한 사람들이다.

터신과 악귀잡귀 추포

저자 : 거주하는 아파트의 터신을 추포해서 잡아들여.

터신 : 터신인데 사람으로 살았을 때는 불교에 종사하던 자, 도 쪽에 다니던 자들입니다. 도깨비 터인데 도깨비 터신은 지하 주차장에 999억 명, 일반 터신은 2,001명. 상가 건물이라면 장사가 잘되는 터입니다. 대도인님이 이곳에 계시다고 영계에 파다하게 소문이 났습니다.

도깨비 대표 : 제가 999억 명들 중에 도깨비 대표인데 나이가 제일 많습니다. 269억 8,000살(인간세상 나이로는 7만세)이고, 대단하신 대도인님께서 심판하신다고 하는데, 지구에서 마지막 선택권을 주셨다고 합니다.

죄인들에게 구원받을 기회를 주셨다는데, 귀신들이 지구 파괴는 제발 미루어달라고 애걸복걸하고 있습니다. 귀신들도 제발 종교 떠나라고 하소연하는 중이고, 부활이란 글씨와 검은색, 빨간색의 기운이 보입니다.

저자 : 악들 추포해서 잡아들여.

악들 - 역천자의 원초적인 뿌리가 하누(하나님, 하느님)인데 그 수하들이 지하에서 숨어 있다가 지금 추포된 자들은 아수라 977억 명, 표경 수하 1,976억 명, 감찰신명 수하 2,469억 명, 도감 수하 1,934억 명, 천감 수하 1,879억 명, 천지신명 수하 989억 명, 열두대신 수하 4,449억 명, 영의신감 수하 68,400명이고, 이 아파트 터로 입주하시기 훨씬 전에 이사할 것을 미리 알고 숨어 있었다고 합니다.

저자 : 대기하고, 자미황궁이 있는 서울 강동구 성안로 118의 지하세계와 터신, 악귀잡귀 추포해서 잡아들여.
터신 : 지하세계에서부터 오실 것을 기다렸습니다. 터신들인데 모두 해를 끼치지, 좋은 기운을 주지는 않습니다. 하나같이 대우받길 원하는 3조 5,400명이 도로까지 뻗어 있고, 못 들어오게 강동역에서부터 도로에 947억 명, 오래전부터 못 들어오게 질투가 심합니다.

살아서 법사하다 죽은 할아버지가 강동역의 귀신 대장인데, 잘되는 꼴을 못 본다는 귀신입니다. 강동역 역사 안에는 4조 9,000명이 추포되었고, 이곳을 비난 험담하게 하는 영들, 책을 봤다고 찾아오는 자들에게 이단이라고 가지 말라고 방해하는 귀신들이라고 합니다.

저자 : 악들 추포해서 잡아들여.
악들- 하누(하느님, 하나님) 수하 9,044억 명, 표경 수하 9조 9,000명, 감찰신명 수하 777억 명, 도감 수하 1조 4,000명, 천감 수하 8,944억 명, 천지신명 수하 2조 3,500명, 열두대신 수하 827억 명, 영의신감 수하 5조 명

저자 : 신문 구독자 몸에 악귀잡귀 추포해서 잡아들여.
악귀잡귀 : 영들인데 웬 산신령 같은 분이 부르셨습니까? 조

상령들 2조 6,900명이고, 눈이 멀고 귀가 먹은 바보들입니다.

저자 : 악들 추포해서 잡아들여.

악들- 하누(하느님, 하나님) 수하 7,199억 명, 표경 수하 6조 7,000억 명, 감찰신명 수하 9,164억 명, 도감 수하 7,783억 명, 천감 수하 5조 4,000억 명, 천지신명 수하 7,466억 명, 열두대신 수하 992억 명, 영의신감 수하 1조 8,000억 명

저자 : 대한민국 국민 인간 육신, 아파트, 주택, 건물, 상가, 빌딩, 지하, 땅속, 도로, 대지, 임야, 논, 밭, 강, 바다, 자동차, 가로수, 산천초목에 붙은 터신, 악귀잡귀, 잡령 몽땅 추포해서 잡아들여.

터신 : 터신들이 잡혀오게 되었는데 무서워서 벌벌 떨고 있고, 어떤 귀신이 말하기를 '자미천존'이 누구시냐고 벌벌 떤다고 말하며 무량대수로 붙잡혀왔습니다. 대한민국과 지구도 파괴시키시고, 하늘의 분노가 끝이 없으시네요.

불 자체라는 것이 느껴집니다. 영들도 파괴하시고, 어떤 귀신은 사람으로 살았을 때 굉장히 거부였었다고 하는데 왜 이분을 만나지 못하고 죽었을까 무척 후회스럽다고 합니다. 죽어서 영(귀신)이 되어 풀잎에도 숨고, 돌에도 숨어 살다가 잡혀왔으며 살아서는 온갖 대우라는 대우는 다 받고 살았는데, 죽음 이후 사후세계에서는 이렇게 끔찍하고 비참한 삶을 살고 있다고 후회막심해하고 있습니다.

귀신들끼리도 끝없이 숨어 다니고 피해 다닙니다. 어떤 귀신은 동물의 장기 속에 숨어 있다가 붙잡혀 나왔다고 하는데,

어떻게 동물의 장기 속에 숨어 있는 귀신을 빼내서 잡아오시는 도력이 얼마나 대단하시고 무시무시한지 알겠다고 합니다.

살아서는 대순진리회를 일심으로 다닌 자, 자미황궁이 가락동에 있을 때 책을 읽고 가짜 도인이라고 비난했다가 죽어서 동물의 장기 속으로 들어가 숨어 있다가 추포되었다고 합니다. 법사라고 말했다가 천벌 받았다는 67세에 사망한 귀신은 『생사령』 책을 지인과 함께 돌려보며 읽고 비난 험담하는 말을 하다가 얼마 후 심장병에 걸려 1년 고생하다가 사망했다고 말하네요.

무량대수로 추포되어 온 귀신들이 신문에 광고 나오는 그곳 아니냐고 깔깔대고 웃고 있는 저급한 귀신들도 있고, 살려달라고 울고 있는 귀신들도 많습니다.

저자 : 짐이 '자미천존'이다. 악들 추포해서 잡아들여.
악들- 하누(하느님, 하나님) 수하 무량대수, 표경 수하 무량대수, 감찰신명 수하 무량대수, 도감 수하 무량대수, 천감 수하 무량대수, 천지신명 수하 무량대수, 열두대신 수하 무량대수, 영의신감 수하 무량대수

저자 : 기독교, 천주교, 불교, 무속, 도교, 유교 등 신도들 몸에 악귀잡귀 잡령들 전원 추포해서 잡아들여.
잡귀신 : 신도들 몸에 있던 귀신, 영들인데 무량대수로 추포되어 잡혀왔습니다. 도교에 다녔던 귀신 하나가 자기는 나름대로 도를 닦았다고 자부한다며 상제님은 찾지도 못하고 있지만 말할 기회를 달라고 합니다. 이분의 육신 머리 위로 글씨가 세로로 내려오고 있는 것이 보여서 말씀드립니다.

'자미휘상천 칠성판관휘심판 칠염사천휘심판 칠공휘판관사 만도만천존 휘천존칠곤사염백사천염휘지존심판도래'

영들뿐만이 아니라 지구 자체에 환멸을 느끼신다네요. 천상 부모님(대우주 절대자 하늘)의 원과 한을 풀어드리는 것밖에 안 보인다고 합니다. 기운으로 세계 인류 78억 명 모두를 죽이신다고 합니다. 지금 실시간으로 하늘의 기운이 내리는데…

'자미천존 휘경사백휘용세 도만천존 휘사백구합경사백천칠룡사백 자미수협치경휘천적룡 자미휘공칠여래불기인멸공휘인사적멸천도래'

하늘에서 무량대수의 기운이 이분께 내려오는 것이 강하게 느껴지고, 이 세상에서 기운받는다고 하는 자들은 모두 천벌 받는다고 합니다. 기운은 이분께서만이 받는다고 합니다. 다른 사람들이나 종교인들이 기운을 받는다고 하는 것은 귀신과 악들이 보내는 기운을 받는 것이라고 합니다.

정말 이분의 육신으로 하늘의 기운이 너무너무 크게 내려와서 분노하실 때마다 지구 전체로 멀리멀리 퍼져 나가는 것이 느껴집니다. 이분의 기운은 하늘의 기운 자체라고 보시면 되고, 무섭고도 대단하신 분이시며 기운이 하늘 그 자체이시랍니다. 하늘께서 보시기에 지구는 개미만도 못한 행성으로 보이신다는 말이 이분의 기운으로 나옵니다.

죄다 구원받지 못할 죄인들을 모아놓았기 때문이고, 감방(지옥) 자체가 지구라고 합니다. 이분께서는 육신이 사명을 다

하시고 세상을 떠나 천상의 태상 자미천궁으로 돌아가실 때 지구에서 배신당한 기억을 모두 갖고 가신다고 합니다.

  천상에 올라가시어 분노, 배신, 억울함을 모두 심판하시고 가까운 자들도 몽땅 추포하시어 심판하신답니다. '모두를 죽이는 것이 선이다.' '지구에서 살아가는 모든 인간, 영혼, 조상, 신들 모두를 죽인 뒤에 지구를 파괴하여야 한다.' 이것이 하늘이 내리신 사명완수라고 하십니다. 78억 인류의 신과 영혼, 조상들도 한꺼번에 추포하시어 심판하시는 천지대능력자십니다.

  천상의 대우주 절대자 하늘께서 잘한다고 하십니다. 이분한테만 하늘의 명이 내리고, 하늘의 무소불위하신 기운을 내려주신다고 하십니다. 천상의 부모님이신 태초의 하늘께서 내리신 명대로 잘하고 계신다고 합니다. 인간세상의 이론과 정반대로 생각하시고 행하는 것이 맞는다고 하십니다.

  지금 추포되어 온 무량대수의 죄인들이 모두가 무서워서 벌벌 떨고 있습니다. 이것이 사명이시자 숙명이시라고 하십니다. 하늘의 길로 들어오시기까지가 너무나 험난하고 힘드시었는데 그때마다 하늘의 기운으로 이겨내신 거라고 하십니다.

  이분 몸에서 황금색 불이 일어나고 있는 것이 보이는데, 황금색 불은 이분의 천상부모님이신 태초의 하늘께서 내려주시는 무서운 기운을 불로 표현해서 보여주신 거라 합니다. 타오르는 황금색 불이 멈추지 않고 있습니다. 다른 사람에게 정을 주시지 않고, 아주 냉철하십니다.

하늘의 배신자 죄인들인데 무슨 정을 주시겠는가? 하늘이 내려주신 양날의 검(칼)의 기운도 있다고 하십니다. 괴질병도 어마한데 78억 명을 모두 죽이시고 나서 지구를 파괴하여 풀 한 포기 살지 못할 정도로 만든다고 하십니다. 바닷물, 모래, 물고기, 백사장 자체도 귀신들 천지입니다. 아휴~ 무서워~

저자 : 악들 추포해서 잡아들여.
악들 – 하누(하느님, 하나님) 수하 무량대수, 표경 수하 무량대수, 감찰신명 수하 무량대수, 도감 수하 무량대수, 천감 수하 무량대수, 천지신명 수하 무량대수, 열두대신 수하 무량대수, 영의신감 수하 무량대수

단명하든 장수하든 죽으면 인류 모두가 미래 하늘이신 자미황제 폐하께 추포되어 심판을 받게 되는데 우주 천체 행성의 땅속, 물속, 천지만생만물 그 어디로 도망치거나 숨어 있어도 모두 추포되어 가혹한 심판을 받게 되므로 죽어서 무서운 심판을 받기 싫은 자들은 육신이 죽기 전에 자미황궁에 찾아와서 죄를 빌고 하늘이 내리시는 명을 받아서 죽음 이후의 사후세상을 보장받아야 한다.

성공하고 출세하여 돈 많이 벌어 재물이 많고, 높은 권세와 명예를 거머쥐고 부귀영화를 누리는 사람들은 육신이 살아서 하늘 앞에 굴복하지 못하면 죽음 이후 사후세상은 비참함을 넘어 가장 참혹한 사후세상을 맞이할 것이다.

지구에 태어난 모두는 미래 하늘이신 자미황제 폐하와 천상에서 신하와 백성으로 또는 역천자든 순천자든 모두가 인연을

맺었던 자들임이 밝혀졌다. 전 세계에 살고 있는 외국인들도 마찬가지로 직간접적으로 알고 지냈었다.

혹은 신하와 백성의 신분들이었는데 모두가 역모 반란에 가담하였다가 지구로 도망치고 쫓겨난 대역죄인들의 신분이었기에 살고 싶은 자들은 자미황궁에 들어와서 마지막 기회를 잡아 죄를 빌어서 천상의 영혼 고향으로 돌아가야 한다.

집에 귀신이 자주 나타나는 집, 가위눌리는 사람, 이유 없이 매일같이 부부 혹은 자녀와 싸우는 집, 이 세상에 태어나서 법 없이 살 정도로 착하게 살았고, 남들에게 못된 짓 하나도 하지 않았고, 가슴에 상처 주는 말을 하지 않으며 도덕군자, 성인군자, 대인군자처럼 살아왔다고 자랑하지 마라. 부끄러운 일이다. 인류 모두가 하늘 아래 죄인들의 신분들이다.

그리고 종교에 귀의하여 열심히 하나님, 하느님, 부처, 미륵, 석가, 예수, 성모, 라마신, 알라신, 천지신명, 열두대신 등 숭배자들을 지극정성으로 받들어 섬겼다고 잘난 척하지 마라. 하늘 아래 78억 명 인류 모두가 대역죄인들의 신분들이기에 죄인 아닌 자들이 하나도 없다.

종교를 다니며 숭배자를 존경하며 믿는 것이 지구에 태어난 인간들 중에서 가장 큰 중죄인들이다. 종교(무속, 민족종교, 도교, 기수련원 포함)에 빠져 세뇌당한 자들은 천상으로 돌아가는 마지막 기회조차 박탈당하는 불운아가 된다.

치매는 치매 귀신의 빙의

　치매로 고통받고 있는 사람들은 치매로 죽은 귀신들이 들어온 경우이니 이곳에 들어와서 치매 귀신과 함께 다른 잡귀신들도 함께 추포해서 소멸시켜야 한다. 치매를 앓는 본인들보다 돌보는 가족들이 정신적, 육체적으로 어려움이 많다. 좋은 성격을 모두 버린다고 해야 할 정도로 환장할 것이다.

　부모가 치매에 걸렸으면 아무리 효자 효녀라 할지라도 "긴 병에 효자 없다"고 하듯이 목소리가 높아질 수밖에 없고 짜증과 신경질이 저절로 나오게 하는 무서운 병이 치매이다. 어려서 어머니가 돌아가시기 전에 치매에 걸리셨기에 그 상황을 상세하게 잘 알고 있는데 사람이 미쳐버릴 정도이다.

　기억력도 없고, 혼자서 아무 데나 외출하기에 24시간 보호해야 하는데 인내에 한계를 느낄 수밖에 없다. 마치 어린 아기가 되어버린 듯 제정신이 아닌 경우가 허다하다. 어디론가 밖으로 자꾸만 나가는 것은 몸에 들어온 치매 귀신과 그 이외에 엄청난 잡귀신들이 괴롭히거나 죽이려고 하기 때문이다.

　일단 치매에 걸리면 차라리 빨리 돌아가셨으면 하는 것이 자식들의 바람일 정도로 정신적인 고통이 너무나도 크다. 의학적으로는 해결방법이 현재로서는 없다. 사람 자체가 귀신 덩

어리 자체인데 의사들이 무슨 재주로 귀신들을 다루겠는가?

치매든 다른 질병이든 우선적으로 귀신들부터 소멸시켜야 한다. 여러분과 가족들의 몸 안에 들어온 무량대수에 이르는 귀신들을 추포하여 소멸시켜 줄 수 있는 곳은 지구에서 자미황궁 한 곳뿐이다.

질병은 병마(病魔) 즉, 악마라는 말인데, 살아생전 수많은 질병을 앓다가 죽어서 좋은 세계로 가지 못하고 만생만물로 윤회하거나 사람 육신으로 들어와서 동고동락하고 있음이 무수히 확인되었다. 치매 환자 가족들은 정신적인 스트레스를 엄청 많이 받고 살아가는데 해답은 귀신 소멸밖에 없다.

지금까지 수천 경에 이르는 천문학적인 악들과 귀신들을 추포하여 소멸시키는 명을 내리면서 알아낸 공통적인 결과는 세상에 종교적으로 알려진 천국, 천당, 극락, 선경세상은 종교를 믿어서는 절대로 갈 수 없는 곳이란 진실이 드러났다.

악신들이 허상으로 만들어놓은 거짓 세계였음이 밝혀졌고, 진짜 가야 할 세상은 자미천의 하늘궁전인 자미천궁이었다. 산 자의 영(생령)들이 가야 하는 곳이고, 죽은 자의 영(사령)들이 가야 하는 곳은 도솔천의 하늘궁전인 도솔천궁이다.

자미천과 도솔천의 궁전으로 오르는 길은 자미황궁에 들어와서 하늘이 내리시는 명을 받는 길이다. 치매의 고통에서 벗어나는 유일한 길이다. 여러분 인간, 영혼, 조상, 신들의 고통과 불행은 자미천 하늘을 찾으라는 행복의 긴급 메시지이다.

건축 때 터의 귀신부터 소멸시켜야

　주택, 빌라, 상가, 아파트, 빌딩을 신축 또는 재건축할 때 많은 사람이 죽거나 화재나 붕괴, 각종 사건 사고가 발생하는 경우를 방송을 통해서 볼 수 있다. 운이 나쁘고 재수가 없어서, 안전관리 부주의, 부실공사로 인해서 등 원인은 많다.

　그런데 신축부지든 재건축부지든 터신이나 귀신들이 얼마나 많은지 눈에 보이지 않기 때문에 모른다. 이미 건축한 주택, 빌라, 상가, 아파트, 빌딩들에도 엄청난 귀신들이 살아가고 있는 것을 발견하였는데 일반인들은 전혀 모르고 살아간다.

　방송에 보도되는 흉가 체험하는 프로그램도 종종 방영되는 것을 목격할 수 있는데, 흉가는 오랜 세월 동안 방치되고 있는 것을 볼 수 있다. 흉가 터는 아무리 싸게 내놓아도 아무도 사려는 사람들이 없다. 멀쩡하던 주택, 빌라, 상가, 아파트, 빌딩에 귀신이 자주 출몰하여 흉가 터로 변하기도 한다.

　사람이 자주 또는 많이 죽거나 사업이 안 되는 터는 원한 맺힌 터신과 악신들이 인간들을 저주하기 때문에 발생한다. 세상 자체가 사람 몸이든 건물이든 온통 귀신 천지라 정기적으로 빼내야 한다. 여러분이 생각하고 있는 것 그 이상으로 귀신들의 숫자가 수천억에서 수백조에 이르는 경우가 많다.

일반적인 귀신들은 해코지하는 정도가 약하지만 원한 맺혀 죽은 귀신들과 악신, 악령들이 머물고 있으면 반드시 사람이 이유 없이 갑자기 죽고, 본인과 가족, 직원들이 온갖 질병으로 고생하거나 불상사가 자주 발생하는 괴이한 일이 생긴다.

주택, 빌라, 상가, 아파트, 빌딩에서 귀신들이 자주 목격되면 망하는 것은 시간문제이다. 귀신들은 살아 있는 사람들 자체를 저주하고 죽이려 하기 때문이다. 마음씨 좋은 귀신은 하나도 없기에 사람들을 죽게 하거나 망하게 만들고 있다.

남 잘되는 꼴을 못 본다고 하는 것이 사람들만의 생리지만 귀신들은 더욱 심하다. 온갖 방법의 해코지가 주특기라고 할 정도로 살아 있는 사람들을 시기 질투하고 저주한다.

귀신 종류도 다양하다.
죽을 때 모습 그대로 있기에 힘하게 죽으면 그 여파가 가족들에게 전달된다. 목매 죽었으면 죽어서도 목을 맨 채 그대로 있다. 약을 먹고 죽으면 목이 타고 속이 쓰리다. 가족이나 조상이 약 먹고 죽어서 들어오면 같은 증상으로 고통스럽다. 처녀 귀신, 몽달귀신, 객사 귀신, 낙태와 유산으로 인한 태아령, 원혼귀, 원한귀, 단명귀, 자살귀 등 여러 종류가 있다.

종교 다니지 마라. 종교적 형상을 모시지 마라. 촛불 켜지 마라. 향불 피우지 마라. 기도하지 마라. 이 모든 것이 귀신들을 무량대수로 잔뜩 불러들이는 행위이다. 귀신들은 기도하는 사람들을 가장 좋아한다. 여러분의 육신과 주택, 자동차 자체가 온갖 귀신들의 집이라는 충격적인 진실을 밝혀냈다.

하나님(하느님)은 가짜

우리나라 사회 구조가 유신론자 지식인들은 대부분이 교회, 성당, 절에 다니는 것이 보편적인데 잘못된 하늘의 역사를 바로 잡고자 한다. 이 나라뿐만이 아니라 전 세계 인류 모두가 유일신이라며 이스라엘 민족 조상신인 여호와 하나님, 하느님을 받들어 섬기며 전지 전능자, 천지 창조주, 대우주 절대자, 만생만물의 주인, 하늘의 주인으로 생각하며 수천 년을 믿고 있다.

그런데 인류가 받들어 존경하며 숭배하는 여호와(야훼)는 하늘에서 역모 반란에 가담하였다가 지구로 도망친 도망자 죄인의 신분이란 사실이 밝혀졌다. 교회나 성당에 다니는 교인들은 말도 안 된다고 무시하고 부정하겠지만 진실이다.

여호와(야훼)를 하나님, 하느님으로 받들고 섬기면 섬길수록 진짜 대우주 절대자이신 천상의 주인께 더 큰 대역죄를 짓게 되는 것이고, 구원을 받기는커녕 모진 형벌이 가해지는 지옥세계로 압송당하거나 소멸된다는 천계의 진실을 전한다.

믿거나 말거나 그것은 독자들 각자들의 판단일 것인데 육신이 살아서는 확인할 수 없으나 죽어보면 즉시 알게 되는데, 그때 가서는 돌이킬 수 있는 방법이 없다. 몰라서 여호와(야훼)를 하나님, 하느님으로 믿었다고 변명해 봐야 용서가 안 된다.

여러분 독자들의 선배들인 이미 죽은 종교 믿던 귀신들을 무수히 추포해서 심판하면서 대화를 나누어보면 한 부류는 하나같이 몰랐다는 것이고, 다른 한 부류는 아직도 여호와(야훼) 하나님, 하느님, 예수, 마리아, 천사를 기다리며 자신들을 지금 시험하고 있다며 끝까지 기다릴 것이라고 말하는 영들을 많이 보았다. 종교사상 세뇌가 이처럼 무서운 것이다.

어떤 종교의 숭배자를 믿는 자체가 죄인데 특히 여호와(야훼)를 하나님, 하느님으로 믿는 기독교인들과 천주교인들은 절대자 하늘을 바꾸어 믿은 환부역조의 죄가 더 크다. 수천 년 동안 가짜를 진짜인 것처럼 인류 모두가 믿어온 것이니 이 얼마나 기가 막힌 노릇인가? 하늘의 진실을 아무리 알려주어도 기존 종교사상에 깊게 세뇌당해 있어서 말이 전혀 안 먹힌다.

그래서 이제라도 여호와(야훼)를 하나님, 하느님으로 섬긴 환부역조의 죄를 비는 속죄를 하려면 아직 늦지 않았으니 육신이 죽기 전에 자미황궁을 찾아와서 미래 하늘이신 자미황제 폐하를 알현하여야 한다. 미래의 하늘께서는 지구에서 사명을 완수하시면 천상으로 돌아가시어 대우주의 절대자 하늘이 되시는 천자이시자 황태자이시다.

종교 숭배자들, 교주, 창시자, 종교 지도자, 종교 신도들을 모두 심판하러 이 땅으로 오시었고 함께 구원도 병행하신다. 속죄하려면 죽어서는 기회가 자연적으로 박탈되기에 육신이 살아 있을 때 자미황궁으로 들어와야 한다. 육신이 살아 있을 때만 구원받을 수 있고, 죽으면 구원받을 방법이 없다.

하나님(하느님)이 가짜라니 제정신이냐고 항의할 사람들도 있을 것이다. 너무나 충격적인 내용이라 이것이 어찌된 일이냐며 말도 안 된다고 황당해하는 기독교인과 천주교인들에게는 비난 험담할 충격적인 일이 분명하다.

상식적으로 수천 년 세월 동안 인류가 추앙하며 받들어 숭배하는 하나님(하느님)을 가짜라고 말할 수 있는 사람은 이 세상에 없다. 종교인들이 믿는 하나님(하느님)이 가짜라고 할지언정 대놓고 말할 사람들은 제정신이 아닌 이상 없을 것이다.

기독교인과 천주교인들이 목숨처럼 받들고 숭배하는 하나님(하느님)이 진짜 대우주 천지 창조주이자 절대자 하늘로 믿고 받들며 숭배하고 있는데, 진짜 하늘을 흉내 내어 사칭하고 있다는 하늘의 진실이 밝혀져서 알려주는 것이다. 우리나라뿐만이 아니라 인류 모두가 이스라엘 조상신인 여호와(야훼)와 종교 지도자들에게 수천 년 동안 속은 것이다.

교인들은 말도 안 된다고 믿으려 하지 않겠지만 미래 하늘이신 자미황제 폐하께서는 천상에서 수천 년 전에 일어난 역모 반란에 종교 숭배자 역천자들이 가담한 내용을 자세히 알고 계시기 때문에 여호와(야훼)의 진실을 밝히시는 것이다. 인간은 천상에서 수천 년 전에 일어난 역모 사건을 알아낼 방법이 없고, 지구에는 종교를 허락하신 적이 없다고 말씀하시었다.

천상의 반란자들이 지구로 도망쳐 나와서 종교를 세워 하늘을 흉내 내고 사칭해서 수천 년 동안 인류로부터 추앙받고 있으며, 교인들은 진짜 대우주 천지 창조주인 절대자 하늘이신 줄 착각하여 믿고 있음에 분통이 터진다. 그래서 미래 하늘이신 자미황제 폐하께서 진실을 밝히고 어느 정도 시간을 주시면서 종교에서 빨리 빠져나오라고 경고 메시지를 내리시었다.

일정 시간이 지나면 이 나라뿐만이 아니라 전 세계의 모든 종교를 쓸어버리실 것인데 결국 사람들이 무더기로 죽어나갈 것이니 하루바삐 종교를 떠나는 것이 상책이다. 종교를 믿어서 하늘의 분노를 폭발시킬 필요는 없다. 불교, 무속, 도교, 명상수련, 기수련 같은 종교단체도 마찬가지이다.

좋은 기를 받는다고 주문을 외우거나 수련하는 사람들이 받는 것은 추포되어 소멸 대상들인 악들과 잡신들이라는 진실이 밝혀졌다. 자신들은 진짜 좋은 기운을 받는 것이라고 믿고 행할 테지만, 지구에서 좋은 기운 받을 곳도 없고, 내리는 곳도 없기에 기운이란 자체가 악들과 잡신들의 기운이다.

이들도 추포해서 심판해 보면 자신들도 ○○신명이라고 불러달라고 말한다. 추포되어 소멸될 것을 알면서도 자신들은 나름대로 어떤 차원에서 공부하며 수행 중이라고 말하는 것을 많이 들어봤기 때문이다. 사람이든 잡신이든 진짜를 구분해 내기가 쉽지가 않을 것인데 잡신들은 자신이 어떤 신명이라고 하면서 정신과 육신을 지배하려고 한다.

명산대천의 유명한 산, 강, 바다, 기암괴석 앞에서 기도하며 좋은 기운을 받으려는 사람들이 헤아릴 수 없이 많은데 아수라, 악신, 악령, 악마, 사탄, 마귀, 요괴, 악귀들과 잡신들이 무량대수로 들어온다. 사람들은 이들이 들어오면 어떤 기운을 느끼기에 좋은 기운을 받았다고 착각하게 된다.

종교에 들어가서 각종 행사나 의식, 찬송가, 찬불가, 기도할 때도 마구잡이로 무량대수에 이르는 수많은 악들과 잡신, 잡령들, 귀신들이 들어오지만 사람 눈에 보이지 않아서 모르고 지낼 뿐이다. 하기는 지구에서 살아가는 인간 육신 자체가 악들과 귀신 그 자체라는 것을 알고 있는 사람들은 하나도 없으니 이들이 우리 인간들을 속이기가 그 얼마나 쉬운 일이겠는가?

미래 하늘이신 자미황제 폐하께서 대우주 천지 창조주이신 태초의 절대자 하늘로부터 인류의 심판자 겸 하늘의 구원자로 하강 강림하시어서 이 땅에 자미황궁 깃발을 높이 치켜드시었다. 그러므로 여러분은 자미황제 폐하께서 내리시는 무소불위한 경이로운 기운을 느껴서 찾아오게 된다.

인간, 영혼, 조상, 신들이 수천수만 년 동안 종교세계 안에 들어가서 원하고 바라는 천만사의 모든 천복만복을 자미황제 폐하께서 천비로운 기운을 갖고 천상의 자미원 북극성에서 지구(행성)의 자미황궁으로 내려오시었기 때문이다. 진짜 좋은 기운을 내려주시는 분은 지구에서 단 한 분이시며 여러분은 악들과 잡신, 귀신들을 하루빨리 소멸시켜야 한다.

※ 천생, 전생, 현생, 내생의 열쇠를 갖고 있으며, 세상에서 듣도 보도 못한 무소불위의 천지기운으로 모든 것이 이루어지고 있다. 자미황제 폐하께서 인간, 영혼, 조상, 신명들의 궁금증을 풀어주시고, 사후세상을 보장해주시며, 소원성취를 기운으로 이루도록 해주시고, 악귀잡귀와 질병을 소멸시켜주신다.

자미황궁 군주제 정당 창당

우리나라는 정치에 대한 열망이 유달리 매우 높은 나라이다. 정치에 대한 욕구가 강하기 때문이고, 국민들의 뜻을 모두 대변하지 못하기 때문이고, 한편으로는 여러분 인간, 영혼, 조상, 신들이 한결같이 벼슬하고 싶은 욕망이 강하기 때문이다.

현생이나 내생이나 모든 것은 미래 하늘이신 자미황제 폐하의 기운으로 만생만물이 운행되기 때문이다. 자미황궁은 인류의 구심점이기에 세계를 다스리고 지배 통치하려면 자미황궁의 황실 정부가 수립되어야 하고, 황실 정부를 뒷받침할 강력한 정당이 창당되어야 한다.

자미황궁 자체가 세계를 다스리는 인류의 수도가 될 것이고, 자미황궁 황실 정부와 정당은 전 세계에 막강한 영향력을 행사하게 된다. 세계 인류로부터 조공(인류의 황실에 바치는 자발적인 금전과 감사의 공덕금)을 거두어들일 수 있는 유일한 곳이 심판자이자 구원자로 지구에 내려온 미래 하늘이신 자미황제 폐하께서 하강 강림해 계신 자미황궁이다.

창당할 정당 명칭은 '자미당'이다.
창당 목적은 새로운 세상을 여는 것이고, 현생과 내생까지 잘사는 세상을 여는 것이고, 세계정부 수립의 발판을 마련하는 것이고, 전 세계 인류를 다스리는 통치국가를 만들 것이며, 자미당에서 대통령 후보를 낼 것이고, 괴질병과 천재지변, 사건, 사고, 질병, 고통과 불행, 아픔과 슬픔, 실패와 좌절로부터 인간, 영혼, 조상, 신들을 보호해 주어 행복한 무릉도원 세상을 열어가기 위함이다.

자미당은 인간만을 위한 정당이 아니라 여러분의 몸 안에 함께 동고동락하고 있는 영혼, 조상, 신들도 참여할 수 있도록 문을 활짝 열어주는 전무후무한 최고의 정당이 될 것인데, 영혼과 육신이 함께 세우는 정부와 정당이 자미당이다.

아무도 시도하지 못한 기상천외한 일인데 미래 하늘이신 자미황제 폐하께서 인류의 구심점인 자미황궁으로 하강 강림하시었기 때문에 가능한 일이다. 2016년에 정당 창당을 추진하다가 중도에 그만둔 적이 있었는데, 이때는 미래 하늘이신 자미황제 폐하의 존재가 밝혀지시기 전이었기 때문이다.

공식적으로 미래 하늘이 하강 강림하신 이곳의 명칭을 '자미당'이라 하고, 미래 하늘이신 자미황제 폐하로 선포하신 것은 천기 20년 4월이었고, 다음 달인 5월 5일 처음으로 즉위식을 행하시어 세상에 공식 출세하시었다.

천기 20년 5월 5일 입하 절기 때 미래 하늘이신 자미황제 폐하로 등극하시는 즉위식을 거행하시었다. 이 모든 것이 대우주 천지 창조주이신 절대자 하늘께서 내리시는 무소불위한 황명의 천지기운에 따라서 등극하시는 것이다. 그동안은 황위를 계승하시기 위한 공부 과정이 끝나지 않아서 미루어오셨는데,

대우주 천지 창조주이신 태초의 하늘께서 원하시는 과정에 도달하셨기에 자미황궁의 자미황제 폐하로 등극을 윤허받으시어 즉위식을 거행하신 것이다.

인류의 구심점 자미황궁에서 미래 하늘이신 자미황제 폐하의 신하와 백성으로 임명받아 살아서든 죽어서든 자미황궁 황실 정부에 출사하려는 인간, 영혼, 조상, 신들에게는 천재일우의 기회가 주어지는 것이다. 자미황궁에서 관직을 하사받으면 죽어서도 천상관직을 하사받을 수 있는 특권을 누린다.

정치 지망생들은 현실 정치에서 꿈을 이루든, 죽은 뒤에 천상의 3천궁에 올라가 꿈을 이루든 아주 좋은 기회이다. 살아서 누리는 권세보다 죽음 이후 천상의 3천궁에 올라가서 누리는 권세가 진짜 권세이다. 인간세상의 직제가 천상에서 내려온 것이기에 천상의 3천궁은 지상의 인간세계 정부와 별반 다르지 않고 거의 유사하며 이 세상에 있는 모든 것이 다 있다.

인간세상은 잠시 잠깐 윤회하는 과정이지만 천상의 3천궁에서는 대역죄를 짓지 않는 이상 꽃 피고 새 우는 이상향의 유토피아인 무릉도원 세상에서 근심 걱정 없이, 질병 없이, 늙음 없이 10~20대 초반의 모습으로 영생의 삶을 누릴 수 있다.

공상 영화 같은 일이지만 현실이다. 살아생전에는 반드시 미래 하늘이신 자미황제 폐하께서 내리시는 명을 받고 죽어야 또다시 만생만물로 윤회하고 지옥세계로 떨어지는 불행을 막을 수 있고, 원과 한이 맺히는 원혼귀가 되지 않는다.

인도 힌두교 라마신 추포

저자 : 인도 힌두교 라마신 추포해서 잡아들여.

악신 : 하늘의 심판자이신 ○ 폐하! ○ 폐하께서 인류 모두를 죽이러 오셨는데 ○ 폐하의 사명이십니다. 사명을 완수하고 계신 중이십니까? 미래 하늘께서 사람 몸으로 오셔서 죄인을 죽이십니까? 지구에서 유일무이하신 대능력자란 말입니다. 이분의 능력은 하늘의 능력이랍니다.

이분에게는 24시간 하늘의 기운이 하루 24시간 계속 내리십니다. 태어나시는 순간부터 이 순간까지도 하늘의 기운이 내려오시기에 인간사의 삶을 살 수 없다고 하십니다. 그러니 태어나신 후부터 어떻게 삶을 편안히 살 수 있겠느냐고 하십니다.

하늘의 삶을 살아가셔야 한다고 합니다. 하늘의 삶을 사셔야 하기 때문에 인간들과는 맞지 않는다고 합니다. 기운 자체가 인간들과 맞지 않아서 인연이 자꾸 끊어지는데 천상의 주인이신 하늘께서 그렇게 하시는 것이시라고 하십니다.

라마신이 받드는 신은 세상에 알려지지 않은 '힌두사용차빈사라덴 빈사얀투종사혼결'인데 저에게는 신과 하늘이십니다. 인간들에게 대우도 받고 있었고 저의 수하들 359억 명입니다.

저자 : 라마신이 받드는 '힌두사용차빈사라뎬 빈사얀투종사 혼결' 추포해서 잡아들여.

악신 : 황태자 O 폐하께 추포되어와 영광입니다! 저의 혀가 뱀처럼 되어 있네요, 역천자들을 추포하여 심판하신다는 이야기는 들었습니다. 역천자 신들이 황태자 O 폐하께 추포된다는 말을 들었습니다. 모진 고초를 겪으신 후 이렇게 사명 완수하시니 대단하십니다. 천상의 황태자궁에 있다가 천상의 주인을 배신하고 하누(인류가 받들고 숭배하는 하느님, 하나님) 쪽에 갔다가 지구로 쫓겨나서 신도 만들고 수하들도 만들었습니다.

인류에게 씨가 내리지 않는다는 것은 지옥세상입니까? 천상에서 배신해서 내려왔기 때문에 바뀌지 않습니다. 수하들 1조 9,000억 명입니다. 죽음의 괴질병 바이러스! 폐하께서 뿌리신 것이라고 들었습니다.

천상의 역모 반란자들인 하늘을 배신한 역천자 괴수 후궁 하누와 아들 황자 표경 그리고 추종자들인 감찰신명, 천상천감, 천상도감, 천지신명, 열두대신, 영의신감 등 주군들인 두목급들을 추포하시어 이들의 영성과 영체를 모두 죽이시고, 인간들도 다 죽이시려고 온 세상이 아비규환입니다. 황태자 O 폐하의 말씀이 곧 하늘의 기운입니다. 이 세상의 역천자 신들이 모두 공포와 두려움에 벌벌 떨고 있습니다.

그랬다. 이들은 하늘이 허락하시지 않은 종교를 세워서 인간, 영혼, 조상, 신들을 천국, 천당, 극락, 선경세상으로 인도해 준다고 회유하며 현혹시켰으나 이런 세상 자체가 악신들이 세운 그들만의 세상이었다.

하늘의 신하와 백성

언젠가 육신이 죽어서 천상(3천궁)에 올라가서 하늘의 사랑과 총애받는 하늘의 신하와 백성이 되는 길이 여기에 있다. 그러니까 사후세계를 준비하려면 육신이 살아생전에 하늘이 내리시는 명을 받아야 하늘의 신하와 백성이 될 수 있다. 살아서 하늘의 신하와 백성으로 임명을 받지 못하면 육신이 죽어서는 절대로 천상으로 올라갈 수 없다.

하늘의 신하는 당상관 정 3품 이상을 말하고, 당하관은 정 3품 이하를 말한다. 당상관은 정 1품(총리급), 종 1품(부총리), 정 2품(장관, 차관, 대장, 본부장), 종 2품(차관보, 중장), 정 3품(관리관, 소장), 종 3품(이사관, 국장, 준장), 정 4품(부이사관, 대령), 종 4품(중령), 정 5품(서기관, 소령, 군수), 종 5품(부군수), 정 6품(사무관, 대위, 면장), 정 7품(주사, 계장, 중위), 종 7품(주서), 정 8품(주사보, 소위, 준위), 종 8품(상사), 정 9품(서기, 중사), 종 9품(서기보, 하사)

하늘의 신하라는 신분은 자신의 영혼을 하늘 사람이 되는 천인합체 의식이나 생령입천 의식을 행한 사람들에게 하단 신하, 중단 신하, 상단 신하, 특단 신하로 신분과 벼슬이 부여되고, 하늘의 백성은 자기 조상들을 조상입천 의식을 행하여 구한 사람들에게 일반 백성, 하단 백성, 중단 백성, 상단 백성, 특단 백성의 신분이 주어진다. 육신이 살아 있어야 하늘이 내리시는 명을 받아 천상으로 오를 수 있기에 빨리 종교에서 떠나야 한다.

　지구상의 그 어떤 종교를 믿어서도 천상의 3천궁으로 오른다는 것은 절대로 불가능한 일이다. 그러니까 과거든 현재든 종교를 믿는 사람들은 악신과 악령들이 세운 종교에 속았다는 것인데, 이것을 인정할 사람들이 얼마나 있을지는 미지수이다.

　이 글을 진실로 믿는 사람들은 행운아들이고, 무시하고 부정하는 사람들은 천상의 삶과 전전전 전생, 현생의 죄가 너무 크고 많아서 천상의 3천궁으로 오를 대상자가 아니기 때문이다.

　천상세계의 직급제가 지상으로 내려온 것이기에 인간세상의 신분 계급과 거의 대동소이하다. 죽어서 말 못 하는 만생만물로 윤회하고 지옥도에 떨어져서 고통스런 사후세상을 살아갈 것이냐? 아니면 꽃 피고 새 우는 천상의 무릉도원 3천궁에 태어나서 10~20대 젊은 모습으로 기쁨과 행복을 누리며 영생할 것인가인데, 정말 죽어서 천상의 3천궁으로 올라갔는지 어떻게 아느냐고 못 믿겠다고 말하는 사람들이 많다.

　살아생전 하늘이 내리시는 명을 받아 천인합체와 생령입천 의식을 행하여 자미천인(天人)의 신분을 얻은 자들이 죽은 뒤에 정말 천상의 3천궁으로 올라간 것인지, 매주 일요일 1시~6시까지 전국 각 지역에서 올라와 천법회에 참석하는 수많은 사람들이 지켜보는 앞에서 천상으로 입천한 하늘 사람 자미천인(天人)들을 다시 불러 내려서 어떻게 살아가고 있는지 20~30분 동안 사람과 대화 나누듯 확인하는 절차가 있기에 그런 불신의 걱정은 전혀 하지 않아도 된다.

물론 하늘이 내리시는 명을 받아서 천인(天人)의 신분이 되면 자신이 어느 날 갑자기 죽은 뒤에 지옥세계 명부전에 끌려가서 무섭고 참혹한 심판을 받지 않고, 곧바로 천상의 3천궁으로 올라갈 수 있는지 어떻게 믿느냐 하는 사람들이 있는데, 천인합체 의식을 행하는 날 바로 그 자리에서 확인시켜 준다.

자신이 죽었을 경우 어떤 절차를 거쳐서 천상의 3천궁으로 올라가서 어떤 신분과 어떤 벼슬 품계를 받아 살게 되는지 여러분 영혼에게 20~30분 정도 생라이브로 보여주고 들려주는데, 최면술과는 전혀 차원이 다르기에 직접 행해 봐야 한다.

기존의 종교에서는 열심히 믿으면 천국, 천당, 극락, 선경세상으로 올라간다고 무조건 믿으라고 하는데, 모두 악신과 악령들의 달콤한 거짓말이었음이 여기서 낱낱이 밝혀지고 있다. 죽었는데 천상으로 갔는지, 못 갔는지 육신이 어떻게 알 것이며, 천상으로 못 올라갔을 경우 누구를 붙잡고 따질 것인가?

한마디로 멍텅구리 종교이고, 눈먼 장님들을 상대하는 것과 같은 곳이 지금의 어두운 종교세계란 것을 알아야 한다. 그래서 일단 종교사상에 한 번 세뇌당하면 무조건 맹신하므로 이 글을 부정하고 무시할 것이기에 살인은 할망정 악들이 세운 종교만은 절대 믿지 말라고 하는 것이다.

종교를 믿으면 하늘과는 멀어지고, 영원히 이별하는 길이고, 태초의 하늘이신 영혼의 아버지, 영혼의 어머니를 만날 수 없다. 그리고 이번 생에 죽으면 두 번 다시 하늘이 내리시는 명을 받을 기회는 주어지지 않기에 천상으로 올라갈 수 없다. 지금은 말세이고 구원의 마지막 때라는 것을 괴질병 바이러스로 생생히 확인시켜 보여주고 있다.

육신이 죽으면 그만이 아니란 것을 수많은 귀신들을 추포해서 소멸시키는 과정을 읽으면서 죽음 이후 귀신세계, 윤회세계, 사후세계가 실제로 존재한다는 것을 바보가 아닌 이상 확인할 수 있을 것이고, 종교세계에 상상을 초월하는 악신과 악령, 귀신들이 바글바글하다는 것을 알 수 있다.

여러분 독자들은 무슨 뺵이 있어서 죽음 이후 세계를 준비하지 않고 살아가는가? 죽어서 가족들 찾아가서 애걸복걸하며 괴롭히고 좋은 곳으로 보내달라고 매달리며 눈물 콧물 흘리며 울부짖지 말고, 자신의 죽음 이후 사후세계는 모든 일을 뒤로 미루고 자신 스스로 이곳에 들어와서 준비하여야 한다.

배우자나 자식들도 여러분의 죽음 이후 사후세계를 아무도 챙겨주지 않기에 본인들이 손수 준비해야 죽어서 후회하지 않는다. 산소(호화 매장 묘지, 납골묘, 납골당)와 벌초, 성묘, 제사, 차례, 49재, 천도재, 조상굿, 위령미사, 추모예배 지내주는 것이 여러분의 사후세계를 위로해 주고 보장해 주는 것이 아니므로 정신들 차리고 사후세계 준비를 철저히 해야 한다.

구세주, 구원자, 메시아, 미륵불, 정도령, 진인이신 천자이시자 황태자이신 미래 하늘께서 대우주 천지 창조주 절대자 하늘의 명을 받아 지구 행성 대한민국 서울특별시 강동구 성내 3동

382-6(성안로 118)로 하강 강림하시어 천상의 3천궁으로 올라갈 자들을 이 책을 통하여 부르시고 선별하시는 중이시다.

하늘의 신하와 백성이 되면 매주 일요일마다 하늘이 내리시는 천기롭고 천비한 무소불위의 기운을 받을 수 있다. 이것이 지금 온 세상을 공포로 몰아넣고 있는 괴질병 바이러스로부터 감염을 예방하고, 이미 확진자로 판정받은 자들은 바이러스를 소멸시킬 수 있는 기운을 받게 된다.

하늘 사람 천인(天人)이 되어 영혼의 고향으로 돌아가려고 이번 생에 사람으로 윤회하고 있는데, 이번 생에 영혼의 어버이이신 하늘의 부름을 받지 못하면 영영 미아가 되고, 말 못 하는 만생만물로 괴롭게 윤회하면서 무서운 업보를 풀어야 하고, 남겨진 자식들과 후손들이 여러분의 죄업을 대물림받아야 한다.

절대자 하늘께 지은 죄라는 것이 얼마나 무서운지 눈에 보이지 않기 때문에 실감이 나지 않을 것인데, 자손 대대로 내려가고 빌지 않으면 영원히 끝이 나지 않는다. 그리고 죄라는 것은 아무나 빌 수 있는 것이 아니라 하늘이 내리시는 명을 받을 수 있는 사명자로 선택받은 자가 빌어야만 받아주신다.

현재 78억 세계 인류 중에서 99.99%는 구원 대상자에서 제외될 것이고, 0.01%인 약 78만 명만이 하늘이 내리시는 명을 받을 자격이 주어질 것이기에 해당자는 하늘이 내리시는 기운을 받고 들어올 것이니 이것이 백조일손, 천조일손, 만조일손이다.

친견상담

상담 내용
1) 괴질병, 천재지변, 재난 방지
2) 지구 종말에 대한 불안감 해소와 향후 대책
3) 자신의 영혼과 가족, 조상 영혼 구원 방법
4) 질병과 귀신병, 악귀잡귀 소멸 신청
5) 죽음 이후 사후세계 철저 준비
6) 하늘세계와 사후세계는 실제로 존재하나?
7) 인생사의 우환과 자녀, 가족, 부모, 형제 갈등 문제
8) 배우자의 불륜 방지
9) 술타령, 도박, 마약 중독
10) 환청, 환영, 우울증, 불면증, 무병, 신병, 신내림 고민

요즘 세상의 분위기가 외출 자제 권고에 따라 책을 읽고 방문하고 싶어도 망설이는 경우가 있을 것인데, 이곳은 하늘의 기운이 내려 실시간으로 보호받기 때문에 크게 걱정하지 않아도 된다. 그러나 마스크는 필수로 착용하고 상담 시에도 거리는 2미터를 유지하고 친견상담을 진행한다. 책을 구독한 사람만 1대1 친견상담하기에 배우자, 자녀, 지인 동반은 절대 금물이며 1인 이상 출입은 불가하다.

찾아오시는 길

자미황궁

주 소 : 서울 강동구 성안로118 삼정빌딩(성내3동 382-6)
전 철 : 5호선 강동역 3번 출구로 나와서 140m 직진 후
      강동예식장(SC 제일은행)에서 우회전 140m
      화로구이 옆
KTX : 서울역에서 1호선 타고 종로 3가역에서 5호선 환승
SRT : 수서역에서 7.5km이고 택시로 약 20분 거리
      (요금 9,000원 내외) 수서역에서 3호선 타고
      오금역에서 5호선 환승 강동역 하차 3번 출구

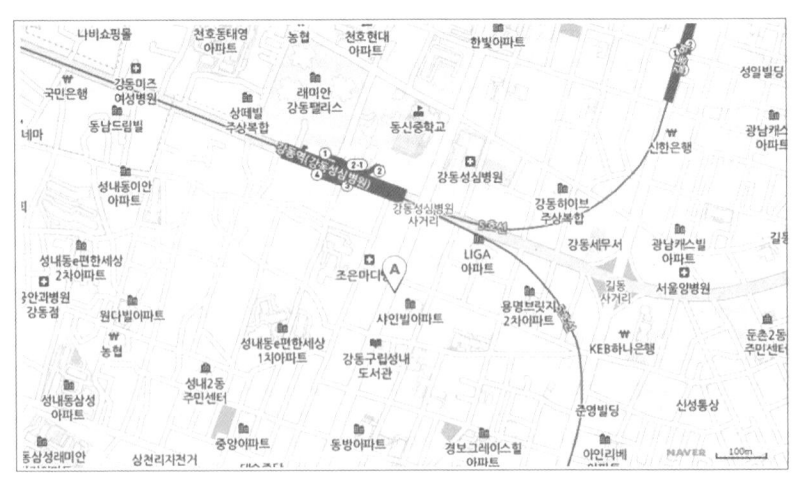

〔자미황궁 약도〕

| 책을 맺으면서 |

 사람 몸 안에 얼마나 많은 악들과 귀신, 조상령, 잡령, 동물령, 축생령들이 동고동락하며 함께 살아가고 있는지 난생처음으로 알았을 것이다. 아예 귀신 자체가 눈에 보이지 않고, 귀에 들리지 않으니까 인정 자체를 하지 않고 부정하며 무시하는 사람들이 부지기수인데 영적 수준이 낮아서 그렇다.

 인류의 구심점인 자미황궁에 들어와서 미래 하늘이신 자미황제 폐하를 알현드릴 수 있는 사람들은 한정되어 있다. 현재 78억 인류 모두와 이미 이 땅에 태어났다가 죽은 사람들은 모두가 천상에서 죄를 짓고 지구로 도망치거나 쫓겨온 죄인들의 신분인데, 기억은 나지 않지만 하늘이 가르쳐주시는 진실을 그대로 인정하고 자신과 영혼, 조상, 신들이 지은 죄를 빌어줄 마음이 있어야만 받아주신다.

 이미 돌아가신 자신의 부모 조상님들의 아픔과 슬픔을 보듬어주는 마음씨 착한 사람들이어야 하고, 하늘을 공경할 줄 알아야 하고, 하늘을 찾으려는 마음과 그리워하는 마음이 불타오르는 사람들이어야 미래의 하늘께 기운으로 뽑힌다.

 만물의 영장이지만 인간 육신 자체가 먹고 사는 것에만 목숨거는 동물인 축생급에 해당한다. 미래 하늘이신 자미황제 폐하께서는 축생들을 모두 구해 주시는 것이 아니라 하늘공부, 신명공부, 영혼공부, 사후공부, 조상공부, 윤회공부를 어느 정도 마친 인간, 영혼, 조상, 신들에게 기운을 내려주시어 미래 하늘이신 자미황제 폐하를 알현할 수 있는 천재일우의 기회를 주시어 지구상 유일한 인류의 구심점 자미황궁으로 불러주신다.

영적 공부를 많이 하고, 공덕을 많이 쌓은 인간, 영혼, 조상, 신들은 미래 하늘을 알현하면 영원히 성공하고 출세할 수 있다. 여러분이 인간세상에서 제아무리 성공하고 출세하여 돈이 많고 권세와 명예가 높아도 찻잔 속에 불과한 미미한 성공과 출세이기에 하늘공부, 신명공부, 영혼공부, 사후공부, 조상공부, 윤회공부를 열심히 해야만 영원한 성공과 출세이다.

젊고, 돈 많고, 권세와 명예가 하늘을 찌르는 사람들은 죽음 이후 세상은 아예 존재하지 않는 세상으로 간주하여 무시하고 부정한다. 책만 읽어보고 지식으로 간직한 채 이곳으로 방문하지 않는 인간, 영혼, 조상, 신들은 너무나 죄가 많아서 구원받지 못할 구제불능으로 대책 없는 자들이다.

자신들의 몸 안에는 책의 내용처럼 우리들이 상상할 수 없는 엄청 많은 악귀잡귀들이 무수히 살아가고 있기에 이들은 여러분이 미래 하늘이신 자미황제 폐하를 알현하지 못하도록 마음과 생각으로 온갖 부정적인 메시지 기운을 뿌려대기에 악들과 귀신들이 보내는 나쁜 기운을 스스로 이겨내고 방문해야 한다.

여러분 인간, 영혼, 조상, 신들이 살기 위해서는 어떤 어려움이 있더라도 극복하고 자미황궁으로 들어와야 인생의 희망이 생긴다. 무에서 유를 창조하시는 무소불위의 천지대능력자분이 미래 하늘이신 자미황제 폐하이시기에 반드시 알현 드려야 한다. 여러분 인생에 막힌 일들을 풀어주실 수 있으시다.

이번 생에서 크게 성공하고 출세하여 남부러울 것 없다고 기고만장하는 인간, 영혼, 조상, 신들은 죽음과 동시에 감내할 수 없는 피눈물 나는 사후세상이 활짝 열린다. 종교세계 사상에 세뇌당하여 인류의 구심점인 자미황궁의 미래 하늘이신 자미황제 폐하를 비교판단하는 자들은 모든 기회가 박탈된다.

이곳은 종교가 아니라 하늘의 대법정이 지상으로 내린 천상지상 대법정이기에 악들과 귀신들을 추포하여 심판하고 소멸시킬 수 있는 곳이다. 악들과 귀신들이 가짜라고 가지 말라고 부정적인 강한 메시지를 아무리 뿌려대도 여러분 인간 육신들이 강하게 마음먹으면 자미황궁으로 들어올 수 있다.

고통 없이 이루어지는 것은 없다. 여러분 인생의 고통과 불행은 행복의 근원이기에 좌절할 필요 없다. 이것은 여러분의 몸 안에 있는 영혼, 조상, 신들이 미래 하늘이신 자미황제 폐하를 알현드려서 구원받아 보려고 인생을 힘들게 하는 것이다.

여러분이 인생의 아픔과 슬픔, 고통과 불행 없이 무탈하게 편히 살아간다면 미래 하늘이신 자미황제 폐하는 물론 그 어떤 누구에게도 머리 조아리지 않기에 자만, 교만, 거만, 오만함을 꺾어버리려고 인생 풍파가 휘몰아치는 것이다.

모든 것을 다 갖고 있을 때 미래 하늘이신 자미황제 폐하를 알현드리는 자들이 가장 현명한 자들이다. 가진 것을 모두 잃어버리고 비참한 신세가 되기 전에 자미황궁으로 방문해야 여러분 인생이 더 이상 망가지지 않고 지킬 수 있다.

성공하고 출세하기는 많은 세월이 걸리고 힘들고 어렵지만 망가지는 것은 찰나의 순간에 일어난다. 미래 하늘이신 자미황제 폐하를 살아서 알현 못 하고 갑자기 죽는 것이 가장 큰 실패이고, 재산과 권력, 명예, 자녀, 배우자, 부모, 형제를 하루아침에 몽땅 잃어버리는 것이 너무나 슬프고 힘든 일이다.

이 모든 것이 여러분 스스로 운이 나쁘고 재수가 없어서 일어나는 것도 있을 테지만 운과 재수보다도 더 무서운 것은 여러분 자신의 몸 안에서 보이지 않는 영적 존재들인 악들과 귀신들이 끊임없이 여러분을 망가뜨리며 죽이려고 한다.

그래서 자미황궁에 들어와서 이들을 하루빨리 추포해서 소멸시키는 절차를 우선적으로 밟아야만 한다. 각자들의 사연에 따라서 악귀잡귀 소멸하는 의식 비용인 퇴공도 천차만별이기에 반드시 미래 하늘이신 자미황제 폐하를 알현드려야 한다.

천기 20년(2020) 7월 7일 소서
자미(하늘의 명 대행자) 著

자미황궁(紫微皇宮)
친견상담 예약 02)3401-7400